U0948483

中国宅基地立法基本问题研究

向勇◎著

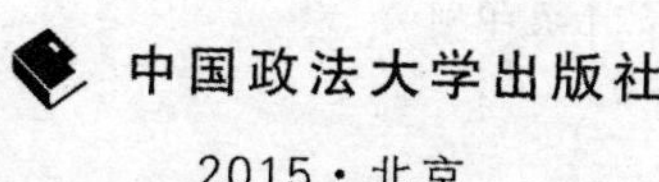

中国政法大学出版社

2015・北京

图书在版编目（CIP）数据

中国宅基地立法基本问题研究/向勇著. —北京：中国政法大学出版社，2015.3

ISBN 978-7-5620-5970-7

Ⅰ. ①中… Ⅱ. ①向… Ⅲ. ①农村－住宅建设－土地管理法－立法－研究－中国 Ⅳ. ①D922.324

中国版本图书馆CIP数据核字(2015)第059636号

出版者　中国政法大学出版社

地　址　北京市海淀区西土城路25号

邮寄地址　北京100088信箱8034分箱　邮编100088

网　址　http://www.cuplpress.com（网络实名：中国政法大学出版社）

电　话　010-58908285(总编室)　58908334(邮购部)

承　印　北京鑫海金澳胶印有限公司

开　本　880mm×1230mm　1/32

印　张　9.125

字　数　220千字

版　次　2015年4月第1版

印　次　2015年4月第1次印刷

定　价　39.00元

宅基地立法基本问题，是小问题，却有大视野。宅基地的法律含义、宅基地立法理念、宅基地立法方向以及宅基地立法路径等基本问题既在物权法学、土地法学范畴之内，又在之外。研究者必然要在法哲学、法理学、法史学等学科之间来回穿梭。与其说是在研究问题，不如说是在学习新知。然而，庞杂的事情总得有人来做。围绕农村宅基地这块农民安身立命之地，我想把立法的一些基本问题弄明白。

我自认为基本整明白了如下六个要点：

1. 宅基地是身份物。在徐国栋那里，我第一次听到“人格财产”概念；在冷传莉那儿，我第一次看到关于“人格物”的研究成果。受他们的启发，我发现宅基地是一种特殊的身份物。正因为身份物的特点，使得宅基地使用权成为具有中国特色的用益物权，也就是说，身份物是理解宅基地立法的基础。

2. 集体所有权具有自身的法律智慧。宅基地的所有权属于农村集体。集体所有权的弊端自王卫国在《中国土地权利研究》中罗列后，迅速成为法学“通说”。王卫国并没有任何贬低集体所有权的意思，但各界总认为集体所有权是“三农”问题的罪魁祸首，不停地想消灭、瓦解或者肢解集体所有权，除了孟勤国，很少有法学家出来为集体所有权说句公道话。在我看来，集体所有权不仅不能消灭，反而要充分挖掘其自身蕴涵的法律智慧。中国农村迄今为止没有发生大的社会动荡，用世界9%的耕地养活世界20%的人口，主要功劳要记在集体所有权、土地承包经营权和宅基地使用权上。集体所有权而不是私人所有权确保了中国农村社会公平和农业生产秩序。不能因为农村集体土地利用中发生了这样那样的问题，就将其归因于集体所有权，更不能因此而忽略了集体所有权中的智慧。我的结论是，集体所有权具有集体占有、集体享有、服务社会的法律精神，是中国人民经过反复的民主抉择而形成的，它与西方传统土地所有权个人独占、个人独享、对抗权力的法律精神有本质区别。

3. 宅基地使用权与土地承包经营权形成了一个能量充分的耦合系统。有关土地承包经营权的法律规则，基本上是不涉及宅基地使用权的，反之亦然。结果，承包地转让了，宅基地未转让，耕种承包地的人没有宅基地，占有宅基地的人，已不再是耕者。殊不知，天长日久，占据耕地的人会伸手要宅基地，占有宅基地的人想要回承包地。办法不能等出了问题再想，自始至终要把宅基地使用权与土地承包经营权结合在一起来考察。我硬着头皮钻研了“耦合”概念，发现宅基地使用权与土地承包经营权具有耦合关系，相互之间已形成一个保障农民权益、确保农村社会稳定、促进农村发展的耦合系统。该耦合系统由法律直接规定其权能，并根据农民需要和社会实际情形不断调整子权利系统的权能，以最大限度地实现耦合系统的效能。中国农村的最大问题不是“还权”，因为权利都有，而是“赋能”，即根据现实的需要赋予农民更多更完整的权能，以优化农村土地权利的耦合系统。

4. 宅基地立法理念是通向真集体主义。集体主义的含义被各种非集体主义的实践和非集体主义的思潮弄乱了，但集体主义作为思想武器永远不会退出历史舞台。我引入了马克思主义哲学研究成果中的“真集体主义”概念，认为中国宅基地立法要坚持真集体主义的方向。只有真集体主义才能充分体现土地公有制的优越性，只有真集体主义才能从根本上彻底解决古已有之、循环不断的“三农”问题。

5. 宅基地立法方向不是私有化、国有化，而是完善集体化。农村土地私有化的学说一直层出不穷，甚至有人认为土地私有化是市场经济的制度基础，也是中国古代文明的制度基础，为重塑中华文明，土地私有才是正确的方向。为此，我钻进“故纸堆”，翻看《食货志》，希望找到中国土地法律制度的根源。原来，中国土地法律传统素有私有、国有之争，中国古代土地私有化并非真理或通说。我从法学角度重新解释中国古代土地权利性质，发现中国传统上根本不存在所谓的土地私有权，即使在极具私有面相的“永业田”上也不存在土地私人所有权。所以，宅基地私有化并非在遵循中国土地法律传统。对于中国土地固有的“国有化”传统要不要坚持的问题，新中国的实践已做出了回答，那就是国有化意义上的“人民公社”已宣告失败。因而，中国的农村土地制度要走一条新的集体化的道路，在确保土地公有的基础上，实现集体成员的土地利益。

6. 宅基地立法路径不应继续坚持走单一的立法之法道路，要在立法之法之外，增加一条从社会现实生活中发现宅基地法律的道路。立法之法在上，发现之法在下，两条叠加的高速路共同通向真集体主义。其中，在立法之法中，不仅要重视法律之法，更要重视政策之法，充分发挥中国共产党的先锋队作用，探索有利于农民、有利于农业生产、有利于统筹城乡发展的宅基地政策法。在发现之法中，不仅要重视合乎中央精神的基层探索，更要重视违反现行法律法规的所谓“违法行为”，挖掘真正反映农民意愿、维护农民利益、保障农民市民化的宅基地利用规则，并及时将其纳入正规法律体系。

我自以为是的观点，是闭门读书十五载的心得，不敢自诩学术，更不敢妄称创新，却十分期盼各路大家的批判指正。

向 勇

2014 年 12 月 8 日

目
录
CONTENTS

导论

中国宅基地法律面临两大任务：一是如何合理分配和利用稀缺土地以满足农民的居住需要并促进农业生产；二是如何使宅基地法律制度反映国家政治、经济、社会和文化传统等现实。中国宅基地立法不可能针对某个具体问题进行纯粹的法律技术设计，它必然要综合考虑宅基地与农民、农村和农业的关系，必然要站在统筹城乡发展的视角平衡宅基地上的各方利益。在土地公有制前提下，中国宅基地立法也不可能直接从其他土地私有制国家或地区移植现成的法律制度。因此，中国的宅基地立法需要从宅基地法律的基本问题开始，即从宅基地法律的基本概念、逻辑起点、立法理念、立法方向以及立法路径等方面展开深入的研究和探索。

一、研究缘起

（一）宅基地法律价值

宅基地法律对中国经济、社会发展有重要作用。“三农”问题是事关农民生存、农业稳定和农村发展的根本问题，也是困扰我国城市化、现代化建设的重大问题。解决这个问题的关键在于创新农村土地法律制度。在农村土地法律制度中，宅基地法律与承包地法律共同肩负着保障农民生存和发展基础的重任。

随着城镇化发展，宅基地利用中的各种矛盾开始凸显。宅基地能不能开发利用，谁有权利用宅基地，宅基地增值收益如何分配，如何处理宅基地与承包地的关系，如何理顺进城务工农民与农村闲置宅基地的关系等问题迫切需要法律规制。宅基地法律既要考虑农民的安居、农村的繁荣、农业的现代化，还要考虑城镇化建设和农民工市民化，它将在中国未来的经济、社会发展中扮演越来越重要的角色。

研究宅基地法律，有助于深入讨论宅基地法律规则的价值、功能、正当性以及各种宅基地立法的理论问题，有助于发掘确实能促进新型城镇化发展、促进三农问题解决的有效规则，有助于克服各种关于宅基地利用的对策性建议在全局观和农民权益保护方面可能存在的欠缺。

（二）宅基地利用现实

一方面，宅基地违法利用现象层出不穷，且得不到有效治理，迫切需要加强宅基地法律基本问题研究。20 世纪 80 年代初，深圳等改革开放前沿地带，由于城市化步伐太快，农民在被城市包围的农村宅基地上修建了许多“违法建筑”，通过出租宅基地上的房屋获取生存和发展的收入。20 世纪 90 年代末期，北京等大城市周边，一些农民违反法律规定出卖自己的农房给城镇居民，使得某些村庄成为城里人定居、工作的场所，并形成各具特色、经济效益可观的产业集群。到 21 世纪，一些农村集体经济组织利用集体土地修建面向城镇居民出售的商品房，因这些房屋无法办理国家承认的产权证书，房屋买卖双方的利益关系始终处于悬而未决的状态。上述宅基地利用现象均属于违法利用，但各界对待这些违法利用现象的态度不一、争议不断，因而至今都找不到妥善解决问题的办法。各种针对宅基地违法利用现象的对策性建议不能产生令人信服的解释力和平衡各方利益的社会效果，根本原因在于就事论事的对策性建议常常顾此失彼，甚至在一些基本概念上都缺乏共识和认真的辨析。整体、全面和深入研究宅基地法律基本理论变得越来越重要。

另一方面，地方政府通过“城乡建设用地增减挂钩”、“人地挂钩”等宅基地改革措施不断将农民存量宅基地置换出来，但置换前景不明，迫切需要加强宅基地法律基本原理的研究。政府制定的置换方案是否合法、合理，是否损害了农民利益，是否有利于“人的城镇化”等诸多问题引起了广泛社会关注。支持者与反对者各执一端，相持不下。支持者认为，宅基地置换是城镇化发展的必由之路，重点不是要不要换，而是怎么换的问题。反对者认为用公共服务和城镇住房“置换”农民的宅基地，侵犯了农民合法的土地权益，是在制造新的不平衡。面对宅基地置换这种政府统一利用宅基地的改革行为，如何做出比较客观、准确的评价，并对其前景做出有效的预判，唯有在理论上对宅基地法律进行更加全面、深入的研究方有可能。

（三）宅基地立法现状

全国人大及其常委会颁布的宅基地法律不多，《土地管理法》有一两个条文，《物权法》也只有4条，但中共中央、国务院以及地方机关发布的有关宅基地的文件、属于法律渊源的宅基地规则以及不属于法律渊源的各种宅基地政策和改革试点办法数量众多。宅基地法律是否应当包含各种权力机关制定的规则，宅基地法律除了立法机关颁布的制定法之外，是否还应包括民众在基层探索过程中形成的自发规则，或者说，从民众违法利用宅基地的行为中是否可以提炼出有价值的宅基地法律规则，解答这些问题需要更高层面的理论思辨。

虽然宅基地法律、法规、政策加在一起数量众多，但依然无法有效解决各种宅基地违法利用问题。这说明现行宅基地立法存在自身无法克服的难题。如何在土地公有制前提下完善现有宅基地法律并发现新的法律，需要从立法理念、立法方向以及立法路径等理论层面展开研究。

此外，我国法律规定的宅基地权利，具有典型的中国特色，宅基地所有权是集体土地所有权，宅基地使用权是农民长期使用权。这些权利与西方土地私有制国家或地区的住宅用地权利并不相同。用大陆法系或英美法系的法律术语来解释中国宅基地权利未必合适，将传统土地权利的内容移植到中国宅基地权利上也未必有效。因而，在阐释中国的宅基地权利概念方面仍然需要投入更多的理论思考。

二、研究文献

现有宅基地法律研究主要包括宅基地法律原理研究和立法研究两大类。

（一）宅基地法律原理研究

学界对宅基地概念，宅基地使用权概念、特征、性质，宅基地法律制度变迁以及宅基地立法路径等问题有了比较深入的研究，形成了一些共识。但是，还有一些比较重要的基本问题未能引起学界的重视，比如，宅基地立法理念、立法思路等问题。即使学界研究到的基本问题，依然有进一步深入研究的空间，如农房周边的自留地是否应划入到宅基地，农村集体成员立法的法理依据，宅基地使用权的中国特色的合理性，宅基地使用权的独立性，宅基地使用权与土地承包经营权的关系，宅基地法律制度变迁中的政府管制及其成效，以及如何从法学角度批驳宅基地私有化学说的论据等等，都还有某些未解之处。

（二）宅基地立法构造研究

学界的研究内容几乎包含了宅基地管理制度立法和宅基地物权制度立法的所有内容。从宅基地使用权的取得、审批、消灭，一户一宅，宅基地多占、乱占的管理，宅基地有偿使用，到宅基地使用权流转、出租、抵押、继承、权能，再到宅基地换房、置换、整理，城中村改造、小产权房处置、农村房屋买卖效力认定等，学界针对各种宅基地利用现象提出了宅基地立法建议。法律争点主要表现在以下四个方面：

1. 关于宅基地使用权初始取得的审批制度

高圣平、刘守英认为，现行宅基地使用权制度过分强调行政审批的作用，应当按照他物权取得的基本原理重构，明确农村土地使用权人的地位。〔1〕孟勤国认为，农村宅基地的分配不能解释为平等主体之间的行为和意思，无论是农户还是集体经济组织，都不能自由分配农村宅基地，必须服从国家的土地管理意志。〔2〕

2. 关于“一户一宅”与“一户多宅”

王利明认为，公民只能拥有一处宅基地，只是就申请而言；法律不应当禁止公民通过继承等方式取得两处以上的宅基地使用权，建议将立法改为“一户只能申请一处宅基地”。〔3〕孟勤国认为，每户只能分得一处宅基地以及每户用地有明确标准，确保了每户农民都能得到一块栖身之地，是社会公平和基本社会保障的法律体现。〔4〕

---

〔1〕 高圣平、刘守英：“宅基地使用权初始取得制度研究”，载《中国土地科学》2007年第2期。

〔2〕 孟勤国：“物权法开禁农村宅基地交易之辩”，载《法学评论》2005年第4期。

〔3〕 王利明：《物权法研究》，中国人民大学出版社2004年版，第474~475页。

〔4〕 孟勤国：“物权法开禁农村宅基地交易之辩”，载《法学评论》2005年第4期。

3. 关于宅基地有偿使用

高富平认为，对于主要用于居住的宅基地，坚持无偿使用原则，但对于超出标准、闲置、多占和滥占土地的应征收使用费。[1] 王卫国、王广华认为，宅基地有偿使用的做法缺乏法律依据，对于征收的超标使用费、有偿使用费，由谁管理、如何使用等问题，需要首先由法律加以明确规定。[2]

4. 关于宅基地使用权流转

学界关于小产权房的争议，在法律问题上也可归入宅基地使用权能否自由流转的范围。支持宅基地使用权自由流转的学者主要站在财产权角度。陈小君认为，应赋予包括宅基地使用权的农村建设用地使用权流转的合法性，明确转让、抵押、出租、入股等都是流转方式。[3] 郭明瑞认为，不能基于农民的生存权限制宅基地和农房转让，因为生存条件中第一位的绝不是有住房，如果一个人到了只有处置住房才能生存下去的地步而又不许可其处置，这恐怕是最不重视生存权的。[4] 钱茜认为，限制转让是将土地所有者凌驾在房产所有者之上，可能出现国家立法将部分房地产逼成“死物”的局面。[5] 反对宅基地使用权自由流转的学者主要站在土地管理角度。孟勤国认为，农村宅基地能否交易基本上是一个宪法和土地管理法的问题，物权法必

---

〔1〕 高富平：《土地使用权和用益物权——我国不动产物权体系研究》，法律出版社2001年版，第461页。

〔2〕 王卫国、王广华主编：《中国土地权利的法制建设》，中国政法大学出版社2002年版，第134页。

〔3〕 陈小君：《农村土地法律制度研究》，法律出版社2003年版，第256页。

〔4〕 郭明瑞：“关于宅基地使用权的立法建议”，载《法学论坛》2007年第1期。

〔5〕 钱茜：“我国农户住房、宅基地立法的历史比较”，载《农业经济问题》2005年第12期。

须重申禁止农村宅基地交易的现行法律政策。[1] 陈柏峰认为，禁止农村宅基地在城乡之间自由交易的规定是合理的，宅基地是农民的福利，允许自由交易，会导致农民福利受损，也会破坏村庄伦理，加剧村庄内部的不平等。[2] 与宅基地使用权能否自由流转相关的是宅基地使用权的权能问题，支持自由流转的学者认为，应赋予宅基地使用权完整的权能，即包括占有、使用、收益和处分权能。[3] 反对宅基地自由流转的学者当然主张维系宅基地现有的权能。

由于学者研究视野和研究立场的不同，上述众多的立法建议针锋相对，难以在具体立法规则上达成共识。遵循公法理路的学者与秉持私法逻辑的专家，对同一问题的研究结论会截然相反；站在政府立场的主张与站在农民立场的观点，很难形成皆大欢喜的一致结论。因此，已有研究成果无法形成具有学界共识的立法建议。

总的来看，现有研究主要从宅基地制定法层面展开，不是对现有法律规定的解释和评论，就是对现有法律规则的修改、完善或坚持。这在研究视野方面存在不足。法律除了立法之法（外部规则）外，还包括自生自发规则（内部规则或自由的法律）。[4] 虽然哈耶克的观点未必能得到学界的公认，甚至无法成为我国法理教科书的内容，但它至少对我国宅基地法律研究

[1] 孟勤国："物权法开禁农村宅基地交易之辩"，载《法学评论》2005 年第 4 期。

[2] 陈柏峰："农村宅基地限制交易的正当性"，载《中国土地科学》2007 年第 4 期。

[3] 刘俊："农村宅基地使用权制度研究"，载《西南民族大学学报（人文社科版）》2007 年第 3 期。高圣平、刘守英："集体建设用地进入市场：现实与法律困境"，载《管理世界》2007 年第 3 期。

[4] ［英］弗里德利希·冯·哈耶克：《法律、立法与自由》（第 1 卷），邓正来等译，中国大百科全书出版社 2000 年版，第 126～224 页。

具有某些启发意义。现行宅基地立法不能有效治理宅基地违法利用行为，因而在大量宅基地违法利用现象中滋生了自发规则，如果能从自发规则角度来研究宅基地法律，或许能找到新的研究理路，并得出新的研究结论。

三、研究内容

（一）基本思路

本书阐释宅基地、宅基地所有权与宅基地使用权概念，试图揭示这些宅基地法律基本概念中蕴含的新内涵。提出宅基地法律包括宅基地立法之法与宅基地进化之法，宅基地立法之法包括宅基地制定法与政策法的主张，以此作为整个研究的逻辑起点。在此基础上，研究宅基地立法理念、立法方向和立法路径，以期形成一个较为完整的宅基地立法基本原理体系。

（二）主要观点

本书第一章，厘清宅基地、宅基地所有权和宅基地使用权的概念。宅基地应从广义来理解，除了包含住宅用地、附属设施用地外，还应包括房前屋后的自留地。自留地上不能修房子，主要用来种植蔬菜瓜果、家禽饲料等，是农民居住生活不可或缺的生活配套用地。将自留地并入宅基地，可方便立法将事实上的自留地使用权纳入正规法律体系。宅基地具有公益和私益双重属性，它既要满足农户居住的私益，也要承载农业生产任务的公益。宅基地是中国农民独享的居住生活用地，它被打上了身份烙印，给农民提供了特殊的身份利益，也为农民带来了耕种承包地的特定身份义务，它是一种身份物。宅基地所有权不是传统民法意义上的所有权，它不具有神圣不可侵犯、至高无上、对抗权力等近现代所有权的法律内蕴，不是近代资本主义革命胜利的产物，而是中国社会主义革命胜利的结晶。宅基地所有权追求真集体主义立法理念，具有自身的法律精神。宅基地使用权具有中国特色，它不是普通的、与所有权密不可分的、在他人土地上享有的用益物权，而是由法律直接规定、由所有权人直接分配、由成员在集体成员所有的土地上享有的“法定占有权”。宅基地使用权与土地承包经营权具有耦合关系，共同维系中国的农业生产秩序和农村社会秩序。

本书的第二章力图表明，宅基地立法之法不是唯一的宅基地法律，人们在宅基地利用行为中自发生成的一些规则将成为宅基地法律的重要组成部分。支持该观点的主要理论依据来自哈耶克的法律理论。哈耶克关于“法律是进化的产物而不仅仅是建构的结果”等法律观点，对我国宅基地法律研究具有重要的启发意义，也构成了本书立论的逻辑起点。但本书在吸取哈耶克法律观点的同时，并没有全盘接受其新自由主义法学的思想。本书认为，宅基地法律既包括立法之法，也包括进化中的自发规则；立法之法既包括具有法律约束力的制定法，也包括事实上发挥法律作用的政策法。宅基地法律研究的重点应导向宅基地自发规则和宅基地政策法。

本书第三章，提出了“通向真集体主义的宅基地立法理念”的主张。中国宅基地立法必然要在土地公有制前提下进行。指导宅基地立法的基本价值观念是集体主义，不是个人主义。集体主义概念是一个含混不清的术语，或者说已经被各种不同的解释弄得歧义丛生，有必要重新阐明指导宅基地立法理念的究竟是一种什么样的集体主义。第三章引入马克思主义研究成果中的“真集体主义”概念，阐明真集体主义的含义、它与各种假集体主义的区分、它与真个人主义的区别和共性，并着重分析了真集体主义存在的弱点和防范措施，在此基础上，研究宅基地立法如何通向真集体主义。

第四章承接真集体主义立法理念，研究宅基地的立法方向，提出宅基地立法要坚持走集体化道路，不能走向“国有化”或“私有化”。这个结论不仅由真集体主义的立法理念所决定，也是中国土地制度演变的历史经验。通过分析中国历朝《食货志》中有关土地制度的史料，发现中国固有的土地制度中并没有土地私人所有权的传统，反而是一种以君主为核心的土地国有制度。1962年后的中国宅基地立法秉持了新的集体化立法方向，但在实践中不时出现滑向土地国有的倾向。宅基地法律应坚持集体化立法方向，既要防止倒向宅基地私有化，也要防止走向宅基地国有化。为坚持宅基地的集体化立法方向，本章着重阐明中国物权法有关集体成员立法的理论依据，提出农户是集体成员的“人格体”，农户家庭成员是集体成员的“受益体”的主张，认为“人格体与受益体的区分”是中国集体成员立法的理论基础，深受中国土地法律传统和“公私”观念的影响。从法学理论上厘清集体成员立法依据，或许能增强我们坚持宅基地集体化立法的理论自信。

第五章研究宅基地立法路径。为治理各种宅基地违法利用行为，中国宅基地立法是继续加强宅基地管制立法，还是另辟蹊径，需要有明确的思路。本书主张“与其继续加强宅基地立法管制，不如到生活中去发现宅基地法律”。透过宅基地立法管制制度变迁，发现宅基地立法管制无法克服自身的难题，无法有效解决各种宅基地违法利用行为。而实践中，各种宅基地利用行为中已经孕育或生发出有效的行为规则。继续加强宅基地立法管制要么会激发社会矛盾，要么会压抑人们宅基地利用方面的积极性和创造性，其结果不是农民利益受损，就是农村社会发展停滞。到生活中去发现人们自发形成的法律规则，是法律自身发展规律的体现。事关人们居住生活的宅基地法律制度，更应该来自人们的生活习惯，而不是立法机关根据自身的利益需求凭空创造。立法机关基于法律信条或教条，推不出妥当的宅基地法律。妥当的宅基地法律隐藏在人们实际利用宅基地的生活经验之中，只能到生活中去发现。只有源于居住生活经验的宅基地法律才能最终成为人们自觉遵守的法律，这样的法律也才能源远流长并产生积极的社会效果。

第一章 宅基地法律的基本概念

一、宅基地

中国城市私房用地和商品房用地被称为“建设用地”或“住宅建设用地”，而农民私房用地叫“农村宅基地”。本书讨论的宅基地，除非特别说明，仅指中国农村集体土地上的宅基地。

（一）宅基地的概念

宅基地的字面意思是住宅地基用地。《现代汉语大词典》中宅基地的含义是“住宅的基址；宅地”。然而，事实上，中国宅基地包含的地块远远超出了地基的范围。

1. 宅基地是居住生活用地

土地学科上，界定宅基地主要有两种代表性观点：①“宅基地是农村集体经济组织为保障农户生活需要，拨给农户建造房屋使用的土地。包括住房地基、仓库、庭院、厕所、畜圈、沼气池、柴草垛等。”〔1〕②“宅基地是农村集体经济组织划拨

〔1〕 马克伟主编：《土地大辞典》，长春出版社1991年版，第1016页。

给其成员用以建造房舍的土地。包括住房、辅助用房（如厨房、厕所、禽畜舍等）、沼气池和小庭院用地及房前屋后少量的绿化用地。”〔1〕这两种表述大同小异，均认为宅基地除了住房地基外，还包括辅助用房、附属设施用地，第二种观点还将绿化用地列入宅基地范围。他们把宅基地从“住宅地基”这种字面含义拓宽到了包含住宅地基与附属设施用地等以满足农户基本居住生活需要的“居住用地”。

法学学科上，界定宅基地主要有三种不同的观点：①“所谓宅基地是指农村集体经济组织的成员经依法批准用以建造个人住宅的农民集体所有的土地。”〔2〕②“宅基地，是指建了房屋、建过房屋或者决定用于建造房屋的土地，包括建了房屋的土地、建过房屋但房屋已无上盖物、不能居住的土地以及准备建房用的规划地三种类型。”〔3〕③“宅基地是指所有用于建筑房屋及其他附属物的土地。”〔4〕中国物权法教材一般都承认宅基地是建造住宅和附属设施的土地。中国《物权法》第152条关于宅基地使用权的界定，也特别提到宅基地上可以建造住宅及其附属设施。

与土地学科相比，法学学科对宅基地的界定更注重宅基地的建造功能，把宅基地限定在修建住宅和附属设施方面。土地学科注重宅基地的居住功能，宅基地上不仅可以修建住宅及其

---

〔1〕陈洪博主编：《土地科学辞典》，江苏科学技术出版社1992年版，第37页。

〔2〕王利明：《中国民法典学者建议稿及立法理由》（物权编），法律出版社2005年版，第273页。

〔3〕王旭光、范明志主编：《物权法适用疑难问题研究》，山东人民出版社2007年版，第280页。

〔4〕孙毅、申建平：《建设用地使用权·宅基地使用权》，中国法制出版社2007年版，第265页。

附属设施，还能用于一切与居住生活密切相关的用途，比如种树、种草等绿化用途，而这种绿化显然不属于“附属设施”的范畴。

相对而言，土地学科对宅基地范围的界定更为可取。将宅基地定义为居住用地而不仅仅是住宅用地，既是对农民居住生活事实的反映，也是对人们基本居住生活的尊重。住房、辅助用房、附属设施、绿化等是满足人类居住生活不可或缺的条件。鸟或许只需要一个鸟窝，猪可能只需要一个猪圈，但人不能只有一间或几间房，人还需要配套生活设施以便使居住符合最低的人的尊严标准。因而宅基地应当不限于住房地基，而要延伸到能满足人类最起码的居住生活需要的范围。对宅基地范围的这种界定不过是人类居住生活的自然选择。从居住功能出发确定宅基地的范围，站在“人”的立场，而不是就宅基地而论宅基地的话，法律上的宅基地应明确为居住生活用地，而不仅仅是住宅地基用地。不管是农村集体土地上的宅基地，还是城市国家土地上的宅基地，从满足“人的居住”的角度对其进行范围界定，是对人的尊严的最基本的尊重。

2. 宅基地包含自留地

基于宅基地的居住功能，中国宅基地的范围还可适当扩大。除了住房、辅助设施、绿化用地外，还应包括农民房前屋后用来种植蔬菜瓜果树木、从事副业生产的自留地。

耕地是生产资料，宅基地、自留地是生活资料，废除生产资料类土地上的私有制，建立并保留生活资料类土地上的个人所有制是我党对待农村土地问题的主流态度。这一点在自留地上表现得相当明显。人民公社初期，农业社社员转入公社时，要将自留地及私有的房屋、牲畜、林木等生产资料全部转为公社所有，个人只能保留小量的家禽家畜。1959 年 6 月 11 日的

《关于社员私养家畜、家禽和自留地等四个问题的指示》明确规定恢复自留地制度，自留地数量仍按原来高级农业社的规定，不超过也不少于每人平均占有土地面积的5%。1960 年7 月，毛泽东在北戴河会议上指出，在集体所有制占优势的前提下，要有部分个人所有制，要给每个社员留点自留地，使他们能够种菜、喂猪、喂鸡、喂鸭。这是第一次由党和国家领导人提出的建立生活资料类土地个人所有制的建议和主张。后来社员的自留地占当地每人平均占有土地的比例，从5%提高到7%。1962 年9 月的《农村人民公社工作条例（修正草案)》（即“农业六十条”）规定，社员自留地，包括饲料地、开荒地合在一起可以占生产队耕地的5%～10%，由社员自行支配。自留地和开荒地的农产品，不计口粮标准，不征农业税，不计统购。至此，作为一项政策性的个人所有制意义上的土地制度暂时稳定下来。1967 年12 月4 日，中共中央在《关于今冬明春农村文化大革命的指示》中提出了“多一分自留地就多一分私心”、“自留地种得好就是私心重”等口号，大砍自留地，有些社队干脆取消了自留地。1970 年8 月国务院召开北方地区农业会议，重申“农业十六条”中关于人民公社现阶段的基本政策仍然适用，社员可以经营少量的自留地。1973 年1月，全国计划会议批判了没收自留地的行为。十一届四中全会通过的《中共中央关于加快农业发展若干问题的决定（草案)》规定，社员自留地、家庭副业和农村集体贸易是社会主义经济的必须补充部分，不能当作所谓资本主义尾巴去批判。此后，农民一直保留了自留地。自留地的性质属于集体所有制之外的个人所有制，虽然个人不享有所有权，但自留地的使用、收益权归农民是受到中共中央的支持和肯定的。

自留地一般都在农户住宅的房前屋后，与宅基地连成一片。

农民可以长期使用自留地，在自留地上从事农业、家庭手工业等副业生产，以维持生计、贴补家用，进而提高生活水准。虽然立法没有单独规定“自留地使用权”，但实践中，人们把自留地与宅基地视为一体，自留地已经成为宅基地不可分割的一部分。自留地和宅基地相互配合、相互补充，共同实现满足农民居住生活基本需要的功能。宅基地与自留地在物理上、功能上以及法律实践上是一体的。人们对二者一体看待的这种心理习惯以及长期以来使用自留地的行为习惯应当成为法律规定。将自留地并入宅基地，一同适用宅基地法律规则，是将事实上的自留地用益物权纳入正规的法律体系。

综上，宅基地可定义为：农村集体经济组织为保障农户居住生活需要，拨给农户的居住生活用地，包括住房地基、附属设施用地（包括庭院、厕所、禽畜舍、沼气池等）、绿化用地以及留作农户从事生产经营的自留地。

（二）宅基地的双重属性

宅基地和所有其他类型的土地一样，具有公益和私益双重属性。

土地是自然资源。人类的繁衍、生存和发展等所有的人类活动几乎都是在土地上进行的，任何人都不能脱离土地，因此土地一直具有“公益性”。这里的公益是指满足所有人的生存和发展的需要。同时，土地也是一种财产。人们可以利用土地获取利益，既可以得到占有的收益，如定居；也可以得到使用的收益，如耕种；还可以得到经营的收益，如盖工厂、商店。由于这些利益都归特定的个人所有，土地就具有了“私益性”。

现代法治国家的土地立法追求同时实现土地的公益性和私益性。土地私有制国家在保障土地私益性的基础上，通过各种土地利用管制制度实现土地公益性。土地公有制国家在保障土地公益性的前提下，通过放松各种土地利用管制制度来实现土地私益性。在法律的管制与放松之间，有些国家的土地公益性表现得更明显，而有些国家的土地私益性更突出。这种法律效果的差异与这个国家是土地公有制还是土地私有制关系不大，而与法律制度对土地双重属性的平衡有直接关系。

宅基地公益性首先表现为宅基地在总土地资源中的占比和人均占有面积。一个国家土地资源总量是固定的，用于宅基地的土地多了，用于农业、工商业的土地相对就少。因而，一个国家确定宅基地占比以及人均占有面积，是宅基地公益性的表现之一。理想中的宅基地人均占有面积和家庭占有面积主要受居住文化传统的影响，而现实中一个国家宅基地占比与人均占有面积主要受到国土面积和国家人口的约束。宅基地公益性的实现需要在“人的居住需求”、“人的居住习惯”与“国家的条件”之间达成某种平衡。

宅基地公益性还体现为确保人人都有居住用地。在宅基地占比受限的前提下，任何人多占宅基地，就意味着有人少占宅基地甚至没有宅基地。因此，宅基地公益性要求节约使用、公平分配。一旦有人被排除了占有、使用宅基地的权利，则意味着他的定居权利被剥夺。土地公有制国家没有任何个人可以享有土地所有权，这为每个人都有机会占有宅基地奠定了法律基础。事实上，中国每一户农民都能分配到宅基地，已最大限度地实现了宅基地的公益性。土地私有制国家，虽然没有给每一个公民都分配宅基地，但一些国家，如美国，曾经把土地以象征性的价格出卖给私人，以满足其定居需要。现代多数国家通过政府建筑“公屋”等方式来实现宅基地的公益性。为满足人类的生存需要，各个国家都通过法律手段明确了宅基地的公益性。各国在达成宅基地公益性目标时，竟然可以超越土地私有制或公有制的影响，实在是一个饶有趣味的话题。这至少说明，不管土地私有还是土地公有，都可以确保宅基地公益性的实现，也就是说，都可以确保也应该确保“居者有其地”。

宅基地私益性表现为宅基地占有人可以修建住宅以满足家庭生活需要，修建配套设施，以提升生活质量，并且可以通过利用宅基地及其上的建筑物获取经营收益。后一点尤其能够体现出宅基地的私益性。宅基地占有人可以充分利用自己的宅基地及住宅来招待亲朋好友、从事手工业生产或者开展家庭服务业，以获取除居住之外的利益。由于宅基地所处地理位置的不同以及宅基地占有人经营能力的个体差异，经营宅基地的收益会存在较大差距，而这种差距恰好是“私”益的体现。土地私有制国家下的宅基地私人所有权在维护宅基地私益性方面具有一定的优越性，而土地公有制国家对宅基地使用权私益性的表现似乎有一些忌讳。法律限制宅基地的收益，禁止利用宅基地及其建筑物从事营利活动，压制宅基地的私益性，是对宅基地法律属性的片面理解。宅基地私益性是宅基地不可或缺的属性之一，它是提升宅基地占有人生活质量的必然要求。允许宅基地私益性的存在不会导致土地的私有，也根本不可能导致宅基地占有人之间因宅基地经营而产生贫富差距。如果一个家庭因充分利用宅基地而比另一个没有充分利用的家庭要富裕很多，那只能说明这个富裕家庭充分高效合理地利用了宅基地。如果中国农户可以通过宅基地经营富裕起来，那无疑是利国利民的大好事。因为一个农户家庭能占有的宅基地最多不过一亩（算上自留地），靠这一亩地就能富裕，法律怎么可能有反对这种“私益”的必要呢？

宅基地的双重属性决定宅基地法律应包含公法和私法。宅基地公益性追求宅基地的公平分配，宅基地私益性追求宅基地的物尽其用，二者的立法目标并不冲突，因而宅基地公法与宅基地私法也不会必然产生矛盾。如果在实践中宅基地私益受到公法的约束和压制，宅基地公益受到私法的侵害，则说明二者在立法目的和立法规则上越界了。宅基地公法不应该管制宅基地的利用问题，而只应明确宅基地分配的原则、宅基地占有的面积等内容，以确保宅基地的公平分配；宅基地私法不应该为了追求宅基地的利用效率而去强调宅基地的自由流转以实现资源的优化配置，而只应明确宅基地利用的合法范围和利用强度、密度等内容，以确保宅基地的高效利用。宅基地公法如果去规范宅基地私法的事情，就会压制或侵害宅基地的私益性；宅基地私法如果去调整宅基地公法的内容，则会损及宅基地的公益性。严格划定宅基地公法和私法的范围，防止相互越界是实现宅基地双重属性的前提。在土地私有财产神圣不可侵犯的法律背景下，强调"所有权不可滥用、所有权具有社会义务"等所有权社会化思潮就是旨在纠正土地私法绝对的片面；而在土地公有财产神圣不可侵犯的法律前提下，强调土地的用益物权，保障土地使用权人利益的土地财产思想的出发点是为了防止土地公权绝对的偏误。

(三) 作为身份物的宅基地

1. 何为身份物

自从近代民法基于人人生而平等的理念树立了人格平等理论和制度后，身份制度在民法中的地位每况愈下，身份理论和法律身份常识日趋式微，以至于原本作为人格概念内涵的身份，逐渐变成人格的对立物。身份特权成为人格平等的死对头，追求人格平等的现代文明人自然会鄙视、厌恶、抛弃以特权为特征的身份制度。再加上梅因爵士的那句名言——所有进步社会的运动，是一个从身份到契约的运动——所有人都不愿意站在落后的身份制度这一边。

梅因爵士1822年出生，死于1888年，他对身份的看法，是19世纪的常识。梅因爵士关于“法律的进化就是从身份到契约的运动”这一信条仅仅是对罗马法史的概括而已，它在英美法律史上没有基础，整个英美法的历史都在证明这一信条的落空。〔1〕梅因对罗马法史的研究结论只代表那个时代的常识，并且他的名言没有丝毫鄙视身份制度的含义。因为他的名言有两个限定：一是，把身份这个名词用来仅仅表示一些人格状态，即起源于古代属于“家族”所有的权力和特权；二是，避免把身份这个词适用于作为合意的直接或间接结果的那种状态。〔2〕梅因清楚地知道，家父、家子、奴隶、契约当事人都是一种法律上的身份。当家子、奴隶等无身份的人也可以成为契约当事人，并承担契约法律效果后，社会就从过去的身份社会进化到契约社会了，人们在契约中获得了平等的人格。所以，梅因名言的法律意义是：过去不平等的身份制度演变成平等的身份制度。这层法律意义或许过于专业，难以被非专业人士捕获，故而才会得出“身份代表落后”的错觉。从私法的角度看，梅因的贡献在于揭示身份制度经历了从不平等到平等的变迁。从他严谨的语词限定中无法得出身份制度是一种落后制度的结论。

随着日本学者星野英一的名著——《私法中的人》在中国法学界的广泛传播，徐国栋、马俊驹、童列春等知名学者开始系统研究人法中的身份制度。这彻底改变了我国民法学界有关身份制度的知识偏见，逐渐让人们看到了身份制度的真实面貌，

〔1〕［美］罗斯科·庞德：《普通法的精神》，唐前宏、廖湘文、高雪原译，法律出版社2001年版，第19页。

〔2〕［英］梅因：《古代法》，沈景一译，商务印书馆1996年版，第97页。

比如：身份是罗马法人格制度的因素。[1]近代民法人格面具下的具体人像是“在理性、意思方面强而有力的智者”，他是自由且平等、既理性又利己的抽象的个人，是兼容市民及商人的感受力的经济人。现代民法转向保护弱而愚的人。[2]为维护社会公平与和谐，就要运用法律与政策的强制力，确认人的身份以及人与人之间的身份差异，调整和引导社会的分配和占有关系。[3]上述关于身份的研究成果，颠覆了人们对身份的固有偏见。

近年来，民法学界对于身份权、身份法的研究逐渐繁荣。甚至有学者开始将身份关系研究成果引入到财产关系中，认为身份对财产的形成、取得、支配、分配均发挥不可替代的调整功能，私法领域中的某些财产只能通过身份调整机制来规范。[4]受其启发，笔者把土地财产与身份结合在一起，提出“身份物（福利）”概念，以便说明那些被身份调整机制规范的特定物（福利）。

传统民法关于物的分类理论中，并没有财产物、人格物、身份物的分类，但这并不代表现实中不存在人格物、身份物的事实。现实生活中，某些物的财产利益和财产价值比较突出；某些物的精神价值等于或高于它的财产价值；某些物被贴上了身份标签，只有相应身份的人才能享受到这种物的财产使用价值。我们把第一种物叫财产物，第二种叫人格物，第三种叫身

---

〔1〕 徐国栋：“人身关系流变考（上）”，载《法学》2002年第6期。

〔2〕［日］星野英一：“私法中的人——以民法财产法为中心”，王闯译，载梁慧星主编：《民商法论丛》（第8卷），法律出版社1997年版，第154页以下。

〔3〕 马俊驹、童列春：“论私法上人格平等与身份差异”，载《河北法学》2009年第11期。

〔4〕 童列春：“私法上财产关系的身份调整”，载《法商研究》2011年第5期。

份物。近来，我国学者开始关注人格财产或人格物。他们从现实生活和司法实践中挖掘出人格物的客观存在，从理论层面论证人格物概念的重要价值，并提出要建构人格物的相关法律规则以回应各种基于人格物而发生的纠纷。〔1〕人格物的研究成果丰富了民法有关物的分类理论。由于传统民法上，人格与身份的天然的联系，一些人格利益往往表征的是身份利益，因而，有必要区分人格物与身份物。

事实上，现实生活中存在的身份物丝毫不比人格物少，比如官邸、救灾物资、公车、公积金、高干病房等等。这些财产的经济价值或大或小，但都被打上了身份的标签，只有具备了相应身份的人才有资格拥有和享受这些财产利益。对于财产权利人而言，具有相应的身份是享有财产利益的前提，失去身份即失去占有、使用财产的权利。

身份物相对于“财物”而言，是法律规定某种“财物”由特定身份的人享有以满足特定需要的物。现代民法上的身份物，去除了古代民法中因不平等身份而存在的身份物，它是在平等身份基础上产生的身份物。这种身份物主要基于职业身份和处于不利社会经济地位的弱者身份而产生。因职业原因形成的社会身份比比皆是，如国家领导人、公司高管、经营者和消费者、农民和农民工、明星等。处于不利经济地位者主要有灾民、无家可归的流浪者、孤寡老人、孤儿、被弃养或无人抚养的未成年人等等。这些人的人格是平等的，即在私法领域中，他们与其他自然人之间不存在命令与服从的关系，不存在依附与被依附的关系。只有在公法领域，才有管理与被管理、依附与被依附关系，如国家领导人作为人民的公仆，依附于人民。虽然各

〔1〕 参见冷传莉：“人格物确立的法理透视”，载《政法论坛》2010 年第 6 期。

种身份的人的人格是平等的，但身份差异客观存在。如国家领导人受人爱戴、明星被追捧、消费者被欺压、农民和农民工被歧视等等。

为最大限度地克服客观存在的身份差异，保障弱势身份者的利益，保障不同职业身份者正常开展职业工作，法律为一些职业身份者配置了不同的身份物，为一些处于不利经济地位的弱者提供救济财产，以满足他们的特定需要。为国家领导人配置官邸、专车，以满足他们从事政务、公务和舒适工作的需要；为农户配置宅基地，以满足他们从事农业生产和居住生活的需要；为灾民提供救灾物资，为孤儿配建孤儿院等等。从某种意义上说，这种特定需要，也是特定责任。享有官邸和专车这种身份物的人负有法定的为人民服务的职责，享有宅基地身份物的农户负有从事农业生产、确保粮食安全的重任。

只要人类社会存在身份差异，就会存在身份物（福利）。不同历史时期身份物的制度功能不同，过去着重维护强者身份利益，现在强调维护弱者身份利益。

2. 宅基地是身份物

中国法律上的宅基地，不是普通的物或财产。它专门用来指称农民在农村集体土地上修建住宅及其附属设施的建设用地。城市住宅地基为住宅建设用地，不叫宅基地。宅基地是具有特定身份的人享有的、具有特定目的的特定物。这种特定物不是财产属性或财产利益的特定，也不是财产上依附的人格利益或精神利益的特定，而是财产上依附的身份利益的特定。中国宅基地是被打上了农村集体经济组成成员身份标签的，具有特定身份利益的财产。

用传统民法上有关“物”的理论很难透彻地讲清宅基地。宅基地除了具有建设用地的财产属性外，还具有身份属性，它是一种特殊的物，既有财产价值又有身份利益。宅基地被特定的农村集体成员身份法律体系所安排，存在于稳定的农村集体成员身份框架和农户家庭成员身份框架中。只要是农村集体成员就能享有分配宅基地的资格，在取得宅基地后，只要农户家庭成员中还有一个人是农民，就可以保有宅基地。中国的宅基地被嵌进农村集体成员身份关系和农户家庭成员身份关系之中，成为一种身份物。

之所以中国法律要把宅基地确定为身份物，而不是抽象的、可以用货币计算其价值的同质化的可自由交易财产，是因为立法要通过宅基地实现特定用途和目的。一要维持农户家庭作为农村集体成员的身份地位，二要维持农户家庭在农用地或承包地上从事承包经营的需要，三要维持农户家庭个体成员的居住生活需要。现代社会中，身份物的主要功能是保障。有的身份物注重保障某种职责的履行，有的身份物强调保障社会弱者有尊严的生存需求。宅基地既有保障农业生产职责的功能，也有保障农户家庭居住生活需求的功能。宅基地既能缩减农民与城市居民的身份差异，也能弥补耕者农业收益的比较劣势。

宅基地的法律性质决定宅基地的法律功能，宅基地的法律功能决定宅基地的法律规则。具有身份属性的农村宅基地与具有交易属性的城市住宅建设用地，在法律规则上的差异是由二者的法律功能和法律性质所决定的。城市的住宅用地通过货币价值计量实现了同质化，在交易领域完成了去身份化。农村的宅基地，也有过一段去身份化的历程，即允许城镇居民到农村建房，但事实证明这种宅基地去身份化的改造不成功，现行《土地管理法》恢复了宅基地的身份性。宅基地的身份化与去身份化，最终取决于宅基地的功能。如果宅基地必须负载耕者的安居、农业生产的安定和农村社会秩序的稳定，那么，宅基地就不能去身份化。同样，无偿分配给农户的宅基地作为一种身份物，也不能有偿使用，否则，不能去身份化的宅基地，就成为农户的负担，而不是福利了。无偿分配的宅基地是法律赋予农民的一种社会福利，旨在确保农民的安居乐业和农业生产秩序的稳定。

3. 作为身份物的宅基地的法律特性

其一，宅基地基于集体经济组织成员身份而设立。宅基地所有权归属于农村集体。农村集体经济组织成员依法行使宅基地所有权、依法取得宅基地使用权。由于集体的土地是有限的，为最大限度地确保集体土地主要用于农业生产，从集体土地中划分出来的宅基地必然有数量限制和面积控制。同时，为确保每户农民都能“住有所居”，按照农户家庭人数平均分配宅基地，是一种公平有效的制度选择。因而，有农民身份的人，无论贡献大小、无论贫富，都可以无偿从集体分配到一份面积相等的宅基地。而非集体成员，无论多么富有、无论给集体提供过多大帮助，都无权取得宅基地这种身份物，除非他依法成为该集体经济组织的成员。

其二，宅基地因集体经济组织成员身份的消灭而收回。农户家庭基于成员身份取得宅基地后，不因农户家庭成员的变化而发生宅基地权利和面积的变化，也就是说，只要不发生“户绝”情形，农户可以永久享有宅基地。但是，农户家庭成员彻底丧失集体经济组织成员资格的，将同时丧失享受宅基地这种身份物的资格。中国现行法在宅基地使用权制度中并未明确规定权利人丧失成员身份时宅基地使用权消灭，只是在《农村土地承包法》中规定了集体收回承包地的情形。笔者认为，农村集体经济组织成员身份的消灭比较复杂，不能仅仅以户口的变化作为成员身份消灭的标准，即农户“全家迁入设区的市，转为非农业户口的”，并不当然导致农户集体成员身份的消灭。只有在实质上完成了身份转换，即市民身份福利完全落实到进城落户农民身上，才可能发生集体成员身份的消灭。当然，在集体成员身份消灭的漫长过程中，基于集体成员身份的身份物，可以被另一种身份物公平地替代。

其三，宅基地不能转让、不能继承。宅基地的取得和消灭基于身份，因而宅基地不存在交易的可能。非集体经济组织成员因身份问题不能取得宅基地，所以，宅基地对外交易不可能。具有集体成员身份的农户可以分配到一份宅基地，宅基地对内交易没必要。同时，宅基地不能继承。农户家庭的子女如果没有脱离集体经济组织，自然有权分配到宅基地；如果脱离集体经济组织，在他父母去世后，他无权继承宅基地。

其四，宅基地与承包地互为一体、不能分离。集体经济组织成员基于成员身份享有宅基地的身份利益，同时也要承担耕种承包地的身份义务。身份物上既有身份利益也有身份义务或身份责任。履行身份义务、承担身份责任是享有身份利益的前提。法理上，全部转让了承包地的农户，已经不再履行耕种土地的义务，不再承担从事农业生产、确保粮食安全的责任，理应退回宅基地。现行法允许农户在转让了承包地后，继续占有宅基地，可以理解为一种为推进承包地适度规模经营的权宜之计。在规模经营的“农场”里劳动的耕者迟早会向国家和集体要宅基地。全部转让了承包地的农户迟早要把保留的宅基地还回去。耕者享有耕作土地的用益物权，耕者因耕种土地而享有宅基地，是中国社会发展的进步趋势。这种进步趋势是不可能发生逆转的。耕者的身份为耕者带来宅基地和承包地这两大身份物，是中国共产党赋予耕者的“福利”和“基本人权”。如果说，建国初期的几十年中，耕者的农耕地，给他们带来的更多的是身份责任和身份义务的话，那么，到农业税取消、种粮补贴发放后，耕者的承包地上就只剩下耕种以维护国家粮食安全的责任了。只要耕者履行耕种义务，就可以享受耕种收益和宅基地身份利益。一旦将宅基地身份利益与承包地耕种义务分离，最终必将影响耕者的基本权益。

二、宅基地所有权

宅基地所有权概念是为了研究的便利而生造的，立法上没有这个概念，学界基本不会单独研究宅基地所有权。农村宅基地属于农村集体所有，集体土地所有权的内容就是宅基地所有权的内容。以下关于宅基地所有权的阐释都在“集体土地所有权”这个术语下进行。

集体土地所有权概念在中国随着20世纪五六十年代的集体化运动而产生。关于集体土地所有权性质，至少有九种学说。〔1〕《物权法》第59条所规定的“本集体成员集体所有”，似乎不是学界的九种学说之一，也就是说，《物权法》在集体土地所有权性质问题上又创设了一种新的观点。

存续了近半个世纪的集体土地所有权，至今还是一个谜。西方法学体系中可能与集体土地使用权类似的概念都被拿来一一比附，却总是似是而非。集体土地所有权性质的理论研究，

〔1〕这九种学说分别是：①集体土地所有权是一种由“农村集体经济组织”或“农村集体经济组织法人”享有的单独所有权；②集体土地所有权是集体组织全体成员的共有权；③集体土地所有权是传统的总有；④我国的集体所有权是一种新型的总有；⑤集体土地所有权是集体组织所有与新型总有的内在融合；⑥集体土地所有权是新型的合有权；⑦集体土地所有权是村、村民小组、乡镇的所有权；⑧集体所有权是集体组织法人所有，集体组织成员对集体财产享有股权或社员权；⑨集体所有权是农民集体享有的单独所有权。参见丁关良：《土地承包经营权基本问题研究》，浙江大学出版社2007年版，第66页。

似乎到了研究的尽头。在我看来，症结在于现有研究存在“概念预设”的偏差，即在默认集体土地所有权是传统所有权的基础上进行研究。所有权概念是舶来品，用西方传统民法意义上的所有权概念来解读中国土生土长的集体土地所有权可能未必合适。因此，有必要首先弄清楚集体土地所有权的“名”与“实”。

（一）集体土地所有权的名实问题

1. 土地政策中土地所有权概念的渊源

解释集体土地所有权，不能简单地以新中国成立后的《土地改革法》为起点。一般认为，集体土地所有权来源于农民的土地所有权。《土地改革法》赋予了农民土地所有权，后来，农民的土地入股初级合作社，到高级合作社时期就转变为集体土地所有权。这种解释只是字面上的理解。《土地改革法》上写的“农民土地所有权”是不是西方法学意义上的所有权？集体土地所有权是从农民土地所有权转化而来，还是源于中国共产党土地革命和土地改革思想？要回答这些问题，要真正理解集体土地所有权，需要完整地把握中国共产党的土地政策。

其一，中共土地政策深受苏联土地法的影响。

众所周知，中国共产党早期的土地政策受苏联影响。列宁从人民民主政权建立前后的不同社会性质，分别考察和提出处理土地问题的办法。[1] 其土地制度构想内容大体如下：在警察专制政治制度下，社会民主党的土地纲领是不带任何条件的没收地主土地；在民主革命条件下，对地主占有的土地，不能局限于没收，也不能绝对地摈弃土地国有；在争取共和制度的条件下，把全部土地实行国有，作为资产阶级民主革命可能达到

[1] 有关俄共和苏联土地政策的内容转引自《列宁全集》（第10卷），人民出版社1987年版，第147～164页。

的最高限度，作为取得资产阶级民主主义的胜利后开始真正争取社会主义斗争胜利的一个自然的和必要的步骤。在当时，有三种反对意见：一是，反对把地主的土地收归国有，也反对没收地主的土地给农民，但提不出自己的方案；二是，主张没收地主的土地，反对任何形式的土地国有；三是，主张把私有土地交给大的自治地区组织掌握，即市有或省有。在统一大会的第四次代表大会上，列宁继续捍卫土地国有的主张，认为土地国有只是在革命胜利，推翻沙皇制度以后才能实现，在那时实行土地国有，无产阶级联合农村农民过渡到社会主义革命会比较容易。而孟什维克坚持土地“市有”纲领，不是把地主土地交给农民村社分配，甚至不是把它交给农民村社使用，而是把它交给市政局支配，农民必须按个人的能力来租佃这种土地。1917 年的“土地法令”按照列宁的一贯主张，废除了地主土地私有制，地主的田庄以及一切皇室、寺院和教堂的土地，连同耕畜农具、庄园建筑和一切附属物，一律交给乡土地委员会和县农民代表苏维埃支配，直到立宪会议解决了土地问题时为止。任何损害被没收的财产，即今后属于全民的财产的行为，都是严重的罪行。1918 年《土地社会化基本法》提出发展集体的农业经济和改造独立农民以过渡到社会主义经济的任务。1922 年《劳动土地使用法典》规定：凡属劳动农家，除非自愿放弃土地，完全停止独立经营，迁移出境或绝户，由法庭判决取消其土地使用权，由国家或社会根据需要征用该项土地等原因外，皆可无限期使用土地；承认土地社团（多家共同使用土地的联合体）的存在和土地使用方式的多样化。1927 年为发展工业化，通过了《关于集体农场的决定》和《关于国有农场的决定》，采取新措施以限制乡村资本主义的发展，领导农民经济走向社会主义。1930 年通过《全面集体化及反富地区加强农业社会主义改造措施法》，不久，独立农民和土地社团消失，集体农场和国有农场成为苏联稳定的土地利用模式。苏联上述土地立法和政策对中国土地革命和土地改革产生了巨大影响。

1927年中国共产党第五次全国代表大会通过了《土地问题决议案》，主要内容有：①没收一切所谓公有的田地以及祠堂、学校、寺庙、外国教堂及农业公司的土地，交诸耕种的农民，此等没收的土地之管理，应付诸土地委员会。此等土地的管理形式，是否采用公有制度或分配于耕种者的农民，皆由土地委员会决定之。②耕种已经没收的土地之农民，除缴纳累进的地税于政府外，不纳任何杂税。未没收土地之租率，应减至与累进的田税相当的程度。耕种未没收的土地之农民，只缴纳确定的佃租，不纳其他杂税，并永久享有租佃权。

当时，解放区土地制度中没有农民土地私有制的说法。土地由土地委员会管理，可以集中经营，也可以分散经营。是集体农场还是自耕农，由土地委员会决定。这是一种多元化的土地经营形式。将土地交给农民耕种不是赋予农民土地所有权，而是由农民占有使用，农民需要交田税或佃租。可见，这种土地政策基本符合共产国际联大四次会议的精神。

中共五大会议还指出："必须要在平均享用地权的原则下，彻底将土地再行分配，方能使土地问题解决，欲实现其步骤，必须土地国有。共产党将领导农民从事于平均地权的斗争，向着土地国有、取消土地私有制度的方向而努力进行。"〔1〕此时，中国共产党在土地问题上接受了俄共分步骤进行的思路，先将没收来的土地交给农民耕种，然后走土地国有道路，消灭土地私有。后来各种政策中讲分地给农民都贯彻了这种思路，但须

〔1〕 中共中央书记处编：《六大以前（党的历史材料）》，人民出版社1980年版，第833页。

注意的是，“分地给农民耕种”始终不是给农民土地所有权的意思，而是由农民租种。

1928 年在莫斯科召开的中共第六次全国代表大会通过了《土地问题决议案》。有关土地制度的内容主要包括：①无代价的立即没收豪绅地主阶级的财产、土地，没收的土地归农民代表会议（苏维埃）处理，分配给无地及少地的农民使用。祠堂、庙宇、教堂的地产，及其他的公产官荒或无主的荒地、沙田，都归农民代表会议（苏维埃）处理，分配给农民使用。全省区中的国有土地的一部分，作为苏维埃政府移民垦殖之用。②苏维埃政府巩固后当实现土地国有。该《土地问题决议案》显然受到了苏联土地纲领的直接影响。一个很大的变化是不搞平分土地了，而是在省区范围内留出国有土地的一部分，以建立类似苏联的国有农场，解决工农兵的经济供应问题，让国有农场经营与独立农民耕种并存。

其二，中共土地政策并非一成不变，存在着两条路线之争，最终“变封建地主的私有财产为农民的私有财产”路线取得了胜利。

1945 年在党的第七次全国代表大会上，毛泽东在《论联合政府》中指出：在民主革命时期，中国共产党实行孙中山“耕者有其田”的主张，一般保护私有财产，并通过土地制度的改革把土地从封建剥削者手里转移到农民手里，把封建地主的私有财产变为农民的私有财产，使农民从封建的土地关系中获得解放。这是对 20 余年来党的土地制度实践的回顾和总结。关键之处在于，变封建地主的私有财产为农民的私有财产，提到了土地是农民私有财产，这与以前的土地纲领所讲的土地国有，分地给农民耕种不同。二者之间是否有实质区别？回答这个问题需要检索自 1928 年六大以来中国土地革命的实践。

1928年7、8月，中共六大在莫斯科召开，通过的《土地问题决议案》没有说没收一切土地。1928年12月毛泽东、朱德等制定的《井冈山土地法》，规定没收一切土地归苏维埃政府所有。这与六大的《土地问题决议案》不一致，因为毛泽东、朱德还没有看到六大的《土地问题决议案》。但毛泽东当时已经发现"没收一切土地"存在问题，故曾给中共中央写信反映："边界对于土地是采取全部没收、彻底分配的政策；故在红色区域，豪绅阶级和中间阶级，同被打击。""全国革命低潮时，割据地区最困难的问题，就是拿不住中间阶级。中间阶级之所以反叛，受到革命的过重打击是主因。"〔1〕这说明毛泽东当时已发现"没收一切土地"的做法不妥。为什么《井冈山土地法》依然规定和实施了没收一切土地的政策？究其根源，是贯彻落实1927年11月共产国际代表参加拟定的《中国共产党土地问题党纲草案》（经中共中央临时政治局扩大会议通过）的规定。该草案提出：一切地主的土地无代价的没收，一切私有土地完全归组织成苏维埃国家的劳动平民所公有，一切没收的土地实际使用权归之于农民。《井冈山土地法》是根据这个规定制定的。由此开始了土地上的两条路线的斗争。

1929年2月，中共中央通告了没收一切土地归国家所有的错误。1929年4月，朱德、毛泽东发布的《兴国县土地法》规定没收一切公共土地及地主阶级的土地。1930年《兴国苏维埃政府土地法》详细规定了没收土地的处置办法：

> 没收的土地由苏维埃分配给农民；主要以乡为单位分田，依乡村人口数目男女老幼平均分配，但不搞绝对的平均主义；田地分配后由苏维埃制定木牌插于田中，并发给

〔1〕《毛泽东选集》（第1卷），人民出版社1951年版，第71～72页。

耕田证。河坝及大规模池塘不便分者，归苏维埃管理，供人民公共使用，并督促人民修浚整理；大规模山林，不便分配者归苏维埃管理，人民需要采用竹木时经苏维埃批准后可以采用；其余归苏维埃出卖，所得之价由各级苏维埃按规定提成。土地税须在苏维埃建立之后，而且群众得到实际利益，并经高级苏维埃批准时方可征收。

此时土地改革的做法是把没收来的土地分配给农民，发给“耕田证”，苏维埃在适当时候向农民征收土地税，农民对分到的土地不享有所有权。这与中共六大的精神是一致的。

1930年5月，全国各苏维埃区域召开代表大会，制定了统一的《土地暂行法》，增加了没收富农出租部分的土地、反革命富农的土地一律没收等规定，还规定没收的土地一律归苏维埃政府分配给少地、无地的农民使用。禁止一切土地买卖、租佃、典押等。

1930年8月，在李立三路线指导下的《苏维埃土地法》规定：彻底消灭中国封建土地所有制，没收豪绅、地主和富农的土地归苏维埃政府公有，为逐步过渡到土地国有准备条件；无地少地农民和需要土地的贫民只有耕种权，无所有权。这是中共土地立法中第一次明确规定农民对土地无所有权，只有耕种权。并规定，土地已经分定，就发给土地使用证，力求做到社会秩序稳定。这部土地法的法律专业色彩比较浓厚，使用了土地所有权、耕种权、土地使用权等概念。其立法内容与1928年中共六大的《土地问题决议案》的精神基本吻合。

1931年，苏区中央局再次做出《关于土地问题的决议案》，明确提出“土地国有的口号应当在群众中作广大的宣传”，认为党“应当用全部力量来领导土地革命中的这个转变，要坚决地反对现在最主要的危险——右倾机会主义对阶级路线执行的怠工，对地主豪绅和富农的让步与妥协”。1931 年的《中华苏维埃共和国土地法》全面落实了土地国有制的路线，并以“反富农”为中心开展了一系列的查田和清洗活动。

然而，以毛泽东为首的共产党人一直坚持把没收地主的土地平分给农民的土地政策，并认为在民主革命阶段，这种土地政策执行了孙中山的“耕者有其田”思想。土地国有制路线不给农民土地所有权，只给农民土地耕种权、使用权；而“耕者有其田”路线强调给农民土地所有权。

1938 年的《陕甘宁边区土地所有权证条例》明确要求，公有土地以外的私有土地及其定着物的所有者都要向当地县政府登记领取土地所有权证。1939 年颁布的《陕甘宁边区土地条例》共 6 章 27 条。在“土地所有权”一章中，确定了“土地私有”原则：“人民经分配所得之土地，而为其私人所有”。这条规定是为了防止地主利用抗战时期的新土地政策翻土地革命分田的旧账，确保农民斗争的胜利成果。

1942 年，《陕甘宁边区地权条例》进一步确立了土地私有制度，重申土地私有的原则，既不是土地国有，也不是边区政府公有。这对于团结农民、团结返乡地主共同抗日、生产有重大作用。

综上，1928 ~ 1949 年，中国共产党在土地问题上存在两条路线：一条是土地国有制或苏维埃公有制路线，另一条是“耕者有其田”路线。土地国有制路线给农民土地使用权，“耕者有其田”强调农民土地所有权。看上去，在民主革命时期，存在农民的土地所有权。

但是，分析民主革命时期的农民土地所有权，必须注意一个前提，即农民土地私有是以孙中山“耕者有其田”思想为依据的。农民的土地所有权是不是西方法学概念中的所有权，这个问题还值得推敲。不能因为字面上用的是土地所有权，就简单地认为民主革命时期，农民在中国共产党领导下享有土地所有权。农民的土地所有权是否具有土地所有权的实质，关键看“耕者有其田”思想有关土地归属、土地占有使用的内涵。

其三，“耕者有其田”是中共农民土地私有政策的思想渊源。

毛泽东在土地革命时期实施的农民土地私有政策受孙中山“耕者有其田”思想影响，而孙中山“耕者有其田”思想根源于中国传统的进步的土地思想。可以说，以毛泽东为首的中国共产党人的土地思想不是受到了大陆法系土地所有权理论和制度的影响，而是深受中国传统土地思想的熏陶。

“耕者有其田”思想的核心是“均”和“平”，是中国农民阶级在一次又一次的起义中，要求消除土地兼并、分配不均现象的产物。从王小波、李顺“吾疾贫富不均，今为汝均之”到钟相、杨幺的“等贵贱、均贫富”，从李自成的“均田免粮”到洪秀全的“有田同耕”，“耕者有其田”的思想逐渐成熟。太平天国的《天朝田亩制度》完整地表达了“耕者有其田”的思想：

> 凡分田，照人口，不论男妇，算其家人口多寡，人多则分多，人寡则分寡，杂以九等，如一家六人分三人好田，分三人丑田，好丑各一半。凡天下田，天下人同耕，此处不足，则迁彼处，彼处不足，则迁此处。凡天下田，丰荒相通，此处荒则移彼丰处，以赈此荒处，彼处荒则移此丰处，以赈彼荒处。务使天下共享天父上主皇上帝大福，有田同耕，有饭同食，有衣同穿，有钱同使，无处不均匀，无人不饱暖也。凡男妇，每一人自十六岁以尚受田，多逾十五岁以下一半。如十六岁以尚分尚尚田一亩。则十五岁以下减其半分尚尚田五分；又如十六岁以尚分下下田三亩，则十五岁以下减其半分下下田一亩五分。凡天下，树墙下以桑。凡妇蚕绩缝衣裳。凡天下，每家五母鸡，二母彘，

无失其时。凡当收成时，两司马督伍长，除足其二十五家每人所食可接新谷外，馀则归国库，凡麦、豆、宁麻、布帛、鸡、犬各物及银钱亦然。盖天下皆是天父上主皇上帝一大家，天下人人不受私，物物归上主，则主有所运用，天下大家处处平均，人人饱暖矣。

大段引用《天朝田亩制度》的内容，有利于完整把握“耕者有其田”思想的实质。“凡天下田，天下人同耕”，“凡天下田，丰荒相通”，“有田同耕，有饭同食，有衣同穿，有钱同使，无处不均匀，无人不饱暖”，这些话语体现了均平思想。

然而，“耕者有其田”并不是赋予农民土地所有权。太平天国依然采取“授田制”，与中国历代王朝的授田制如出一辙。农民只能占有、耕种土地，对土地并不享有西方法学意义上的所有权。植树种桑、蓄养家畜都是“法定义务”。农民的耕种收成，除留足每人的口粮外，其余的粮食全部收归国库。“凡麦、豆、宁麻、布帛、鸡、犬各物及银钱亦然。”这是典型的土地国有制，或者说就是中国封建社会的家天下土地所有制。土地属于“君主、天父”，农民负责耕种，天父保佑大家处处平均、人人饱暖。只要不断章取义，很容易发现太平天国时期的“耕者有其田”不等于耕者享有土地所有权。历史地看，“耕者有其田”的“有”不能解释为所有，只能解释为占有。

孙中山于1902～1903年期间提出了“平均地权”主张，经不断阐发，逐渐形成了三民主义理论体系的“民生主义”。他认为，民生主义中“最要紧的是‘均贫富’”，“为贫富的不平等，要把他们打到平等”，“农民之缺乏田地沦为佃户者，国家当给予土地，资其耕作，并为之整顿水利，移植荒缴，以均地利”。[1]

---

〔1〕《孙中山选集》，人民出版社1981年版，第592～593页。

20 世纪 20 年代初，孙中山晚年受苏联十月革命的影响，提出了“耕者有其田”的主张。其核心内容是实行土地增价归公的同时把土地原价保留给地主，然后通过收买，再将地主土地收归国有。孙中山“耕者有其田”思想的实质是通过均田的方式使耕者平均占有土地，土地的利益归国家公有。可以得出这样一个结论：“耕者有其田”不是赋予耕者土地所有权，而是给耕者土地使用权。国家在公有名义下组织农业生产，负责耕者饱暖，实现均贫富的目标。

新中国的土地政策与“耕者有其田”思想一脉相承。从 1950 年的土地改革完成“均田”，到 1958 年高级合作社实现土地公有，新中国的土地制度是一种土地公有、农民占有的模式，实现了中国人“耕者有其田”的千年梦想。当然，新中国的土地制度与太平天国的土地制度有本质区别。中国共产党的土地公有，是社会主义公有制，之前均田思想下的土地公有是一种土地国有或者叫土地君主所有。只有社会主义的土地公有制才是真正意义上的公有，中国人的耕者有其田的梦想直到新中国成立才真正实现。

其四，土地改革时期的土地所有权是有中国特色的土地占有权，不是近代西方的土地所有权。

1950 年《土地改革法》第 10 条规定，所有没收和征收得来的土地，统一地、公平合理地分配给无地少地的贫苦农民所有；第 30 条规定，土地改革完成后，由人民政府发给土地所有证，并承认一切土地所有者有自由经营、买卖及出租其土地的权利。事实上，大部分地区的农民也都领到了房地权证书。

1954 年《宪法》第 8 条规定，国家依照法律保护农民的土地所有权和其他生产资料所有权；第 11 条规定，国家保护公民的合法收入、储蓄、房屋和各种生活资料的所有权；第 12 条规定，国家按照法律保护公民的私有财产的继承权。1954 年《宪法》承认和保护农民的土地所有权。

但农民的土地所有权不是近代西方法律意义上的所有权，而是在中国共产党领导下的资产阶级民主革命这个特殊历史时期的一种暂时的所有权，是随时准备为社会主义改造所取消的一种所有权，是在战后迅速恢复农业生产的一种应急之策。

按照西方所有权基本原理，所有权是永久的，不受期限限制的排他的全面支配权。而新中国土改后的农民的土地所有权从一开始就有期限限制。这一点，在《土地改革法》立法上是明确的。刘少奇在 1950 年 6 月 9 日党的七届三中全会《关于土地改革问题的报告》中指出："土地改革属于资产阶级民主革命性质。土地改革必须被限制在消灭封建、半封建剥削范围内，而不是消灭一切剥削制度。对属于资本主义性质的工商业采取保护政策，地主、富农兼营的工商业及其直接用于经营工商业的土地和财产，不予没收。"土地改革是资产阶级民主革命性质的，是中国共产党领导的社会主义革命的一个准备阶段，注定是短暂的，因而，农民的土地所有权也是短暂的。

虽然当初没有明确给农民土地所有权的期限是多长，但中共中央领导人都清楚，农民土地所有权也就是保留个十几二十年。1956 年农民的土地就入社了。《农业生产合作社示范章程》规定："在一定的期间还保留社员的所有权。"实际上此时已经明确了所有权的期限问题，即所有权还可以存续一定的期间。1958 年，高级合作社取消农民入社土地的收益权。事实上，此时农民的土地所有权就消失了。1962 年《农村人民公社工作条例修正草案》（以下简称《人民公社六十条》）第 21 条规定："生产队范围内的土地，都归生产队所有。生产队所有的土地，包括社员的自留地、自留山、宅基地等等，一律不准出租和买卖”。立法明文消灭农民的土地所有权。农民土地所有权的存续期限也就是八到十年的时间。《人民公社六十条》不是对农民土地所有权的征收（征用），而是社会主义改造的胜利成果，是在土地改革时期赋予农民土地所有权时就已经讲清楚的事实。根据社会经济发展条件的变化，期限一到，农民的土地所有权就转变为人民公社的集体土地所有权。

此外，赋予农民有期限的土地所有权目的并不是给农民对土地的绝对的排他的支配权，而是为了解放生产力。中共中央明确要求，土地改革要引导农民，不要在分配土地和浮财上纠缠不清，而要集中精力恢复生产。可见，土地改革时期，农民的土地所有权并非西方法学意义上的所有权，它是民主革命时期农民土地耕种权的延续。中国共产党人在设计农村土地制度时借用了土地所有权的名号，实质上给农民的只是土地占有权。

综上所述，在中国共产党领导的中国土地革命和土地改革的制度变迁进程中，逐渐形成的集体土地所有权，不是西方法学意义上的所有权，而是一种特殊的所有权。从土改的背景和立法宗旨来看，准确地讲，土改给了农民私人土地占有权，而不是土地所有权。土地改革只是新民主主义革命的任务，在新中国成立后需要继续搞一段时间的新民主主义，使国民经济和农业生产迅速恢复，在条件成熟后，新民主主义将向社会主义转变。这在党的七届二中全会决议中有明确规定：“在革命胜利以后，迅速地恢复和发展农业生产，对付国外的帝国主义，使中国稳步地由农业国转变为工业国，由新民主主义国家转变为社会主义国家。”这也是毛泽东关于中国革命分两步走理论的体现。中国革命的第一步，是改变半殖民地半封建的社会形态，建立以无产阶级为领导的各个革命阶级联合专政的新民主主义社会，为社会主义的发展扫清更广阔的道路。第二步，使革命向前发展，建立一个社会主义社会。两个革命阶段必须分清，不能“毕其功于一役”。两个革命阶段又必须衔接，第一步为第二步准备条件，不容横插一个资产阶级专政的阶段。从土地改革的这个大背景看，土地私有制是新民主主义革命阶段的产物，随着新民主主义革命向社会主义革命转变，土地私有制必然演变为土地公有制。可见，新民主主义阶段，土地归农民占有、使用、收益和处分只是暂时的，并非在土地“归属”意义上确定其所有权，更没有赋予农民土地所有权以对抗权力任意干预的法律精神。说白了，土地只是给农民耕种，让每户农民都有地可耕，迟早是要收回来的。所以，把农民的这种土地权利解释为土地占有权更准确。

2. 集体土地所有权是土地经营管理权

《宪法》、《土地管理法》、《农村土地承包法》和《物权法》都没有对集体所有权做出明确的界定。何·皮特认为，这是“有意的制度模糊”。中国政府之所以在这个问题上坚持“有意的制度模糊”，是因为它是农田家庭联产承包责任制的主要保障机制之一。[1] 这种说法比集体所有权“主体虚位说”要高明。[2] 但笔者认为，“有意的制度模糊说”触及的也只是现象，依然是

---

〔1〕［荷兰］何·皮特：《谁是中国土地拥有者？——制度变迁、产权和社会冲突》，林韵然译，社会科学文献出版社2008年版，第257页。

〔2〕集体所有权主体虚位泛指一种社会现实，在大多数地区农民集体经济组织已经解体或者名存实亡，农民缺乏行使集体所有权的组织形式和程序，有些甚至缺乏行使集体所有权的动机，所谓土地集体所有，实际上成了乡、村干部的小团体所有，有的甚至成为个别乡、村干部的个人所有。因而出现了少数干部凭借集体土地所有权，或任意摊派，加重农民负担；或任意处分土地，造成耕地流失；或以权谋私，导致土地使用的分配不公。参见王卫国：《中国土地权利研究》，中国政法大学出版社1997年版，第96页。这个结论是典型的站在大陆法系所有权概念的角度来观察中国集体土地所有权的结果，没有从立法者的角度领会其立法意图，而何·皮特的“有意的制度模糊”总算号到了立法者的脉搏，所以说后者比前者高明。

从西方法学意义上的所有权视角来观察集体所有权。假如集体土地所有权不是西方法学意义上的所有权，也就不存在什么主体虚位和有意模糊了。中国的集体土地所有权并非法律移植结果，甚至不是有意识的土地权利制度设计的产物，而是中国共产党在长期的土地革命和社会主义实践中逐渐摸索出来的一种土地分配和占有的制度，借用了“所有权”概念，与大陆法系的所有权在内涵和精神实质上不相同。

借用了所有权名称的集体土地所有权实质上不是所有权，但它不是所谓的“空权利”，更不是国家摄取农村资源的权力管道。有人认为，“集体土地所有权本质上是国家通过否定农民土地私有权而建立的资源摄取的权力通道。”〔1〕这是一个错误的结论。国家摄取农村资源真正的权力通道是政社合一的人民公社制度。政社合一的人民公社制度把工、农、商、学、兵合在一起，产生了强大的社会控制力。如果不把工、农、商、学、兵合在一起，国家要从集体摄取超额资源是很难行得通的，也就是说，不是集体土地所有权给国家摄取农村资源带来了便利，而是工、农、商、学、兵合在一起的人民公社体制机制方便了国家摄取农村集体资源。即便赋予农民土地私人所有权，国家也可以照样通过强大的人民公社摄取农村资源。人民公社政社合一体制以行政命令方式平调农村资源，谁都挡不住，即使土地不是集体的，又能怎么样？用法律术语来讲，人民公社时期的“无偿平调”就是没收，国家没收农村剩余财产通过国家行政权力来实现，与集体土地所有权无关。为国家没收农村剩余财产提供制度便利的不是集体土地所有权，而是工、农、商、学、兵合在一起的人民公社体制机制。农民的任何反抗都会立

〔1〕李凤章：“通过‘空权利’来‘反权利’：集体土地所有权的本质及其变革”，载《法制与社会发展》2010年第5期。

即被由农民组成的民兵所控制，在人民公社内部就解决了人民内部矛盾，从而很少会出现农民与国家的直接对抗。事实上，人民公社时期的集体土地所有权已经不是真正的集体土地所有权了，而异化为国家所有权了。

人民公社解体后，政府通过低价征收土地拿走了农民的土地权益，有人分析“之所以会导致农民的土地利益如此受损，根本原因就在于集体土地所有权这一利益摄取机制在继续发挥作用，从而使乡镇政府、村委会等组织能够继续借助集体土地所有权，名正言顺地出售土地，并截留土地的补偿款。”〔1〕这种归因经不起推敲。城市化建设过程中，发生了大量拆迁城市居民房屋的现象，同样出现了城市居民利益受损的情况，难道这也可以归因于城市土地权利制度吗？无论城市还是农村，无论土地征收还是房屋拆迁，利益受损的根本原因是补偿制度的问题。1998 年以前的《土地管理法》中，征收农民土地需要对农业劳动力进行安置，一些被征地农民到机关、学校上班，端上了“铁饭碗”，退休后还有比较丰厚的退休金，土地被征收成为农民的期盼。后来，《土地管理法》的土地征收补偿制度发生变化，不再安置劳动力，从而引发了大规模的征地冲突。所以，农村土地资源被摄取不是集体土地所有权惹的祸，根子在补偿机制。土地征收是国家强制行为，集体土地所有权人对是否交出土地没有决定权，对土地征收标准没有讨价还价的余地，只能依法接受按照法定程序办理的征收，接受按照法定标准支付的土地补偿费。集体土地所有权的代表在征收过程中不享有任何谈判权、决策权。在土地征收中，不存在国家、集体和农民之间的利益博弈。要不要征收，征收应当按照什么条件和程序

〔1〕李凤章：“通过‘空权利’来‘反权利’：集体土地所有权的本质及其变革”，载《法制与社会发展》2010 年第 5 期。

进行，征收应当给予什么补偿都属于征收制度内容，与土地权利无关，不管不动产属于个人还是集体，同一征收制度下的结果是一样的。可见，征收过程中农民遭受的所谓损失不是集体土地所有权在其中发挥了作用。至于集体代言人在分配土地补偿费中的各种不公或贪腐行为，属于乡村干部个人的违规或违法行为，也与《土地管理法》关于集体土地所有权的规定存在漏洞有关。法律漏洞是立法的正常现象，可以通过立法修改来弥补。如果乡村干部钻了法律漏洞、干了违法的事情，应对之策应该是弥补法律漏洞，约束和处罚违法行为人。集体土地所有权代言人的“疾病”不是不可治愈的顽疾，无须开出消灭集体土地所有权这种同归于尽的“药方”。

借用了所有权名义的集体土地所有权不是“空权利”，而是一种带有行政管理色彩的农村土地经营管理权。这一结论是从中国农村基本经营制度的现实中得来的。

中国农村的基本经营制度是以家庭承包经营为基础、统分结合的双层经营体制。所谓“统”是指坚持土地等基本生产资料公有制和必要的统一经营。“必要的统一经营”是指：“一家一户办不了、办不好、办起来不合算的事，乡村集体经济组织要根据群众要求努力去办。要做到集体财产有人管理，各种利益关系有人协调，生产服务、集体资源开发、农业基本建设有人组织。”〔1〕农村集体的这种统一经营是土地公有制的必然要求。土地公有制下必要的统一经营不可少，而坚持必要的统一经营就需要壮大集体经济实力。在分散经营的家庭承包制下，如何壮大集体经济实力？“主要靠利用当地资源进行开发性生产，兴办集体企业，增加统一经营收入；同时要搞好土地和其

〔1〕1991年11月29日中共中央《关于进一步加强农业和农村工作的决定》。

他集体财产的经营管理……还可以发展服务事业，合理收取服务费。”但集体经济的壮大“不可急于求成，更不能平调农户的财产”[1]。所谓“分”是指：按照农民意愿，引入家庭承包制，使农户享有承包土地的占有、使用、收益和依法流转等权利，特别是在行使使用权能时，农户享有生产经营自主权。以家庭承包经营为基础、统分结合的双层经营体制不是一种土地权利的法律设计，并非有意识要将农村土地等基本生产资料的公有制设计为集体土地所有权，把家庭承包制设计为土地承包经营权。这两个法律概念，只是对“以家庭承包经营为基础、统分结合的双层经营体制”这种社会经济现实的法律翻译而已。用法律术语翻译社会经济生活，最重要的是看翻译所用的名称与社会经济现实是否一致，名副其实是判断法律概念反映经济生活现实准确程度的最高标准。

从集体土地所有权的现实来看，在农用地上，有两种经营权，一是“统”字意义上的集体经营权，二是“分”字意义上的家庭经营权。两种经营权的区别在于集体间接占有承包地，农户直接占有承包地。集体的经营表现在生产服务、集体资源开发、农业基本建设的组织，为家庭经营创造更好的条件、注入新的活力、推动全体农户共同发展等等。集体对土地的经营不是耕种，而是维护、提升、投入和监督。

农户的土地承包经营权这个概念名副其实，就是经营权。农户享有自主经营承包地的权利，但不能选择不经营承包地，也就是说，不能抛荒弃耕。在这个意义上，经营承包地既是农户的权利，也是农户的责任。因而农民有时会把承包地称为“责任田”。

[1] 1991年11月29日中共中央《关于进一步加强农业和农村工作的决定》。

然而，用集体土地所有权这个概念来翻译集体的这种经营权事实，是不准确的。在集体不能直接占有、使用农用地的情形下，集体对农用地的收益和处分权能也得不到保障。一方面，集体对土地的收益无自主意志。收益权能指收取由原物产生出来的新增经济价值的权能。集体能不能收取承包地上新增经济价值？农村税费改革之前，是可以收的，但收取的“三提五统”并不是集体的自主意志的表现，而是法律和政策的规定。一旦集体按照土地所有权人身份自主收取农民土地使用费用，会被中央政府斥之为乱收费，也就是说，集体是不能自主获取土地收益的。法律和政策规定收就可以收，规定收多少就收多少，收多了就变成了农民负担，规定不准收就不能收了。这种情形与土地所有权的收益权能不同。土地所有权人行使收益权能是在不违法的基础上按照自己的意志进行的，什么时候收，什么时候免，全由自己做主。但中国农村集体在行使收益权能时并不由自己做主。承包地上产生出来的天然孳息归土地承包经营权所有。因承包关系而产生的法定孳息的归属由中共中央和各级政府说了算，甚至这笔钱怎么用也不是集体可以做主的，可以说，集体不享有承包地的收益权。

另一方面，集体不享有集体土地处分权。处分权能是指依法对物进行处置，从而决定物的命运的权能，包括事实处分和法律处分。事实上的处分是指对物进行实质上的变形、改造或毁损等对物施加的决定了物的命运的物理影响。占用耕地建窑、建坟或者擅自在耕地上建房、挖砂、采石、取土，占用基本农田发展林果业和挖塘养鱼等，都属于对土地的事实处分。上述对土地的事实处分被《土地管理法》第36条所禁止。法律对农村土地用途的管理，其实就是限制集体和农户对农村土地的事实处分。不管是集体还是农民，都不得改变土地的用途，不得对土地进行影响土地命运的事实处分。集体对土地的法律处分也受限制。法律处分是指改变权利的归属，赠送、出卖、抛弃、在物上设立担保物权等都属于法律处分。集体依法不能买卖、抵押或以其他方式非法转让土地。集体土地权利的改变只有一种法定形式，即被征收为国有土地。农民的土地承包经营权都可以依法流转，但集体土地依然不享有上市流转权，即集体不能自主处分集体土地。虽然集体建设用地上市交易已经在一些地方进行试点，但集体出让、出租集体建设用地等流转行为只是在行使收益权能，而非处分权能。这说明，集体缺乏对集体土地的处分权。缺乏收益和处分权能的集体土地所有权自然不是所有权。可见，法律在翻译集体对农村土地享有的权利时，选择了一个名不副实的法律概念。

完善集体土地法律制度不是要按照西方土地物权的理论和立法全面落实集体土地所有权，而是明确集体土地所有权自身的法律内涵和法律精神。鉴于集体土地所有权的名称已经为公众熟知，重新换一个概念比较麻烦，可以考虑在保留其名称的同时，明确指出其本质不是西方法学意义上的所有权，而是一种公有土地的经营管理权。将集体土地权利定性为经营管理权，既符合中央“统分结合”中集体统一经营的精神，也符合新中国成立以来的土地行政管理立法模式。集体土地权利不是财产法意义上的所有权，而是行政管理法层面上的经营管理权。既然是经营管理权，那么行使经营管理权的主体当然可以由行政机关根据实际情况做出不同的选择。《物权法》分门别类地规定不同的集体权利的行使主体，其实是灵活选择经营管理者的表现。实践中出现乡、村干部代表乡、村集体行使经营管理，也无须大惊小怪，哪一个国有企业不是由董事长在实际掌握国有资产的经营管理权？

从集体土地经营管理权中无法派生出土地使用权。土地承包经营权、集体建设用地使用权、宅基地使用权都是国家法律直接规定的使用权，不是由集体土地经营管理权派生出来的。集体土地使用权与集体土地经营管理权是平等的权利。

（二）集体土地所有权的法律精神

集体土地所有权是中国共产党与亿万农民在长期实践中创造出来的一种农村土地制度，它实质上是农村集体享有的一种土地经营管理权，蕴藏着丰富的土地管理和土地利用智慧。

1. 强调土地社会本位

征服自然、改造自然是人类社会早期的主要任务，个人英雄主义极受推崇，相应的，土地制度以激励个人创造力和积极性为出发点。个人本位的土地立法激励人们披荆斩棘、开荒拓地，进而不断增加社会粮食总产量。随着科学技术的迅猛发展，人类社会从农业社会进化到工业社会和后工业社会，自然界早已屈服在人类脚下，并不时以各种灾难“报复”人类，人与自然的和谐成为新的主题。土地制度从个人本位转向社会本位正是对人与自然和谐共存理想的回应。集体土地所有权不再站在个人立场刺激人类征服土地的欲望，而站在社会立场鼓励土地占有人重视人类社会的共同利益。集体土地所有权强调社会本位，与现代人关于人与自然关系的重新思考不谋而合。

集体土地所有权下“村庄”小社会形式与国家土地所有权下“国家”大社会形式不同。村庄小社会有利于增强村民对“村庄”这种“熟人社会”的认同感，避免国家大社会隐藏的“普天之下、莫非王土”的不良影响；有利于村民站在家族、后代的角度自觉维护集体土地利益，避免国家统一经营的掠夺式开发和管理者追求政绩而导致的恶性竞争等不良后果；有利于村民以“出入相友、守望相助”的态度主动开展合作经营，避免劳动力不均引起的贫富分化。集体土地所有权这种村庄小社会本位的尝试，继承和发扬了中国古人的土地管理智慧，是土地社会本位法律制度的新探索。

2. 遵从土地利用理念

淡化土地归属，着眼土地利用，是西方现代民法理念。古代罗马法时期，民法以“个人主义”为本位，强调土地归属关系，形成了以所有权为中心的法律体系。这个传统在近代资产阶级革命胜利后，被英、法、美等国发扬光大。所有权至上、所有权神圣不可侵犯成为宪法原则，对新兴资本主义的发展产生了积极作用。然而，随着经济高速发展和人口膨胀，人类对土地资源的需求量越来越大，土地的归属与利用之间的矛盾日益尖锐。过分强调财产归属关系，严格捍卫土地私有，是土地资源闲置浪费和社会贫富分化的根源之一。土地立法从“归属”到“利用”成为土地法制发展的必然趋势。“所有权社会化”思潮应运而生，所有权应承担一定的社会责任成为各国立法的共识。但立法对土地所有权的各种修补不能从根本上改变土地私有的弊端。私有制国家的土地立法不能彻底实现土地从“归属”到“利用”的转变，或者说，土地的物尽其用受到了土地归属关系的制约。我国是社会主义公有制国家，在政治制度和经济制度上更有利于实现这种转变。集体土地所有权淡化所有权有关物的归属的功能，集体不再具有最终决定土地命运的处分权，这是土地为社会公益而开发利用的制度基础。集体土地的用途是什么，怎么用，谁来用等事关社会公益的重大问题并不能由集体自己做主。这可以防止土地私人所有权“非公益性”利用的弊端，为社会公平利用土地创造条件。中国人能自己解决自己的吃饭问题，着眼于土地公平利用的集体土地所有权制度功不可没。

3. 坚持土地公有方向

土地是全社会的财富，既是当代人生存发展的资源，也是后代人安身立命的根本。土地不仅给土地占有人带来“私益”，也必须给全社会贡献“公益”。因此，私有制社会强调私人土地所有权的社会责任，以降低土地私人所有权对土地社会资源的不利影响。公有制社会消灭土地私人所有权，全力维护土地的社会资源功能。但公有制社会在实现土地社会资源的制度选择上曾走过一段弯路，把土地公有简单地等同于土地国有，采取土地国有化的方式利用土地。尽管从农业生产中积累了开展工业化的资本，但对农业、农村和农民的伤害至今依然还有后遗症。集体土地所有权吸取土地国有化的经验教训，是坚持土地公有方向的一种新制度探索。实践证明，集体土地所有权既能有效地克服土地私有的弊端，又能避免土地国有的不足。在集体土地所有权制度下，中国社会再也没有发生过土地兼并、农民流离失所的现象。并且，集体土地所有权有利于解决农业的突发事件，如土地撂荒问题，集体经济组织可以及时开展土地流转工作、推进承包地适度规模经营，在充分协调各方利益的前提下，有效解决了土地撂荒问题，确保了粮食安全，体现了集体土地所有权公有的优势。

4. 独创土地管理方法

行政管理的内涵是命令与服从，但管理的最高境界是行政相对人自觉遵守命令，自觉实现管制目标。土地的行政管制特别强调“民心”向背。如果农民总是与土地行政管制规定“对着干”，这种土地管制制度是不能长久的。国家对农村土地行政管理的目标是节约用地、保护耕地、确保粮食安全。如何让农民在利用农村土地时能主动、自觉地实现这一目标？靠各级行政官员的指挥、监督，不仅增加管理成本，使农民的积极性难以发挥，还招致农民的埋怨，因此，这不是最佳的管理办法。完全放手让农民自主利用土地，无异于滑向土地私有，也不是最好的选择。因此，土地管理应超越管制与自治，在管制中留出自治的空间，在自治中铺设管制的通道。集体土地所有权具有超越管制与自治的功能。一方面，土地属于集体所有成员所有，集体土地利用的重大事项的决策权由集体成员享有，其他任何团体、单位或个人不得非法干涉集体成员的决策。集体成员的这种自治可以最大程度地表达农民的利益诉求，维护农民自身利益。另一方面，国家可以通过与集体商谈确定集体土地利用的方向和目标，国家的土地管理命令可以通过集体传达给农民，使农民集体自治中包含国家的土地管理意志。集体成为国家与农民沟通与交流的中介，成为国家土地管理意志和农民表达土地利用意愿的共同平台。当国家利益与农民利益不能完全达成一致时，集体成为重要的协调利益和缓冲矛盾的主体。可以说，中国共产党人坚持的“群众路线”，在集体土地所有权制度中得到充分体现。这就是为什么我们总能及时纠正农村工作的各种失误，及时扭转农村不利局面的原因。

集体土地所有权虽然存在这样那样的问题，但有些所谓的弊端并不存在。

其一，集体土地所有权的性质是明确的。集体土地所有权的性质，说起来有近十种代表性学说。其实概括起来就是“应然说”和“实然说”两种。严格来讲，“应然说”研究集体土地所有权应该是什么权利，不属于集体土地所有权性质的“认识论”。而从集体土地所有权制度的实际出发，分析其中的政策、法律和社会现实产生的集体土地所有权的性质之争，才是真正的性质认识上的分歧。“实然说”基本认清了集体土地所有权的性质。集体土地所有权不是纯粹的私权，不是西方民法意义上的所有权，不具备西方法学意义上的所有权的完整权能。“性质不清”、“权能不全”等所谓的集体土地所有权的弊端，是站在西方固有的所有权概念的立场上的不恰当指责。集体土地所有权的本质是集体土地经营管理权。

其二，“主体虚位”不能成为取消集体土地所有权的理由。集体土地所有权的主体是明确的。集体不是集体成员全体，也不是集体成员组合，是集合性民事主体，与法人、自然人等个体性民事主体有区别。集体与法人的相同点是其主体意志必须由自然人做出，其主体行为必须由自然人完成。集体主体与法人主体都面临自身与实际操作的自然人之间的协调一致问题，当实际操作的自然人违背集体或法人意志与利益，就会出现集体或法人被“掏空”或被“架空”的尴尬局面，这可称之为“主体虚位”。法人所有权制度有几百年了，虽然法人主体虚位问题至今依然存在，在上市公司方面问题还很严重，但似乎没有谁叫嚷着要取消法人所有权的。为什么同样的问题发生在集体土地所有权上，就有那么多废除集体土地所有权制度的呼声呢？面对“主体虚位”，法律制度的应对之策是约束和规范代表集体行使权利的个人的行为，而不是消灭集体本身。

其三，对集体经济组织“名存实亡”的判断缺乏事实依据。农村土地承包到户后，集体经济组织与人民公社时期相比，的确事情少了很多，但它在土地征收法律关系中扮演了重要角色，为各级地方政府征收集体土地提供了制度便利，为城镇化快速发展打下了基础。如果集体经济组织真的“名存实亡”了，政府征地就需要逐一面对各家农户，困难程度可想而知。所以，事实上，集体经济组织没有“亡”。在一些经济发达地区，集体经济组织不断发展壮大，并完善了集体经济组织形式。比如，浙江省在农村建立的“村经济合作社”，就是村一级管理、经营集体资产的经济组织。村经济合作社与集体土地所有权相匹配，完善了集体土地所有权制度。

其四，土地归集体所有，承包地和宅基地归农户长期占有使用，是土地公有制法权形式之一。不能迷信农村土地的国有化。土地资源属性、人地关系紧张与土地国家所有权之间并无必然联系，它只能说明私人土地所有权不能充分反映土地的资源属性和功能，土地归属应从私有走向公有。而土地公有的法权形式未必只有国家所有权一种选择，集体所有也是公有形式。土地国有化的制度劣势十分明显并有深刻的历史教训。从远处看，始于秦朝的古代土地国有造就了中国古代的农业文明，同时也在土地兼并与农民起义中不断破坏社会生产力，使得土地国有下的中国社会陷入恶性循环的怪圈。土地兼并是国家控制力弱化的表现，是中央对地方土地管制失灵的必然结果。国家所有权与土地兼并的矛盾不是私权矛盾，而是主权矛盾，是君主与诸侯、权贵争夺土地“主权”的生死较量。因而，当土地兼并失控之时，就是当朝政权瓦解之日，历朝历代，莫不如此。从近处看，“人民公社”是一种事实上的土地国有制。运行了20年的“人民公社”，名义上，土地归属于集体，但事实上，国家享有土地的完全支配权。“人民公社”只是按照国家指令指挥农民完成粮食生产任务，农业收入的分配也基本上由国家安排，国家还通过各种手段拿走了主要的农业收益。最终，事实上的土地国有制伴随着“人民公社”的消灭而消失。农村土地国有化的历史教训不容忘记。土地家庭承包将事实上的土地国有制改革为真正意义上的土地集体所有制。

集体土地所有权不是西方传统土地所有权，是中国人民在反思几千年土地制度传统的基础上，创造的一种充满土地管理智慧的新型所有权，它的法律精神是集体占有、集体享有、服务社会，与西方传统土地所有权个人独占、个人独享、对抗权力的法律精神有本质区别。

阐明集体土地所有权不是西方法学意义上的土地所有权，阐明这种新型所有权的法律精神，是研究中国宅基地法律不得不首先交代的一个前提。基于上述对集体土地所有权精神的分析，可以将宅基地所有权概念定义为：由农村集体占有，集体成员共同分享，用于满足农户居住生活需要，并支持和促进农业生产的一种新型土地所有权。

三、宅基地使用权

宅基地使用权概念最早出现于 1963 年中共中央发布的《关于各地对社员宅基地问题作一些补充规定的通知》。经过几十年的制度演进，宅基地使用权制度内容逐渐丰富。学界对宅基地使用权概念的研究成果主要集中在宅基地使用权的特征和性质方面。

（一）宅基地使用权的特征

学界对宅基地使用权特征的分析主要有以下几种观点：①三属性说。高富平认为，宅基地使用权具有长期性、可继承性和随房转让性、用途受管制。[1] 王利明认为，宅基地使用权具有农村集体成员身份性、对集体土地的用益物权和数量受限性（一户只能申请一处宅基地）。[2] ②五属性说。刘俊认为在身份性、无偿性、从属性之外，还包括权利行使主体以户为单位、宅基地使用权面积享有方面的平等性。[3] ③六属性说。尹

〔1〕 高富平：《土地使用权和用益物权——我国不动产物权体系研究》，法律出版社 2001 年版，第 446 ~ 447 页。

〔2〕 王利明：《物权法研究》，中国人民大学出版社 2004 年版，第 474 ~ 475 页。

〔3〕 刘俊："农村宅基地使用权制度研究"，载《西南民族大学学报》2007 年第 3 期。

飞认为，宅基地使用权的特点是主体的限定性、客体的限定性、用途的局限性、取得上的无偿性、没有期限限制以及禁止流转。〔1〕汪渊智、李永格讲的六个特征是：严格的身份性、无偿使用性、永久使用性、从属性（依附于房屋所有权）、范围的严格限制性、体现为一户一宅。〔2〕④七属性说。申建平认为，宅基地使用权的特征应包括身份性、权利客体的特定性、权利取得的无偿性、权利享有的无期限性、用途上的限制性、限制流通性、原始取得数量上的唯一性。〔3〕

上述研究结论主要是解释宅基地现行法律规定的结果。《物权法》颁布后，结合《物权法》的规定，可以发现宅基地使用权还具有"无收益权能"的特点。《物权法》第152条规定："宅基地使用权人依法对集体所有的土地享有占有和使用的权利，有权依法利用该土地建造住宅及其附属设施。"宅基地使用权人没有收益权能，而收益是用益物权的重要权能，如《物权法》第117条规定："用益物权人对他人所有的不动产或者动产，依法享有占有、使用和收益的权利。"所谓收益权能在民法上主要是指获取物的孳息，包括物的自然孳息和法定孳息。立法不赋予宅基地使用权的收益权能，是因为宅基地的用途被限定为居住用地，即满足农户建造自住房屋及附属建筑的需要，不能用于工商业活动或者旅游开发。由此可见，根据现行法律规定，宅基地使用权至少具有八大属性。

---

〔1〕尹飞：《物权法·用益物权》，中国法制出版社2005年版，第256～259页。

〔2〕汪渊智、李永格："论农村宅基地使用权制度"，载《广西政法管理干部学院学报》2007年第1期。

〔3〕孙毅、申建平：《建设用地使用权·宅基地使用权》，中国法制出版社2007年版，第270～279页。

（二）宅基地使用权性质之争

宅基地使用权具有无收益权能、无偿取得、无期限使用、农民身份性和限制流转等中国特色，学界就如何解释、概括这些特色，如何准确定性宅基地使用权素有争议。主要形成了以下三种学说：

1. 用益物权说

多数学者认为宅基地使用权是一种用益物权。权利人以使用、收益为目的，符合西方传统用益物权的特征，应按照用益物权的原理改造宅基地使用权。在用益物权学说下又可分“地上权说”和“用益权说”。“地上权说”认为使用集体土地建筑及培植林木的权利符合地上权的法律特征，属于地上权，并提出以现行的国有土地使用权、农村土地使用权、宅基地使用权为基础，创建统一的地上权制度。有学者建议创建统一的“基地使用权”概念，认为基地使用权是一个基本与传统民法中的地上权相对应的法律概念，可以准确体现地上权的内涵与特征，可以作为“地上权”一词通俗而恰当的替代语。〔1〕“用益权说”认为宅基地使用权在设立的目的、本质属性以及规则特征方面与用益权有天然共性。〔2〕

2. 地产权说

虽然没有直接针对宅基地使用权，但在研究土地使用权（即《物权法》规定的建设用地使用权）时，王卫国提到了地产权。他说：“如果要进行类比的话，我国的土地使用权与英美

〔1〕参见中国物权法研究课题组：《中国物权法草案建议稿附理由》，社会科学文献出版社2007年版，第390页。

〔2〕参见解玉娟：“农村宅基地使用权性质探析”，载《河南省政法管理干部学院学报》2008年第3期。

法的地产权更有可比性，而且，这种可比性可以从设立宗旨和市场功能上加以说明。”〔1〕高富平认为，在现行有关农村土地规范体制下，宅基地基本也属于农民的“份地”，即只要是某个村的村民，且有居住需要，那么就可以长期使用下去；而且在观念上，农民一直把宅基地作为自己的家产看待。实际上，农村宅基地使用权在某种意义上，已经接近一种完全的私权利。〔2〕“接近完全的私权利”与地产权有某种相似，因而他建议用地产权改造中国的土地利用制度，包括宅基地使用权。〔3〕然而，地产权思路只是一种朦胧的想法，既没有完整的理论说明，也缺乏明确的概念阐释和制度设计。

3. 中国特有的独立财产权说

在思考中国土地利用制度时，王卫国、王利明、高富平等学者反对用大陆法系的用益物权概念生套中国的土地利用制度。他们的主要观点是，中国的土地利用制度是中国社会主义土地制度改革和发展的产物，它不是在引进、消化、改造大陆法上的用益物权基础上形成的权利设计，更不是大陆法物权制度在中国推行的结果。中国的土地利用制度是以土地公有制为基础，通过法律制度实现创制私权，实现制度化权利到私权的转换；而大陆法系的土地利用制度是以个人所有权为基础，基于个人的意志创设他物权，因而在赋予他人物权效力的同时，实现所有权。两者的制度基础和背景相去甚远，不宜将中国的土地利用制度纳入大陆法系用益物权的框架。加上民族传统、民众生

〔1〕 王卫国：《中国土地权利研究》，中国政法大学出版社 1997 年版，第 146 页。

〔2〕 高富平：《土地使用权和用益物权——我国不动产物权体系研究》，法律出版社 2001 年版，第 448 ~ 449 页。

〔3〕 高富平：《土地使用权和用益物权——我国不动产物权体系研究》，法律出版社 2001 年版，第 128 ~ 131 页。

活习惯等多种因素的影响，中国的土地利用制度应当有中国特色。[1]

以上三种学说各有道理，亦有不足。“用益物权说”已得到中国物权立法的承认，《物权法》第3编用益物权下的第13章是宅基地使用权。虽然立法的安排可能由于体系、逻辑等原因存在某种无可奈何，但世人会先入为主地认为宅基地使用权是一种用益物权。宅基地使用权的内容包括农民有在宅基地上修建住房及附属设施的权利，这一点与“地上权”相似，但“地上权”不能解释宅基地使用权的身份性、无期限、无偿取得、无收益权能等中国特色。“用益权”具有身份性、无偿性、终身性等特征，似乎可以与宅基地使用权的中国特色相匹配，但仔细观察就可发现，用益权的身份性限于一种伦理关系，主要基于夫妻、亲属等关系。而宅基地使用权的身份无伦理考虑，惠及中国9亿农民。用益权的产生基于所有权的意志，所有权人如果不想给他的妻子设立用益权，则不可能产生用益权。宅基地使用权的产生不以所有权人的意志为转移，集体必须给符合条件的农户分配宅基地，农户无偿取得宅基地不受集体所有权人意志的左右。此外，中国法律与政策赋予农户宅基地使用权既是赋予农民一种生存保障，同时也是为了让农户更好地完成粮食生产的社会任务，在无偿性的背后存在粮食生产的对价，这就是为什么不从事粮食生产的城镇居民得不到宅基地的根本原因。所以，“用益物权说”不能妥当地概括宅基地使用权的中国特色。

---

〔1〕 分别参见王卫国：《中国土地权利研究》，中国政法大学出版社1997年版，第146页；高富平：《土地使用权和用益物权——我国不动产物权体系研究》，法律出版社2001年版，第104页；王利明：《物权法研究》，中国人民大学出版社2002年版，第415～417页。

"地产权说"同样不能适用于宅基地使用权。[1] 从形式上看，宅基地使用权的确类似于美国的"宅地权"。但美国的"宅地权"是由公有土地转化而来的，是公地所有权向私地所有权的转化，而宅基地使用权不是替代公有土地所有权的一种所有权，即使它有类似所有权的效力，也没有从根本上消灭集体土地所有权。美国的"宅地权"不是在公有土地上的一种财产利用制度，无法准确概括宅基地使用权的身份性、无收益权能等中国特色，与中国的宅基地使用权有本质区别。反对用大陆法系的法学概念生套中国土地利用制度的理念，笔者深表赞同。然而，该学说只得出了中国土地利用制度与传统用益物权有本质区别的结论，却未能通过理论分析，概括出这种特有权利的名称、性质、功能和内容，没有形成中国特有的财产利用权理论，无法全面指导中国物权立法，进而导致中国物权法中的宅基地使用权制度几乎没有实质内容，颇为遗憾。

（三）宅基地使用权是法定占有权

笔者认为，宅基地使用权作为一种土生土长的中国土地物权，可以定性为"法定占有权"。孟勤国在《物权二元结构论》中创立了占有权理论。他在全面考察占有概念的历史发展的基础上，认为应当在大陆法系占有概念的基础上，建立占有权概念和制度，他的"占有权"是指："非所有人利用他人财产的物

---

〔1〕 1862年通过的《美国宅地法案》规定：除特定的例外情况，家长、21岁以上的人和退伍军人都有资格"对四分之一平方英里或更少量未被占用的公地提出所有权要求"。申请人必须证明他们申请该土地是为其"排他的使用和收益"，且"为实际定居目的"。定居5年后，政府将发放公有土地转让证书。然而，符合条件的实际定居人在5年期限到来前，能够以最低价（通常为每英亩1.25美元）将其全部购买。参见《美国法律汇编》（1862年5月20日法案）（第12卷）第392页，转引自［美］劳伦斯·M. 弗里德曼：《美国法律史》，苏彦新等译，中国社会科学出版社2007年版，第453页。

权，非所有人在占有他人财产的基础上以占有、使用、收益、处分或其他允许的方式实现的直接支配物的权利。”〔1〕他的占有权是与所有权平起平坐的概念，他用自己的占有权原理解释了中国特有的土地承包经营权和国有企业经营权。虽然他没有专门分析宅基地使用权的性质，但从其理论中可以看出，宅基地使用权当属于“法定占有权”范畴。

孟勤国说：“占有权主要由所有人、占有人依法约定而设立，也有一些直接产生于法律规定的事由。前者可称为协议占有权，后者可称为法定占有权。”〔2〕可见，法定占有权是指直接产生于法律规定的占有权。

将宅基地使用权定性为法定占有权，更加符合宅基地使用权的实际。首先，宅基地使用权是法定的权利，不是约定的权利。依现行法，农村村民申请宅基地，经乡（镇）人民政府审核，县级人民政府批准后，由农村集体经济组织向宅基地申请者无偿提供宅基地使用权。有学者认为这一规则不合所有权法理。他的理由是，宅基地使用权是在宅基地所有权上所设定的权利负担，因此，其设定人应为宅基地所有权人；既然《宪法》和《民法通则》均承认“农民集体”对包括宅基地在内的集体土地拥有所有权，那么“农民集体”作为财产所有权人，理应享有占有、使用、收益、处分其财产的权利，而在宅基地问题上，集体丧失了处分权，进而认为《土地管理法》第62条的规定无视所有权人的权利，有违宪之嫌。〔3〕笔者认为，不是该规

---

〔1〕孟勤国：《物权二元结构论——中国物权制度的理论重构》，人民法院出版社2004年版，第199页。

〔2〕孟勤国：《物权二元结构论——中国物权制度的理论重构》，人民法院出版社2004年版，第215页。

〔3〕高圣平、刘守英：“宅基地使用权初始取得制度研究”，载《中国土地科学》2007年第2期。

定违宪，而是该学者推理的逻辑起点有误。“宅基地使用权是在宅基地所有权上所设定的权利负担”这个前提本身有问题，它是对传统物权理论观点——用益物权是在所有权上所设定的权利负担——的逻辑演绎，但传统物权理论的这个说法未必总是可以成立的。这是因为，在所有权神圣不可侵犯的法律体系中，一切他物权都只能是从所有权权能中分离出来的有限物权，以捍卫所有权至高无上的地位，这在土地私有制度下自然是合理的。但必须注意他物权从所有权中分离出来的观点存在逻辑缺陷。所有权对物有统一的支配力，不是物的利用、收益、处分等权能的总和。权利与权能实为一体，所有权权能永远不能脱离于所有人，但所有人与物可以分离。他物权不是所有权权能的分离，而是直接设立在物之上的。所谓他物权是所有权权能的派生或移转，当属臆想。[1] 逻辑上，宅基地使用权建立在集体的土地上，不是建立在集体土地所有权之上，宅基地使用权不是在集体所有权上所设定的权利负担。中国的公有制强调消除贫富差距、消灭剥削、实现共同富裕，没有将私的所有权抬上“神坛”的必要。因此，有关《土地管理法》第62条无视所有权人权利的学说，是站在西方法学私人所有权概念的立场上的一种不合逻辑的武断批评。宅基地使用权的设立到底由所有权人与使用权约定还是由法律规定，关键看法律有无直接规定的必要。有学者认为按行政许可模式构建宅基地使用权初始取得的程序极不合理，宅基地使用权的初始取得不属于行政许可事项。[2] 笔者的观点刚好相反。宅基地使用权初始取得采取法

---

〔1〕 参见孟勤国：《物权二元结构论——中国物权制度的理论重构》，人民法院出版社2004年版，第14～20页。

〔2〕 高圣平、刘守英：“宅基地使用权初始取得制度研究”，载《中国土地科学》2007年第2期。

律直接规定的行政许可方式，其目的是控制宅基地的用地规模、防止私建、乱占、保护耕地。宅基地与耕地密不可分，宅基地往外扩一分，耕地就会少一分，宅基地占用事关耕地保护国策，事关粮食安全。根据《行政许可法》第12条规定，直接涉及国家安全、公共安全、经济宏观调控、生态环境保护等特定活动可以设定行政许可。谁也不能否认粮食安全是一种国家安全、公共安全，因而宅基地占用采取行政许可没什么不妥。至于其导致集体宅基地所有权虚化的结果属于集体所有权性质和功能定位的问题。如果同意中国的集体所有权不是一种西方法学意义上的私人所有权，同意中国特有的集体土地使用权实质上是一种集体土地经营管理权的话，那么所谓“宅基地使用权取得的公法控制体系侵蚀了宅基地集体所有权的绝对性和完全性”，〔1〕这种站在西方法学私人所有权神圣不可侵犯立场的观点就不能成立。法律直接规定用行政许可的方式设定宅基地使用权不违反宪法，也不违反集体土地所有权法理。这种立法形式只说明宅基地使用权不是集体与农户约定的权利，而是法定的权利。

同时，宅基地使用权是一种可以包含各种权能的直接支配宅基地的占有权。按占有权理论，占有权与所有权一样，可以表现为多种权能。占有、使用、收益、处分同样是占有权的权能形态，占有权具体有哪些权能，是所有人、占有人共同意志或法律意志的产物。〔2〕设定在集体土地之上的宅基地使用权，其权能由法律直接规定。《物权法》规定了宅基地使用权的占

〔1〕 朱红英、杨秋岭：“论宅基地使用权取得的公法控制”，载《浙江工业大学学报（社会科学版）》2008年第1期。

〔2〕 孟勤国：《物权二元结构论——中国物权制度的理论重构》，人民法院出版社2004年版，第201页。

有、使用权能，但这不表示宅基地使用权不能表现为处分权能或收益权能。随着社会生活条件的变化，宅基地使用权的权能也会发生变化。比如，要不要赋予农户宅基地使用权的处分权能，即宅基地使用权流转是否开禁问题，学界一直有争议。或许随着农民市民化进程的加快，宅基地使用权也能以一定的方式上市流转。从现状看，宅基地使用权人可以无期限使用宅基地、无偿取得宅基地，具有类似所有权的效力。如果允许农户自由流转宅基地，非集体成员也可以无期限享有宅基地，实际上就打破了集体土地所有权的边界。集体所有权边界要不要打破属于集体所有权的功能问题。在集体土地所有权的功能没有发生变化之前，立法当然不会轻易赋予宅基地使用权人的处分权能。但是，允许农户通过有条件的流转等方式处分宅基地使用权，并在宅基地使用权继受取得上放开身份限制，保留宅基地使用权初始取得的身份性，这有助于解决农村住房宅基地闲置和“一户多宅”等问题，也可以确保集体所有权的地位。随着城乡一体化建设、宅基地资产价值的凸显以及保护农户宅基地权益等新形势的出现，立法与政策恐怕也会像放开土地承包经营权的流转一样尝试新型的宅基地流转形式。一旦《物权法》修改，规定了宅基地使用权的处分权能，那么，“法定占有权”概念能更加合理地解释这种立法变化。

此外，农户与集体在宅基地上的关系是平等关系，不是主从关系。农户对宅基地的占有和使用，仅须负担法定义务，无须听命于所有权人。作为宅基地经营管理权人，集体有权要求农户不得擅自改变宅基地的用途，不得出卖、出租宅基地，以捍卫集体土地公有制。也就是说，集体不能容忍集体的宅基地因为非法流转而让集体以外的人享受到集体土地的利益，集体土地利益只能由本集体内部成员享有。但集体无权指令农户把房子修成什么样子，无权指令农户只能在住房旁边修猪圈不能建鸭棚。在农户占有宅基地时，集体不能处分宅基地，既不能出卖也不能出租宅基地。作为宅基地的占有人，农户有权要求集体尊重和维护宅基地使用权。新中国历史上每一次地方政府或集体收回、变相收回宅基地的行为都被中央及时纠正，集体对农户宅基地权益的侵犯总是受到中央明令制止。当然现实生活中也出现了农户损害集体利益的情形。一些农户多占，超占宅基地的现象比较严重，这一点有待执法检查机关加强管理和监督力度，及时纠正农户与集体在宅基地上的不平衡关系。从效力上看，宅基地使用权完全独立于集体所有权。法律直接规定由基层地方政府审批农户的宅基地申请，由省级政府制定宅基地面积标准，凡是符合条件的农户一户可以无偿得到一处宅基地。集体作为宅基地所有权人在宅基地设立问题上没有决策权。宅基地使用权一经设立就与集体土地所有权相互独立。只要农户不出卖、出租宅基地，宅基地使用权的行使不会受到集体的任何干预。传统用益物权强调所有权人的地位，认定用益物权是所有权派生的权利，二者存在上下尊卑之分，所有权凌驾在他物权之上。而占有权理论认为占有权与所有权平等。占有权理论有关物权平等的主张恰好能解释宅基地使用权与集体所有权相互平等独立的生活事实。

综上所述，宅基地使用权是法律直接规定的物权，由农村集体成员占有，用于满足农民居住生活需要的法定占有权。

（四）宅基地使用权与土地承包经营权的耦合

宅基地使用权是独立的物权，但需要特别注意的是它与同样独立的土地承包经营权之间的耦合性。透彻地把握两者的耦合关系，对于系统开展农村土地法律改革至关重要。

全国科学技术名词审定委员会对“耦合”的定义之一是：

"两个本来分开的电路之间或一个电路的两个本来相互分开的部分之间的交链。可使能量从一个电路传送到另一个电路，或由电路的一个部分传送到另一部分。"电路之间的这种耦合现象，其实在社会生活中也广泛存在。中国古人就用"耦"来解释农夫耕种的情形。两个农民并肩推耒耜耕种，是中国远古时期农业生产的景象。周成王曾号召农夫万人一齐出动，两人一组，并力从事耕作。(《诗·周颂·噫嘻》有云："尔服尔耕，十千维耦。"《荀子·大略》说："禹见耕者耦立而式。")《说文解字》根据中国农业生产的"耦耕"事实来解释"耦"："耒广五寸为伐，二伐为耦。"

遗憾的是，没发现中国古人将"耦耕"现象提炼、升华并上升为理论的记载。如果一定要说有，最多也只能从合作、协同等概念中窥知一二。到现代，当我们用"耦合"来翻译物理学上电路能量传送原理时，才发现中国古代的"耦"原来还蕴涵着如此深刻的哲学道理。我们比照电路耦合来解释"耦耕"：两个本来独立的耒之间或一个耦的两个本来分开的扶手之间通过两个农夫的交链。可使农夫输入的两个能量从耦中输送出两个能量之和的超能量。如果把两个农夫比喻为电路上的两个模块，那么中国的"耦"就是一种"标记耦合"，即模块间通过参数传递复杂的内部数据结构，此数据结构的变化将使相关的模块发生变化。可见，物理学上的耦合原理可以比较顺畅地用于解释某些社会现象。

然而，要解释各种社会现象之间的耦合性，要引入耦合原理来说明法律权利之间的耦合性，首先应表明引用了"耦合"的什么机理、什么机制。翻阅诸多文献，未发现作者对此有什么具体深入的阐释，大多数都是简单地介绍一下耦合的物理学含义，就迅速开始大肆运用耦合概念，让人误以为"耦合"概念就像“莲藕”一样为人民群众所喜闻乐见。这些名为“耦合”的学术文章基本没有交代耦合的机理。好在任继周的文章展现了一抹亮色，他对系统耦合的理论阐述是可以作为文献来介绍的。他认为，两个或两个以上性质相近似的生态系统具有互相亲和的趋势。当条件成熟时，它们可以结合为一个新的、高一级的结构——功能体，这就是系统耦合。系统耦合这一事实广泛存在。他用能量这个系统的驱动力来解释系统耦合的理论依据。〔1〕笔者将其阐释的耦合系统形成过程图示如下：

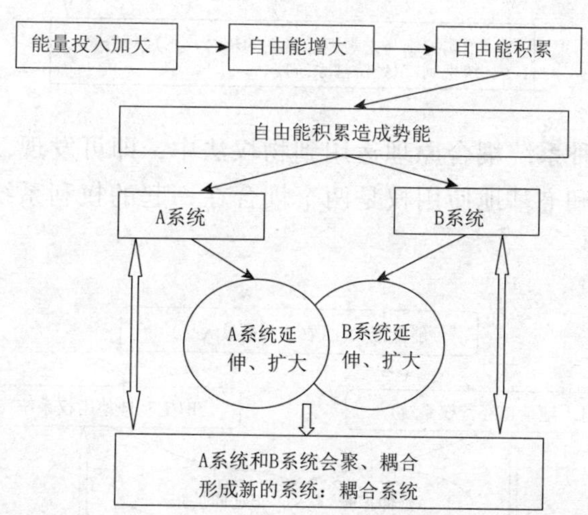

徐孟洲将耦合理论运用到法学研究，形成了独特的耦合经济法论。他将市场机制和宏观调控机制看作两个不同的系统，因能量积累产生能量势能，使两个系统在调节经济现象时都发生了延伸、扩张，进而耦合成一个新的经济调节系统，即经济

〔1〕参见任继周、万长贵：“系统耦合与荒漠—绿洲草地农业系统——以祁连山—临泽剖面为例”，载《草原学报》1994 年第 3 期。

法系统。[1] 笔者用图来表示市场机制与宏观调控机制耦合系统的形成机理：

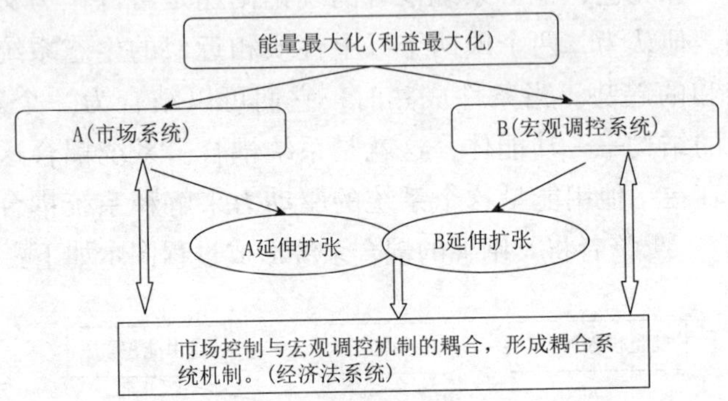

将这种系统耦合原理运用到物权法中，即可发现，土地承包经营权和宅基地使用权是两个耦合在一起的权利系统，如图所示：

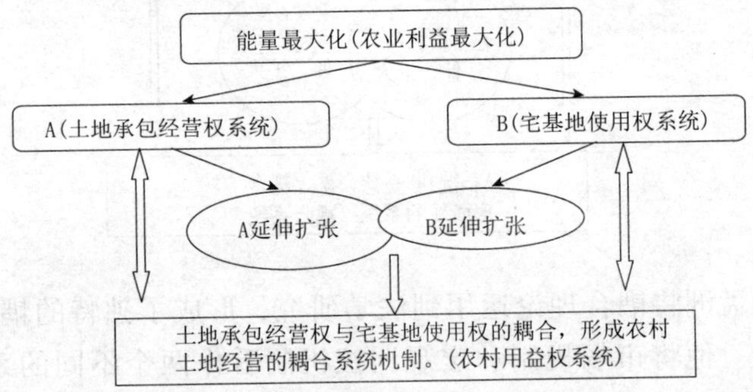

中国宅基地使用权和土地承包经营权耦合系统的形成，既是中国农业生产规律的体现，也是中国基本经济制度和基本经

---

〔1〕 参见徐孟洲：《耦合经济法论》，中国人民大学出版社2010年版，第15～23页。

营制度的反映。

中国农村两大用益物权的耦合性，首先是由农耕特点决定的。农耕依赖土地，只有合适的土地才能从事农耕生产，这种对土地的高度依赖性，决定了耕者定居的习惯，他们往往在土地周围结庐而居，方便日出而作、日落而息。可以说，宅基地靠近农地，是尊重农耕规律的表现。即使现代社会交通发达，耕者定居的宅基地也不会离农地太远。尤其在中国，家庭耕作特别讲究精耕细作、悉心照料。农民为了一个好的收成，不惜投入大量劳动时间。〔1〕定居点紧靠农地，在路上的时间少了，在田里劳动的时间就多了。农田附近的那块宅基地天然是属于耕者的。这就是为什么农户举家外迁，不再耕种土地后，宅基地应当退还农村集体的理由。农村宅基地无论怎么流转都不应当落入非农业生产者的手中。

其次，宅基地使用权与土地承包经营权的耦合性是由其制度功能所决定的。一般认为，农村居民无偿取得宅基地使用权，是对农村居民实行的一种福利制度，农民除了宅基地和承包地外缺少其他基本生活保障，因而无偿取得、长期使用的宅基地对于农民而言就具有基本的社会保障功能。这种解释自然有一定道理。但笔者认为，宅基地使用权的另一功能是生产保障，即保障农民从事农业生产，也就是通常讲的安居乐业。宅基地使用权制度旨在保障农村土地耕作。农村土地耕作是农民负担

〔1〕比如人工育秧、秧苗管理以及护秋等环节都需要精细照料：①育秧时，将谷种浸泡于水里，过一昼夜后捞出盛入箩筐中，用蒿草、秧叶等覆盖置于阳光下加温，促其发芽，每天翻弄喷洒一次水，需要连续照料五六天；②秧苗未长出双叶前，每天清晨都要排出秧田水进行晒苗，催施温性肥，夜晚进水保苗，等待秧苗长到20厘米左右，再行移栽；③稻谷抽穗浆和旱地作物即将成熟阶段，护秋工作需要投入大量人力，一般多在田边地角盖小窝棚，不分昼夜地守护着，或敲击竹板，或吹奏牛角号，或在田间插起稻草人。

的社会义务，只有农民完成了这种社会义务，才能确保粮食生产任务的完成和粮食安全。为保障农民顺利完成耕作这项社会义务，有必要建立一种激励机制。种粮补贴是激励，宅基地使用权制度也是一种激励。宅基地使用权的制度激励是符合农业生产规律的，我国人多地少，农民耕种土地主要采取精耕细作方式，早出晚归，需要居住在耕作土地附近。同时，农业生产比较收益低，农民无力支付过高的居住成本，因而要给农民无偿分配宅基地并让农民长期使用。宅基地使用权作为保障农业生产的制度，使得它与土地承包经营权密不可分。耕作土地是农民享有宅基地使用权的前提，不耕作土地就不应再享有宅基地使用权，不耕作土地也不能再成为农村集体成员。当然，实践中，不耕作土地的人通过户籍迁移可以方便地退出农村集体，但要退出宅基地就比较困难。比如，参军入伍和上大学的农民，不再耕作土地，迁了户口，不再是农村集体成员，但他们享有的宅基地使用权无法退出，因为他们的家庭成员需要继续使用宅基地上的房屋。如果因农户家庭成员变动而重新分割宅基地、退回宅基地无异于折腾，不能采取这种高成本的制度设计。现行法允许农户在家庭成员变动情况下继续保留宅基地使用权，是明智之举。但是当农户家庭成员中没有集体成员时，宅基地就要退回。可见，宅基地使用权不能脱离土地承包经营权和集体成员权而独立存在。由此可以得出这样一个结论：农房买卖只能随承包地转让和集体成员身份消灭一起发生，因为它们是集合在一起的权利。

宅基地使用权与土地承包经营权的耦合是“耕者有其田”的内涵之一。耕者有其田，则必有其宅。田是生产资料，宅是生活资料。耕者依靠田宅，通过辛勤劳动可以过上丰衣足食的生活。我国农村宅基地包括农村居住住房、辅助用房（厨房、禽舍、厕所等）、沼气池（或太阳灶）和小庭院（或天井）用地以及房前屋后少量的绿化地。[1]如前文所述，宅基地还应当包括房前屋后的自留地。农民在自留地上种桑养蚕、种菜养鱼，以满足自给自足的生活需要。自留地是宅基地不可或缺的组成部分。农民的宅基地包含桑地、菜地、小鱼塘等基本生活用地是中国悠久农耕生活习惯的体现。宅基地使用权与耕者的生活紧密联系在一起。没有这种宽泛意义上的宅基地，耕者无法生存，也就无从耕耘了。换句话说，耕者身份是耕者享有宅基地使用权的前提。宅基地使用权因耕者身份即土地承包经营权主体身份的存在而存在，因耕者身份的消灭而消灭。土地承包经营权离不开宅基地使用权，宅基地使用权也不能脱离土地承包经营权。田宅与耕者身份捆绑时期，就是农业繁荣和社会稳定的时期；田宅与耕者身份脱离时期，就是农业萧条和社会动荡的时期。中国古代历史一再印证"田宅与耕者身份"耦合这个命题的重要性。

或有人说，宅基地依附耕者身份是农业社会的特征，在后工业化时期，宅基地使用权可以脱离耕者，以加快实现农民的市民化。这个观点是站不住脚的。承包地不是自己的、宅基地不是自己的，耕者耕耘别人的田地、租住别人的房屋，这样的耕者是真正的佃农。他要么成为从事农业劳动的"长工"，要么逃离农村沦为城市流民。无论哪种结果都不是我们国家所期待的，无论哪种结果都不是社会所能承受的。

宅基地使用权的存续以宅基地使用权人的耕者身份为基础。长期不耕种土地的农户，不仅不能继续保留土地承包经营权，也不能长期保留宅基地使用权。当然，实践中，有人身份转变

[1] 王家福、黄明川：《土地法的理论与实践》，人民日报出版社 1991 年版，第 189 页。

后依然保留宅基地使用权的情形也是有的。一部分是由于宅基地上的房屋没有得到妥善处理，大部分是由于耕者身份的转变不彻底。一些人即使举家外迁了，也没有真正融入城市。在相当长的时期内，他们还需要过着半耕半工的生活。为他们保留宅基地使用权就是保留他们生活的退路。但原则上，宅基地使用权随集体成员身份和耕者身份的产生而产生、消灭而消灭是宅基地使用权和土地承包经营权耦合关系不变的内涵。通过户籍、城市住宅、就业、社会保障、教育等制度的综合改革，农民工顺利融入城市后，为他们保留的宅基地使用权理应回到集体成员和耕者手中。

宅基地使用权是农民的权利，也是农民的义务。农民有依法利用宅基地建造住宅及其附属设施的权利，也有从事农业生产并完成农业生产任务的义务。宅基地使用权与集体成员身份和耕者身份捆绑在一起。法律以宅基地使用权的长期使用、无偿取得为代价换取耕者从事农业劳动的义务。如果这个社会还需要耕者，那么让“田宅”与耕者捆绑在一起就是对耕者的保护。如果耕者要脱离耕者的身份，就需要把“田宅”还给农村集体，以确保后来的耕者能享有“田宅”。宅基地使用权上市交易，让非耕者占用宅基地，是一种无视土地承包经营权与宅基地使用权耦合性质的想法。有人为支持宅基地使用权流转，提出奇思妙想。比如，宅基地使用权初始取得主体为集体经济组织成员，将流转取得主体扩大到集体成员之外，但给予集体成员比非集体成员更优惠的权利，即集体成员在同等条件下，享有相对于非集体成员的优先受让权。这种主张经不起推敲。受让人如果不是耕作土地的人，那么土地由谁来种？耕者如果没有宅基地使用权，又怎么能指望耕者长期心甘情愿地承担耕作的社会义务？宅基地使用权流转之所以受到众多学者追捧，是因为他们没有察觉到宅基地使用权与土地承包经营权之间的天然耦合关系。如果他们承认宅基地使用权的受让人既要拥有农村集体成员资格，又要负担耕作土地的社会义务，那么，他们就不会再坚持宅基地使用权自由流转了。

第二章 宅基地法律的逻辑起点

人们一提起法律，总把它与立法机关制定的法律文本相提并论。法律就是立法，立法就是法律，似乎已是不言而喻的真理。然而，现实生活中发挥法律作用，对人们产生法律约束力的行为规则，并不仅仅局限于立法之法。在中国，除立法机关颁布的立法之外，党政部门发布的指示、通知、改革试点等政策性规则，往往扮演着重要的法律角色，在民商法和经济法领域尤其如此。此外，一些经由民间探索而形成的行为规则，久而久之也会得到权力机关的认可，进而上升为法律。这说明，法律有更为广义的一面。

宅基地法律仅仅是指“立法之法”，还是包含了非由立法机关制定的、在现实生活中自发形成的规则？立法之法是仅限于权力机关制定的法律，还是可以包含执政党制定的政策？这是研究宅基地法律首先需要澄清的问题，也是我们研究宅基地法律的逻辑起点。

一、法律进化理论

哈耶克是全面肃清“所有法律都建立在立法基础之上”的

观念的代表人物。哈耶克的法律理论博大精深，仅《法律、立法与自由》一书就有三卷，1973 年出第一卷《规则与秩序》，1976 年出第二卷《社会正义的幻影》，1979 年出第三卷《自由社会的政治秩序》。这三卷书是在《通往奴役之路》（1944 年）、《个人主义与经济秩序》（1948）、《科学的反革命》（1952）、《感觉的秩序》（1952）、《自由的宪章》（1960）等专著的基础上写成的。全面把握哈耶克的法律理论是一件相当困难的事情。笔者只是粗线条地勾勒一下哈耶克关于法律本质的主要观点。

（一）*法律是进化的产物而不仅仅是建构的产物*

简单地讲，它的含义是指法律不是人刻意设计的结果，而是人们在长期生活实践中不断调适、演变而成，人刻意建构起来的立法只是法律的一部分，或者说只是对“进化中的法律”的一种发现、承认和补充。哈耶克通过梳理西方法律的发展史，揭示出法律进化与法律建构之间的关系。他发现法律作为刻意设计的规则只是一定历史时期的产物，而伴随人类社会共同进化的规则始终是法律生长的主流。从他整理的法律史料中可以看出这样一根主线：[1] ①早期的法律，即原始人的法律不是统治者发布的指令，而是以个人预期为基础的习俗。②古代和中世纪的法律传统显示，法律不是刻意立法的产物。虽然古希腊流传着法律是“人的意志刻意的产物”的观点，但它对当时的政治实践的影响是相当有限的。古罗马私法几乎完全是法律人发现法律的产物，只在很小程度上才是立法的产物。在中世纪的西欧，持续了近一千年的时期，法律再一次被视为是某种独立于人的意志而被给定的东西，亦即某种有待发现而非创制的

〔1〕 以下内容请参见［英］弗里德利希·冯·哈耶克：《法律、立法与自由》（第1卷），邓正来等译，中国大百科全书出版社 2000 年版，第 126 ~ 132 页。

东西。哈耶克大段引用了弗里茨·克恩的结论，其中一句话是："从中世纪的观点来看，制定新法律是根本不可能的，而且所有的立法与法律改革也只是对那些蒙遭违反的善的古老的法律的恢复。"③13世纪以后，在欧洲大陆，人们关于立法的认识发生了变化。立法是统治者刻意且不受约束的意志的行为的观念最终被确认。这一思想进程的展开与君主专制政体的兴起有着紧密的勾连。在这个过程中，制定法律的权力与古老的行政权力融为一体，最终形成了"立法权"。④英国的普通法传统，即普通法不是任何个人意志的产物，而是对一切权力（包括国王的权力）的一种限制，成功地抵制了欧洲大陆上述变化了的法律观念，也使得英国最终没有发展成为欧洲大陆国家那样的高度集权的君主专制国家。

从上述史料中可以发现，法律并不只有"立法之法"这一种形式。非基于任何个人意志的一种习惯性规则、抽象的一般性规则一直都是法律的重要组成部分，甚至在一些国家，它还是法律的主要组成部分。人们只能发现这些法律，而不能去创制它们。这种非由权力机关制定的法律很难用一个术语准确地表达，因而哈耶克用了"自发生成的法律"、"自由的法律"、"内部规则"等多个概念，试图告诉我们他对这种真正法律的理解。

值得注意的是，哈耶克并未否认"立法之法"不是法律，他只是反驳了所有的法律都是立法的观点。他也没有故意贬低"立法之法"的意思，甚至还发现自发生成的法律需要立法对它加以纠正。这是因为：①以自生自发方式演化生成的法律，并不能证明它自身永远是善法，甚至也无法证明它的某些规则就可能不是非常恶的规则；进而，这也就意味着我们并不能完全否定立法；②着眼于法律发现的司法过程必定是渐进的，由于其发展进程太慢，以至于不可能使法律对全新的情势做出及时的、合理的调适；③由司法判决来扭转已经发生错误的自发规则，不仅是困难的，而且也是不可欲的。[1]

由此可见，在事实方面，哈耶克提供了比较充分的论据来论证这样一个观点，即所有的法律都是立法的观点是错误的，法律还包括或者说主要是从习俗和先例中产生的法律，法律不是某个人或某个机关刻意设计的结果，而是人们在行动中不断调适的产物。

在此基础上，哈耶克考察了这种从习俗和先例中产生的法律是如何生成的，即从事实上阐明法律为什么是进化的产物。对于法律的进化过程，哈耶克着重分析了“生成于司法过程之中的正当行为规则”。他认为这种生成的规则就是“内部规则”或“自由的法律”，它与权力机构制定的“组织规则”有以下区别：①前者出于并非人之创造的自生自发秩序，后者出于一个为具体目的服务的组织；②前者是被发现的，后者是被制定的；③前者是人类社会不断演化的产物，即进化的产物，而后者是人的刻意设计的结果，甚至是组织者用随心所欲的方式创造出来的。[2]

就事实论据来看，哈耶克从人类法律发展和司法实践中得出的“法律是进化的产物而不仅仅是建构的产物”这一观点基本上是可以成立的。换一个角度看，那种认为所有的法律都是立法，法律是统治者意志的产物的观点，在人类法律发展史上某个阶段是符合事实的，即在13世纪以后的欧洲大陆君主专制

---

〔1〕［英］弗里德利希·冯·哈耶克：《法律、立法与自由》（第1卷），邓正来等译，中国大百科全书出版社2000年版，第135～137页。

〔2〕［英］弗里德利希·冯·哈耶克：《法律、立法与自由》（第1卷），邓正来等译，中国大百科全书出版社2000年版，第189～190页。

国家中，所有的法律都成了立法，所有的法律都由统治阶级意志决定是毋庸置疑的事实。这种法律观念自然会对英国、美国等坚持普通法传统的国家产生影响，甚至使这些国家在相当大的程度上接受并践行了这种法律观念。但这也只能说明“法律就是立法”或者“法律就是统治者意志的产物”的观点，产生了巨大的影响力，而不能证明它已经成为“放之四海而皆准”的真理。哈耶克拨开笼罩在法律之上的立法迷雾。他把视线放长，从近现代扩展到整个法律发展史，把视野放宽，从西欧大陆扩宽到普通法国家，发现还有一种非由统治者制定的法律早已存在，它就存在于人类社会长期演进过程中形成的习俗、先例和法官在具体司法案件中不断阐明的规则之中。

（二）法律包括内部规则和外部规则

所谓内部规则，就是上文提到的人类社会在长期的进化过程中人们自发形成的习俗、惯例、司法判例中的规则。它始终是一项适用于所有人的常设性义务。内部规则的作用在于限定许可行动的范围，它通常不会决定某人做某一项特定的行动。〔1〕在有关机关制定立法之法之前，这些内部规则就已经存在，立法无非是对这些内部规则的汇编与承认。内部规则乃是自生自发秩序形成的必要条件，或者说内部规则有助于自生自发行动秩序的形成。

外部规则，即组织规则，它与内部规则的重要的区别在于，前者是被“贯彻”或“执行”的，而后者不能。“不论何时，只要我们说‘贯彻一项法律’，那么我们这里所说的‘法律’，就不是意指一项内部规则，而是一项外部规则，亦即指定某人

〔1〕［英］弗里德利希·冯·哈耶克：《法律、立法与自由》（第1卷），邓正来等译，中国大百科全书出版社2000年版，第202页。

做特定事情的外部规则。”〔1〕现代社会的法律既有这种命令人们做特定事情的外部规则，也有在社会进化过程中形成的经由立法汇编或承认的内部规则。

（三）内部规则主要是私法，外部规则主要是公法

哈耶克说：“经由立法之方法而制定出来的法律主要是公法。”〔2〕当然，立法机构不会按照哈耶克的要求只制定公法，它们还大量颁布私法。只不过，在制定哈耶克意义上的私法（民法和刑法）时，留给统治者个人意志自由发挥的空间并不大。立法者必然在很大程度上只是重述人类的法律文明。不可否认的是，立法者时常会把本属于私法领域的规则按照公法的思路来设计。这就走向了哈耶克忌讳的方向。他认为，私法的作用在于创立一个和平与自由的秩序，公法则要保障公民自由的安全条件。如果按照公法思路制定私法，将使内部规则变成外部规则，也必将使自由变成强制。因为，立法机构“会根据一种事无巨细的计划来命令或支配所有的特定行动”。〔3〕当人们所有的行动都在公法计划安排下进行的话，人的自由就消失了。

（四）私法与公法都服务于公共利益

人们尊崇公法源于对“公共利益”与“私人利益”的误解。私法只服务于特定的个人利益，唯有公法服务于普通利益，只有那些以刻意的方式实现共同目的的行动才是有助益于公共需求的观点，在哈耶克看来是一种错误观点。“对于每个人来

---

〔1〕［英］弗里德利希·冯·哈耶克：《法律、立法与自由》（第1卷），邓正来等译，中国大百科全书出版社2000年版，第202页。

〔2〕［英］弗里德利希·冯·哈耶克：《法律、立法与自由》（第1卷），邓正来等译，中国大百科全书出版社2000年版，第208页。

〔3〕［英］弗里德利希·冯·哈耶克：《法律、立法与自由》（第1卷），邓正来等译，中国大百科全书出版社2000年版，第224页。

说，从而也是对于普遍利益来说，自生自发的社会秩序为我们所提供的东西，要比政府组织所能提供的大多数特定服务更为重要，只有政府组织经由实施正当行为规则而为我们提供的安全是个例外。”〔1〕私法允许个人去追求他们各自的目的，而不像公法那样安排他们去做什么特定的行动；私法只限定人们行动的范围，而不指定人们具体行动的类型和内容，甚至人们是否采取具体行动也在所不问。私法在帮助每个人实现其特定利益的同时，最终是有助于“普遍利益”的。〔2〕在这个意义上，私法和公法一样，都是指向公共利益的。保护私人利益的法律，说到底，还是在保护整个社会大众的公共利益。

（五）处理公法与私法关系的原则和制度是法治

处理私法与公法的关系，也就是处理个人自由与政府权力的关系。哈耶克认为，到目前为止，已知的最有效的原则和制度是法治。在哈耶克看来，法治意味着政府除非实施众所周知的规则以外不得对个人实施强制。〔3〕他所说的“众所周知的规则”是一种形式规则，即普遍适用于所有人，具有一般性，这些规则的具体效果、有利于实现哪种目的以及会帮助哪一种特定的人，都是事先不知道的。这些规则只不过是让受其影响的人们得到好处的一种形式。〔4〕通俗地讲，这种形式规则是众所周知的，在政府拿来约束人们的时候，自己也是受到约束的，

---

〔1〕［英］弗里德利希·冯·哈耶克：《法律、立法与自由》（第1卷），邓正来等译，中国大百科全书出版社2000年版，第209页。

〔2〕参见［英］弗里德利希·冯·哈耶克：《法律、立法与自由》（第1卷），邓正来等译，中国大百科全书出版社2000年版，第210页。

〔3〕［英］弗里德利希·冯·哈耶克：《自由秩序原理》（上），邓正来译，生活·读书·新知三联书店1997年版，第260页。

〔4〕［英］弗里德利希·冯·哈耶克：《通往奴役之路》，王明毅等译，中国社会科学出版社1997年版，第75～76页。

在大家同受约束方面，没有任何人可以是例外。哈耶克用了在道路上开车的例子来说明形式规则的普适性，他说："究竟我们大家沿着马路的左边还是右边开车是无所谓的，只要我们大家都做同样事就行。重要的是，规则使我们能够正确预测别人的行动，而这就需要它应当适用于一切情况。"[1] 在这个意义上，政府制定的规则如果只是用来治理、管理、约束特定人群的话，即使得到了立法机关的授权，也不是法治意义上的形式规则。政府为了对个人实施强制，事先通过合法程序制定并公开颁布的规则，如果不是毫无例外地适用的规则，或者说这个规则对他或他们自己不可能发生任何影响的话，就不是形式规则，政府也不会因为事事都有法可依从而符合法治的要求。正如哈耶克所说："法治和政府的一切行动与是否在法律的意义上合法这一问题没有什么关系，它们可能很合法，但仍可能不符合法治。"[2] 他还说："如果一项法律赋予政府以按其意志行事的无限权力，那么在这个意义上讲，政府的所有行动在形式上就都是合法的，但是这一定不是法治原则下的合法。"[3] 把权力关进法治的牢笼，是哈耶克对待公法与私法、公权力与私权利、政府强制与个人自由之间关系的一种态度。

二、法律进化理论评析

哈耶克上述五个法律观点具有严密的逻辑关系。前一个观点是后一个观点得以成立的前提，如果其中任何一个观点不能

---

〔1〕［英］弗里德利希·冯·哈耶克：《通往奴役之路》，王明毅等译，中国社会科学出版社 1997 年版，第 80 页。

〔2〕［英］弗里德利希·冯·哈耶克：《通往奴役之路》，王明毅等译，中国社会科学出版社 1997 年版，第 82 页。

〔3〕［英］弗里德利希·冯·哈耶克：《自由秩序原理》（上），邓正来译，生活·读书·新知三联书店 1997 年版，第 260～261 页。

成立的话，那么其他观点也就站不住脚了。也正因为如此，其第一个法律观点——法律是进化的产物而不仅仅是建构的结果——的证成极其重要。

(一) 理论基础

1. 无知论

哈耶克首先从法制史角度完成了对其核心观点的事实方面的证明，但并不足以让这个观点完全站得住脚。因为，反驳者不仅可以从法律发展史中找到许多相反的例证，还可以把哈耶克打入“保守主义”阵营。他们会说“法律是进化的产物”这个结论，不过是先民落后思想认识的产物，随着人类认识能力的提高和科学技术的发达，“法律是进化的产物”必将成为历史的遗迹，坚持“法律是进化的产物”无疑是故步自封。他们还会说，从近代到现代直至未来，人类社会的法律就是人刻意设计的立法，是人类理性发展的必然结果，所有的法律都是而且应当是人自己不停设计的立法，人类社会也将在各种刻意设计过程中加速发展。

在科学主义盛行的时代，反驳哈耶克的这种观念已成为社会的主导观念，深刻地影响着人们的想法和行为。为此，哈耶克法律理论能否成立的关键不在于法律发展的历史事实，而在于影响法律发展的思想观念。所以，哈耶克把思想观念的交锋放在了首位，在《法律、立法与自由》一书开篇的第一章，他就以“理性与进化”为题，批判建构论，树立进化论，为自己的法律理论奠定思想基础。

哈耶克面临的艰巨任务是驳倒“建构论唯理主义”。哈耶克首先描述了建构论思想观念，即人们在实现自己的愿望方面拥有无限的力量，为了实现人的目的，人们可以刻意设计人类制度，因而人们应当为了一个更加美好的目的重新设计社会及其制度。[1]在哈耶克看来，这种建构论思想只不过是对笛卡尔唯理主义的教条式运用。

哈耶克认为，霍布斯、卢梭等笛卡尔的追随者，误用了笛卡尔的信条。笛卡尔的信条是“怀疑一切”，即拒绝把任何不能进行逻辑推导的东西视为真实的。这样一来，那些不能以这种方法证明的行为规则在笛卡尔眼里就不是“真”的。但是，笛卡尔并未因此认为这些行为规则不适当或者不正当。但他的追随者却把他用来判断“真假”的标准用来判断行动的“适当性和正当性”，把任何一种仅仅立基于传统而且无法依凭理性根据给出充分证明的东西，都看成一种非理性的迷信，把所有那些不能按照真假标准证明为真的东西都一概称之为“纯粹的意见”而加以拒绝。这种观念使得他们对传统、习俗和历史存在一种普遍的蔑视，并认为人仅凭理性，就能够重构社会。[2]

这种唯理主义的认识进路，在哈耶克看来，是一种早期拟人化的思维方式，即把所有具有文化意义的制度的起源都归结为人的发明或设计。道德观念、宗教和法律、语言和书写、货币和市场，都被认为是由某人经由刻意思考而建构出来的。这种哲学观念在很大程度上满足了人们的虚荣心，具有极大的影响力，使得今天的人们对“有意识”或“刻意”做某件事情情有独钟，认为这是人理性的胜利，而对非刻意的、下意识的行为极尽嘲讽，给它们扣上“非理性”或“无知”（理性不及）的帽子。

因此，哈耶克就要证明“无知”而不是“自以为是”才是

---

〔1〕［英］弗里德利希·冯·哈耶克：《法律、立法与自由》（第1卷），邓正来等译，中国大百科全书出版社2000年版，第2页。

〔2〕［英］弗里德利希·冯·哈耶克：《法律、立法与自由》（第1卷），邓正来等译，中国大百科全书出版社2000年版，第4~5页。

理性人的本质。他说："人不仅是一种追求目的的动物，而且在很大程度也是一种遵循规则的动物。……这些规则是在他生活于其间的社会中经由一种选择过程而演化出来的，从而它们也是世世代代的经验的产物。"〔1〕然而，人们对于这些规则所具有的目的或起源，常常是不知道的，甚至对于这些规则的存在，通常也不太清楚。〔2〕这就是哈耶克所说的"无知"。人们对形成社会秩序的某些规则的目的或起源是无知的，甚至对这些规则是否存在也是无知的，他们又怎么可能事先去刻意设计这些规则呢?

在哈耶克看来，要完成笛卡尔意义上的那种完全的行为理性，要把所有人类社会制度都看成是人刻意设计的结果，就要求设计者对所有相关事实拥有"完全的知识"。但遗憾的是，构成人类文明基础的知识，并不只有笛卡尔所说的"真知"，还包括不能被证明为真实存在的那些人的感觉意义上的心智认识。哈耶克说："在社会中，行动的成功却取决于远比任何人能够知道的多得多的特定事实。因此，我们的整个文明的基础是，而且也必定是，我们相信诸多我们不能够知道其在笛卡尔的意义上究竟是否为真的事实。"〔3〕正是由于我们相信可以被证明的事实，也相信一些不能被证明的事实，这种信念才形成了我们整个文明的基础。比如，迄今为止，我们不能证明爱的生成机理，也不能证明爱的正当规则的起源，但这并不妨碍人们相互间爱的产生和延续。爱以及爱的规则，在笛卡尔的意义上是不

---

〔1〕［英］弗里德利希·冯·哈耶克：《法律、立法与自由》（第1卷），邓正来等译，中国大百科全书出版社2000年版，第7页。

〔2〕［英］弗里德利希·冯·哈耶克：《法律、立法与自由》（第1卷），邓正来等译，中国大百科全书出版社2000年版，第7页。

〔3〕［英］弗里德利希·冯·哈耶克：《法律、立法与自由》（第1卷），邓正来等译，中国大百科全书出版社2000年版，第8页。

能被证明为真的东西，事实上却是人类文明的基础。道德观念、宗教和法律、语言和书写、货币和市场等文化意义上的制度同样如此，它们都不能被逻辑证明为真。人们还不能清楚地解释它们究竟起源于哪里，但人们却相信它们真实、客观地存在于社会之中，相信它们不是某个人凭空捏造的，尽管有时人们会下意识地把它们的发明者与某个圣人联系起来。这些无法证明的东西是人类文明的基石，甚至是对人类社会发展更有积极意义的基础。正是由于“特定事实”既包括能够被证实的事实，也包括现在不能、也许永远不能被证实的事实，因此，哈耶克得出一个结论：“每个人对于大多数决定着各个社会成员的行动的特定事实，都处于一种必然的且无从救济的无知状态之中。”〔1〕

无知之所以无从救济，是因为人类知识的分散性。“我们所必须利用的关于各种具体情况的知识，从未以集中的或完整的形式存在，而只是以不完全而且时常矛盾的形式为各自独立的个人所掌握。”〔2〕正是因为人类知识具有分散的本质，因此，哈耶克认为：“每一个社会成员都只能拥有为所有社会成员所掌握的知识中的一小部分，从而每个社会成员对于社会运行所依凭的大多数事实也都处于无知的状态。”〔3〕

每个人后天习得的知识都是有限的，并且由于“劳动分工”的影响，有限的知识还呈现出分散的特征。这种人类社会发展的客观情况说明，把知识完全集中在一个个人或者集中到一个

---

〔1〕［英］弗里德利希·冯·哈耶克：《法律、立法与自由》（第1卷），邓正来等译，中国大百科全书出版社2000年版，第8页。

〔2〕［英］弗里德利希·冯·哈耶克：《个人主义与经济秩序》，邓正来译，三联书店2003年版，第74页。

〔3〕［英］弗里德利希·冯·哈耶克：《法律、立法与自由》（第1卷），邓正来等译，中国大百科全书出版社2000年版，第11页。

机构手中是不符合事实的美好幻想。尽管科学家试图把人类的知识用芯片的方式植入人的大脑，但这种植入会在多大程度上影响人类的无知本性尚不得而知。即使植入成功，使得人类全知全能了，也依然会存在无知的空白，因为被植入了所有已知知识的人，不可能具备自我创造所有新知识的能力。在新知识创立和植入前，看上去全知全能的人依然处在某种无知状态。在这个意义上，哈耶克关于我们的“事实性知识具有永远局限”的判断是成立的。因此，那种试图把所有知识集中起来交由某个人或某个机构控制，并以此设计文明社会的政治法律制度的观念，是一种谬误。

承认人的无知，可能是一件令人沮丧的事情，但遮蔽人的无知，认为人可以知悉所有的知识，并据此来建构人类社会和人类文明则是一种可笑的幼稚。承认人的无知，不会让人犯自以为是的错误；迷恋人的全知全能，却会诱使人们走向灭亡。揭示人的无知并不表示人们从此以后就可以无所事事了，相反，它只是告诉人们在刻意设计法律制度时要带着敬畏之心，尽量不要让这种刻意设计的东西违背众人的意愿，尽量不要让这种刻意设计的东西损害众人的利益，更不要让这种刻意设计的东西成为压制人的自由发展的正当理由。因为人的无知，人在刻意设计某些制度并希望经由这种法律制度达成某种社会秩序时，要保持足够的克制和自知之明。因为人的无知，人有了设计法律、创造法律的自知之明后，就会自觉尊重人类社会久已形成的习俗、惯例和文化传统，而不会经常把变革人类社会长期演化而成的规则挂在嘴边并付诸行动。

在这个意义上，“无知论”相对于“建构论”而言，更应该成为一种理想的思想观念。

无知对人而言是必然的，并且无从救济。哈耶克这个观点如果成立的话，那么，建构论的基础就坍塌了，因为只有全知全能的人才有能力为了某个特定目的刻意设计社会和设计制度，只有全知全能的人才能改造世界并且不把人类带向灾难。但人的全知全能只是一个幻想。在哈耶克看来，建构论所犯的典型错误是把他们的论辩建立在所谓的“笼而统之的幻想”基础之上，也就是建立在这样一种虚幻的基础之上，即某个人知道所有相关的事实，而且他有可能根据这种关于特定事实的知识而建构一种可欲的社会秩序。问题是，我们没有能力把深嵌于社会秩序之中的所有资料或数据都收集起来，并把它们拼凑成一个可探知的整体。所有因“建构论唯理主义”这一知识进路中所产生的“如此井然有序、如此明晰可见且如此易懂”的漂亮计划而被它们迷惑住的人们，实是前述“笼而统之的幻想”的牺牲品，而且他们也忘记了这样一个事实，即这些计划之所以具有表面上的明确性，实是因这些计划的提出者根本无视那些他们不知道的事实所致。〔1〕

2. 心智与社会共同进化论

哈耶克在指出人类无所不能、全知全能只是一种幻想之后，进一步告诉我们，人的心智实体独立存在的观念也是错误的。为什么要研究这个问题？是因为，建构论者可能会基于人的“半知半能”开展刻意的制度设计，也就是说，在人只知道一半甚至一小半的情况下，也可以尝试刻意的制度设计，并在不断的纠错过程增长知识、完善制度。他们会说，人非完人，但人却可以主动地改造这个世界，可以主动地设计社会制度，人的心智即使处于无知状态，也不妨碍人主动刻意地设计法律制度。建构论者的这个观念看上去很有道理，是因为他们把人的“心

〔1〕［英］弗里德利希·冯·哈耶克：《法律、立法与自由》（第1卷），邓正来等译，中国大百科全书出版社2000年版，第11～12页。

智”作为一个独立存在的实体，即独立存在于人们生活于其间的自然环境和社会环境之外。但在哈耶克看来，“与其说是心智创造了规则，不如说心智是由行动规则构成的”。[1]因为人之心智乃是人们对他们生活于其间的自然环境和社会环境所做的一种调适；此外，人之心智还是在与那些决定着社会结构的制度发生持续互动过程中得到发展的。心智是它演化发展于其间、但却并不是它所创制的社会环境的产物，然而它反过来也会对这些社会制度和文化制度发生作用并修正这些制度。心智是人在社会中生活和发展所带来的结果，也是人获致那些增进了他所在的群体繁衍生存下去的机会的习惯和惯例所带来的结果。[2]正是因为人的心智与社会的这种互动关系，使得哈耶克做出了这样一个判断：“人并不因为明智而采纳了新的行为规则；实际上，人恰恰是因为遵循了新的行为规则而变得明智起来。”[3]

在阐释心智与社会共同进化的过程中，哈耶克用到了“竞争”的概念。文化传统，是由一系列惯例或行为规则的复合体构成的，这个复合而成的行为规则体系因在与其他规则的竞争中胜出，而最终成为人们遵循的正当行为规则。而它们之所以能在竞争中胜出，是因为它们使一些人或者一些群体获得了成功，即增加了他们的生存机会。人类“从经验中学习”的过程就是一个遵循、传播、传递和发展那些因成功而胜出并盛行的

---

〔1〕［英］弗里德利希·冯·哈耶克：《法律、立法与自由》（第1卷），邓正来等译，中国大百科全书出版社2000年版，第16页。

〔2〕［英］弗里德利希·冯·哈耶克：《法律、立法与自由》（第1卷），中国大百科全书出版社2000年版，第15～16页。

〔3〕［英］弗里德利希·冯·哈耶克：《法律、立法与自由》（第2卷），邓正来译，中国大百科全书出版社2000年版，第511页。

惯例的过程。〔1〕这样一个过程是漫长的，根本不可能为任何人事先设计和左右。所以，哈耶克才说“心智与文化的发展是共存并进的而不是相继进行的”。〔2〕人与规则之间的关系，不是设计与被设计的关系，而是习得与被习得的关系。人在长期的生活实践中，不断习得规则，而不是创造规则。人一生下来，就生活在一个被文化传统包围的社会中。他因为遵循某个规则而获得成功，因违背某个规则而遭遇失败，在不断的成功和失败的过程中，他就习得了正当行为规则。这种规则经过传播、传递，并经由理性的发展而成为盛行的惯例。当这种惯例不断带领他们取得成功，增进他们的生存机会和发展空间时，他们的心智和他们所处的社会就进步了。习得规则这种文化进化过程，在人类漫长岁月中，只是在距今百分之一的时期内才发生的，〔3〕是在一个长期量变积累过程后发生的质变。人的理性参与其中，发挥了重要的作用。但不能因为人的理性作用而将这种长期进化的规则理解为人的刻意设计的结果。哈耶克说：“文化既不是自然的也不是人为的，既不是通过遗传继承下来的，也不是经由理性设计出来的。文化乃是一种由习得的行为规则构成的传统，因此，这些规则绝不是‘发明出来的’，而且它们的作用也往往是那些作为行动者的个人所不理解的。”〔4〕

---

〔1〕［英］弗里德利希·冯·哈耶克：《法律、立法与自由》（第1卷），邓正来等译，中国大百科全书出版社2000年版，第16页。

〔2〕［英］弗里德利希·冯·哈耶克：《法律、立法与自由》（第2卷），邓正来译，中国大百科全书出版社2000年版，第502页。

〔3〕［英］弗里德利希·冯·哈耶克：《法律、立法与自由》（第2卷），邓正来译，中国大百科全书出版社2000年版，第501页。

〔4〕［英］弗里德利希·冯·哈耶克：《法律、立法与自由》（第2卷），邓正来译，中国大百科全书出版社2000年版，第500页。

3. 个人主义

虽然哈耶克一再强调，法律规则与人类语言一样，不是谁发明出来的，而是人们在相互行动关系中，为了沟通、交际的便利或者一致行动的有效等众多原因而约定俗成的。人类与人类语言、人类与人类规则、人类与人类社会是共同进化的。但是，有人依然会提出，是人的心智创造了规则，还是规则造就了人的心智诸如此类的问题。而这些问题将把论辩引入“鸡与蛋”的陷阱中。究竟是谁第一个开口说话、谁第一个把内心的想法变成了文字，谁第一个把规则创造了出来？要回应这些质疑，哈耶克就需要认真地解答人是什么的问题。因而，哈耶克的个人主义就成为其理论基础的源头。

在哈耶克看来，人是社会意义上的人，原子论意义上的个人对于社会和社会规则的讨论而言是没有意义的，因为原子论意义上的个人是根本不需要规则的。他说：“个人主义的基本特征，就是把个人当作人来尊重，就是在他自己的范围内承认他的看法和趣味是至高无上的。”〔1〕谁来尊重个人呢？谁来把个人当做人来尊重呢？这是理解个人主义的关键。因为有人利用各种枷锁、工具压迫个人，即不把个人当作人，而把个人当作物或者工具，才会有个人主义的兴盛。在这个意义上，个人主义的核心是对抗压迫、对抗强制，对抗一切不把人当作人来尊重的威权，它是一个人摆脱另一个人的意志压迫的产物，是个人摆脱人类自己创造的组织体的意志压迫的产物。个人主义追求的个人自由的全部含义就是把人当作人来尊重。而要达成这个目标，唯一的手段就是把自由放在威权之上。当然，自由不可能在所有威权之上，那将变成无政府主义。哈耶克所讲的自

---

〔1〕［英］弗里德利希·冯·哈耶克：《通往奴役之路》，王明毅等译，中国社会科学出版社 1997 年版，第 21 页。

由的至高无上，是有范围限定的，亦即在个人的“私域”范围内，自由是至高无上的，权力不能凌驾在私域的自由之上。因而，个人主义强调的是私域范围内的意志自由、私域范围内自由至上。自私自利、利己主义、无政府、无组织、无纪律等泼在个人主义身上的脏水，无一例外都是强加给个人主义的，而非个人主义的本来面目。

哈耶克认为，个人主义有真与假之分，真假个人主义有三点区别：①真正的个人主义是自由主义的基础，它与集权主义、国家主义和社会主义直接对立；而虚假的个人主义则有演变为集体主义和社会主义的倾向。②真正的个人主义坚信民主，但他并不迷信绝大多数决策的全知全能，而是要求把权力和强制命令限制在一个固定的范围之内；而虚假的个人主义则把绝大多数人的观点始终看作是正确的和有约束力的。③真正的个人主义追求形式平等，主张对所有的人平等地适用规则，而反对平均主义。真正的个人主义的主要原则是，任何人或集团都无权决定另外一个人的情形应该怎样，并且认为这是自由的一个非常必要的条件，绝不能为了满足我们的公平意识和妒忌心理而牺牲掉这些条件；而虚假的个人主义倾向于通过法律或强权实施实质正义。〔1〕

个人主义由于它的宽容，由于它对个人选择和个人创造性的尊重，从而不仅使个人活力空前大解放，而且，还成为一切崇尚自由的法律乃至法律思想体系的重要理论基础之一。

（二）法律进化理论的进步与不足

法律是进化的产物而不是建构的产物，这个观点，无论在逻辑上还是事实上，都有其坚实的基础。在当下这个特定的历

〔1〕 参见［英］弗里德利希·冯·哈耶克：《个人主义与经济秩序》，邓正来译，三联书店2003年版，第5~43页。

史时点，法律更多地表现为立法之法。但俯瞰整个人类历史发展长河和人类法律制度发展轨迹，法律只不过是人类社会进化的产物，即使在建构痕迹明显的立法之法盛行的历史阶段，立法的建构也不是凭空捏造，也不是按照个别人的意志肆意发明创制的，它更多地来源于潜藏在社会进化过程中的行为规则。在这个意义上，所谓凭空的人为捏造的法律建构其实是不存在的，所谓的“恶法”不过是在人类社会进化过程中，忤逆人类发展潮流的一种邪恶或者说偏激的选择。立法者的邪恶或偏激也是人类社会进化过程中不可回避的一部分。人类社会的进化概念中也包含了“退化”的内涵。

法律进化理论的进步意义在于，它能时刻告诫立法者在立法时要克服邪恶和偏激，要尽可能从人类社会发展的进程中发现那些潜藏在人们行为习惯中的法律规则，而不是单凭某个美好的追求或邪恶的愿望，就将自己的意志凌驾在芸芸众生之上。法律是进化的产物并不意味着现代社会要抛弃立法之法。只是告诫人们在制定立法之法时、遵守立法之法时，在按照立法之法行事时，要思考立法之法是否反映了人类社会进化中的固有规则，思考立法之法是推动社会向前发展还是向后倒退，也就是说，立法之法是否在进化成为评判立法之法正当性的一个标准。法律是进化的产物，会让人们在对待立法之法的态度上更加谨慎、更加科学、更加尊重民意和社会发展规律。

因为法律是进化的产物，而全面否定立法之法的作用显然是不明智的。立法之法加快了人类发现进化法律的步伐，是人的主观能动性的体现。如同人类的科技发明加速了人类社会发展的进程一样，立法之法也把人类从缓慢的规则演化进程中解放出来，让经济、文明落后国家或地区有可能通过立法之法的借鉴、移植或创造，而加快改变现状。不可否认，在立法之法的创造中，或许也能让一个贫穷、落后的国家实现跨越式的发展。因此，关键问题不是在立法之法与进化之法之间做出非此即彼的选择，而是要充分认识到，法律除了立法之法之外，还有进化之法，反过来也一样，法律在进化之法之外，还有立法之法。

同时，要注意法律进化理论的思想基础是个人主义，它是个人主义理想的一种法律理论，它能确保和促进个人的自由，能促进自由市场经济的产生和发展。但人类的理想中，除了个人主义，还有集体主义。在追求集体主义理想的立法中如何充分挖掘“法律是进化产物”理论的进步意义，如何克服自发生成的法律规则可能发生或者已经发生的背离集体利益的情形，是追求集体主义理想的国家和社会在立法时要着重考虑的问题。同样，集体主义立法也应当充分吸纳自发生成的法律规则，保障个人利益和个人自由的养分，以便立法在保障集体利益、社会利益和国家利益的同时，最大限度地保护个人自由和个人利益。

（三）法律进化理论的适用范围

哈耶克关于法律是进化产物的理论，对于转型时期的中国是否可以适用的问题，引发了学者的广泛关注。黄金荣认为，哈耶克提出的关于传统可以自发演化出保证自由的法律的理论自身具有许多不可克服的矛盾，并且这种理论并不具有普遍的适用性，对于像中国这样的转型国家来说更谈不上理论说服力。对此，他有一段较为详细的论说：

“哈耶克让我们看到了自生自发秩序对于实现社会进步和自由所具有的巨大魅力，但问题是让我们到哪里去寻找其赖以演化的自由的传统呢？中国古代的传统社会孕育的是自然经济和专制法律，计划经济体制时代的传统中横行的是哈耶克所厌恶的权力经济和公法吞噬私法现象，这里不仅找不到哈耶克理想的、能保障自由的法律影子，而且连那些传统本身也都因为被视为社会进步的障碍而成为被改造的对象。如果说哈耶克的理论试图说明传统会逐步演化出美妙的市场经济和法治，那么我们现在不得不做的却是试图培育这种美妙的市场经济和法治社会，从而最终形成能够保证我们自由和经济发展的新传统。"[1]

他的这种忧虑不是没有道理，站在整个国家的法律传统来看，中国法律传统无法带来市场经济和法治，任其自由演化恐怕不能达成自由的目标，唯有通过刻意的立法加以改造，才有可能通向自由。

然而，他对哈耶克观点的理解是片面的，基于这个片面理解得出的结论不能成立。

首先，只要仔细分析一下中国传统社会专制法律形成的原因，即可发现，之所以形成专制法律传统，就是因为统治者的刻意立法。不承认进化的内部规则是法律的重要部分，而统治者制定的外部规则（立法）成为唯一的法律，这是形成专制法律传统的根源。我们当然要摆脱专制法律传统，但实现这个目的的手段是承认内部规则、承认法律是进化的产物，而不仅仅是建构的产物。抓住刻意立法这个手段和方法不放，希望通过一种刻意的立法来取代另一种刻意的立法，结果无非是一种新的专制替代了旧的专制，或者说在消灭旧专制的同时新专制的危险悄然形成。中国旧社会专制法律的破灭注定只能从进化中的内部规则中孕育。仅仅依靠外部规则，其结果肯定是旧的专

---

〔1〕黄金荣："对哈耶克法律理论的几点质疑"，载《法商研究》2003 年第 3 期。

制法律披上新的立法的外衣而死灰复燃，因为这种专制法律传统的影响力并不会随着法律条文的废除而消除。中国社会的自生自发秩序尚在生成，各种影响这种秩序生成的力量在不断的较量之中，那种“自由的法律”还不能在有助于群体生存繁衍的行动模式中胜出。相反，各种“组织的规则”占据了上风。什么时候“自由的法律”能成为中国社会的行为惯例，是不以个人意志为转移的。立法只能加速这个进程，而不能完全左右这个进程。存在于人们心智中的那种进化的行为规则具有强大的影响力，这就是为什么即使彻底废除了封建社会的法律制度，封建的落后的家长制、官本位、特权思想等依然长久地在中国社会发挥作用的原因。在这些落后的行为规则依然阴魂不散的情形下，新的刻意立法又带来另一些落后的行为规则，比如计划的经济、计划的社会生活等法律强制。在旧专制与新专制双重压迫下，“自由的法律”怎么可能形成?！为应对这种局面，凭空创制更多立法的结果只会适得其反。在这种背景下，哈耶克的法律理论至少可以让我们变得更清醒，至少可以让中国传统的“无为而治”智慧在刻意立法领域逐渐萌芽。

其次，如果把哈耶克的“自生自发秩序”概念与“传统”概念相提并论，如果认为自生自发秩序像传统概念一样，既有可能是好的，也有可能是坏的，这种理解就走向了哈耶克的反面。黄金荣说：“‘自生自发秩序’结果就既可能是好的，也可能是不好的，既可能导向自由，也可能走向专制，因为无论黑社会组织秩序还是市场经济秩序都可以说是一种‘自生自发秩序’。”〔1〕这是对哈耶克进化论思想的误解。“传统性习惯与规则固然起着极其重要的作用，但是，这些习惯与规则只局限于

〔1〕黄金荣：“对哈耶克法律理论的几点质疑”，载《法商研究》2003 年第 3 期。

经规则竞争机制选择出来的、对现时的行动者们产生影响的那一部分。因此，自生自发秩序在本质上是一种具有现实性的社会内部秩序。”〔1〕秦策对哈耶克关于传统与自生自发秩序关系的解读更加准确。只有在竞争中胜出的规则才是哈耶克所说的自生自发秩序，用哈耶克的原话说就是：“会得到传播的规则，乃是那些支配了存在于不同群体之中并使其间的一些群体比其他群体更强大的惯例或习惯的规则”。〔2〕

哈耶克自生自发秩序的思想基础之一是进化论。“进化”包含了好与坏的竞争过程，不好的规则无法生成秩序，只有好的规则才能生成自发秩序。好的规则不断击败不好的规则，秩序就在规则之间的竞争中逐渐生成。哈耶克从人类行为学研究成果中得出结论，规则的进化是一个遵循、传播、传递和发展那些因成功而胜出并盛行的惯例的过程——这些惯例之所以获得成功，往往不是因为它们给予了行动者个人以任何一种可识别的益处，而是因为它们增加了该行动者所属于的那个群体的生存机会。〔3〕自生自发秩序的思想本身可能就像格雷所说的，未必包含着自由的内容，但促成自生自发秩序形成的内部规则肯定是人类优选的结果，是更能增加人们所处群体生存机会的一种自由选择。由于这种规则选择的自由，因而哈耶克认为这种出于人们自由选择的内部规则就是“自由的法律”。自生自发秩序未必包含自由，但促成自生自发秩序生成的内部规则本身是

---

〔1〕秦策：“秩序的生成机理——哈耶克《法律、立法与自由》（第1卷）读后一得”，载公丕祥编：《法制现代化研究》（第7卷），南京师范大学出版社2001年版。

〔2〕［英］弗里德利希·冯·哈耶克：《法律、立法与自由》（第1卷），邓正来等译，中国大百科全书出版社2000年版，第158页。

〔3〕［英］弗里德利希·冯·哈耶克：《法律、立法与自由》（第1卷），邓正来等译，中国大百科全书出版社2000年版，第16页。

人们自由选择的产物。也正是在这个意义上，哈耶克说内部规则是自由的保障。不是传统本身带来了自由，而是传统规则生成的过程带来了自由。这个过程就是人们在自然环境和社会环境中不断调适、不断纠错、不断做出选择的过程，这个过程的自由就是个人行为的自由。

综上所述，哈耶克法律进化理论自然不是什么普世真理，但它对于纠正法律就是刻意立法的错误观念，对于尊重人类社会自发形成的习俗、惯例和文化传统，无疑具有积极的意义，尤其对于有着几千年立法之法传统的中国来说，反思价值更大。哈耶克的法律理论服务于他的自由主义思想，是不容否认的，但不能因为一种工具被用于特定目的，就否认其作为工具的价值。哈耶克的法律观点，可以为中国法治建设所用。他的法律观点与方法对于中国宅基地法律研究具有重要的启发意义。

三、宅基地法律包括立法之法与进化之法

所谓“立法之法”，就是哈耶克所讲的“外部规则”或“组织规则”。所谓“进化之法”就是哈耶克所讲的“内部规则”或“自由的法律”。“立法之法”这个概念，所指明确，是指通过立法的方法制定的法律，这比较容易理解。并且国内学者在翻译新自由主义法学流派的专著时，也有使用这个概念的。[1]为了找到一个能与“立法之法”相对应的术语，笔者生造了“进化之法”这个概念以替代“内部规则”或“自由的法律”或“自发规则”。简单地说，宅基地上的“进化之法”，是指人们在宅基地利用行为中不断摸索、调适，经过相当长的时间最终演化成为一种行为习惯的，尚未纳入正规法律体系的行为规

〔1〕 秋风在翻译布鲁诺·莱奥尼的《自由与法律》时，使用了“立法之法”这个概念。

则，也可叫作“自发生成规则”或“自发规则”。

宅基地法律既包括立法之法，也应当包括进化之法。当下，中国宅基地法律主要表现为立法之法。宅基地分配、使用、收益、管理等法律制度都是通过立法的方式制定的。中国《物权法》中规定了宅基地使用权制度，但制度内容并不完整，更多的法律规则规定在公法性质的《土地管理法》中。总体来看，宅基地立法之法中有关宅基地的法律规则不多，以至于实践中，经常发生一些宅基地利用和流转的问题因缺乏法律明确规定，而无法顺利得以解决的情形。

然而，实践中，宅基地的占有、利用和流转的规则却在自发生成。城中村农民利用宅基地开发主要用于出租的住房；大城市周边农民利用宅基地开发主要用于面向城镇居民出售的住房；一些进城务工农民还将宅基地连同其上的住房出卖给集体经济组织成员以外的人。诸如此类行为，站在立法之法的视域，似乎都是不合法律的，但就是这些不合法律的行为中可能潜藏着自发生成的宅基地规则。甚至地方政府也在积极探索宅基地利用制度的创新。开展宅基地使用权抵押以满足部分农民的融资需求；利用宅基地进行农业观光旅游以增加农民经营宅基地的经济收入；开展宅基地与城镇住房的置换或者开展宅基地的“地票”式交易等等。严格来讲，基层政府组织的宅基地改革试点在某种意义上也是不符合法律具体规定的，但这些改革正是要探索新的宅基地利用法律规则。

无论是民间自发的宅基地利用探索，还是基层政府的有组织的宅基地利用制度改革试点，都意味着宅基地上新的利用规则的生成。这些自发规则有些会因为损害社会、集体利益而被制止，有些会因为损害农民合法权益而被叫停，有些会因为能产生积极的社会效果而得以维系或深化。在中国转型发展的关键时期，在探索现代化、城市化的进程中，各种类型的自发规则必将层出不穷。如果一定要等待这些自发规则经过长期孕育成长为法律后再来关注它、研究它，似乎不是法学研究应有的态度。面对鲜活的、在我们生活周边生长的还不是立法之法的自发行为规则时，明智的做法是把它们当作进化的自发规则来研究，把它们纳入正统的法律研究的视域。这些进化中的宅基地自发规则，或许并不为现行立法之法所容忍，或许并不符合西方法律传统的概念和规则，或许我们还不能准确地判定它的法律性质和法律效果，但它生长于中国的现实生活，必能反映出一定的社会现实需要和合理的民意诉求。研究进化中的宅基地自发规则的利弊得失，或许能从中发现中国未来的宅基地法律制度。

现有宅基地法律研究主要集中在宅基地立法之法上，甚至主要聚焦在立法之法中狭义的法律上，基本没有涉猎到宅基地进化中的自发规则，自然也不会从自发规则，特别是不会从“不合法社会领域”中寻找进化中的宅基地法律。这无疑遮蔽了宅基地法律研究的视野。在立法之法的框架内研究宅基地法律，很难再有新的思路和新的发现。引入宅基地进化之法，必然使得宅基地法律研究的内容发生以下重大变化：

首先，在宅基地利用中人的意志、愿望和行为将成为研究重心。宅基地立法之法的研究重点显然是立法者的意志、公共利益等。而宅基地进化之法的研究将着眼于人的行为。哈耶克法律理论的进步意义在于其重视现实中人的行动，他不是一个死抱着传统不放的“保守主义者”，恰好相反，他认为正是人们在相互行动中不断变革传统、不断调适自己的行为和预期，生成了更有利于他们生存发展的自生自发秩序。哈耶克反复告诫我们，法律不是人设计的结果而是人行动的产物。具体地说，在“人的心智与社会共同进化”的过程中的“人的正当行动规则”是哈耶克法律理论的核心。哈耶克的法律理论凸显了“人的行动”的重要性。研究宅基地进化之法，就是要研究宅基地利用人、他的行为以及在利用过程中产生的相互关系。宅基地利用人的意志、利益追求以及他们与政府的博弈，他们基于市场需求而进行的行为调适等内容，将成为宅基地进化之法研究的重点。

其次，在宅基地利用中人在实践中自发生成的进化规则将成为研究对象。宅基地利用实践五花八门。因地理位置、经济社会发展状况、区域特色等差异，城市近郊与远郊的农民、经济发达地区与欠发达地区的农民、旅游风景名胜区与矿产资源开发区的农民、全家进城务工与主要从事农业生产的农民之间，他们经营利用宅基地的意愿各不相同、利益诉求大相径庭。在一个地方或某些地方有效的自发规则未必在另一个地方或另一些地方也行得通。因而，要从宅基地利用实践中发现有效的，可以纳入正规法律体系的宅基地利用规则，还需要做大量的理论抽象和提炼工作。特别要对“不合法社会领域”中存在的自发规则进行正当性和合理性的鉴别，要善于从自发规则中发现并提炼出可靠的法律规则，对于法律工作者来说，这需要付出更多的艰辛。在研究宅基地自发规则中，可能找不到已有的法律样本，可能没有成功的经验可以借鉴。需要研究者自己从中发现出法律规则，需要研究者在发现法律规则的过程中相互承认，并最终得到社会的广泛认可。或许一个法律人尽其一生也未必能发现一项宅基地法律规则，但在法律转型和发展国家，发现生活中的法律规则是法律人义不容辞的责任。

四、宅基地立法之法包括制定法与政策法

哈耶克讲的立法之法，指的是国家权力机关制定的法律，

表现的是权力机关的意志和刻意。在研究中国宅基地立法之法时，还需注意中国立法之法的特色，即中国的立法之法与西方国家不同，除了权力机关制定的法律之外，还包括权力机关制定的政策法。中国的立法之法，是指特定机关制定的具有法律约束力的行为规范，包括立法机关制定的法律、法规，也包括党政机关制定的政策法。为表述的便利，我们把前者称为制定法，把后者称为政策法。

（一）政策法的客观存在及其法理

1. 政策法的客观存在

判断立法之法的标准，不是看它是由谁制定的，而是看它能否发挥法律约束力，即它的实施是否依靠国家强制力。如果人们不按照它的要求去做，就会受到国家力量的约束、制裁，它就是具有法律约束力的。立法机关制定的具有强制约束力的规则是法律，非立法机关制定的具有强制约束力的规则也是法律。因此，法律渊源的判断标准不是它的制定机关，而是它的效力。凡是特定机关制定的具有国家强制力约束的行为规范，都应当视为立法之法。

党和国家以及各级地方政府部门制定的政策文件是否“应该”成为法律与它是不是法律，是两个完全不同的问题。任何一本法理学教科书中，法律渊源都不包括“党的文件”、“领导指示”等内容，也就是说，政策法不应该成为法律。但不应该成为法律不能证明它不是法律。把法理学教材中的这种理论照搬过来，不承认我国政策文件的法律地位，无疑是一种法律理论的教条主义，是无视中国法制发展历史和现实的一种“掩耳盗铃”。事实是，这些政策文件在实践中的的确确发挥了法律的功能，对公民的行为和财产产生了约束力，并受到国家强制力的保障。

在中国，立法之法既包括符合法律渊源要求的制定法，也包括不符合法律渊源的政策法，这是中国法制进程中的客观现实。“在中国的法律制度内，存在并活跃着一大堆具有各种名号的不称为法律的法律。政策、习惯、行政命令甚至权威领导人的指示，有相当一部分依赖于国家强制力得以实施，成为事实上的法律规范（其中政策占绝大多数，下称政策法）。”〔1〕这种事实上的政策法，在某个历史阶段成为中国法律的主流，因此，有学者将中华人民共和国成立至“文化大革命”结束的近30年间的阶段成为“阶级本位·政策法”时代。并从政策与法律的关系角度，描述了“政策法”时代中政策优于法律的状况。他说：

“所谓‘政策法’，是指这样一种不稳定的法律实践状态，即在管理国家和社会生活的过程中，重视党和国家的政策，相对轻视法律的职能；视政策为灵魂，以法律为政策的表现形式和辅助手段；以政策为最高的行为准则，以法律为次要的行为准则；当法律与政策发生矛盾与冲突时，则完全依政策办事；在执法的过程中还要参照一系列政策。由于政策是党的领导机关所创制的，又是靠党和国家的各级干部来施行的，因此，在实践中形成了‘人’的作用高于‘法’的普遍见解。”〔2〕

孟勤国从法学理论角度对中国的政策法做了一个解释：它是一种能够强制约束社会生活和人们行为，以一定的权利义务责任为内容的行为规则；它不来源于国家立法权，而是党政部

〔1〕 孟勤国：“论当今中国的双轨法制”，载《当代法学研究》1988年第2期。

〔2〕 武树臣：“从‘阶级本位·政策法’时代到‘国民本位·混合法’时代——中国法律文化六十年”，载《法学杂志》2009年第9期。

门职能活动的产物，是被国家强制力推行实施的结果；它主要表现为政策，也包括通知指示、社论讲话等基于权力意志而发挥法律功能的形式。[1]

不能因为政策法时代，政策优于法律，就不承认政策法的地位。不能因为政策不是法律渊源，就不承认政策法是一种事实上法律。中国的政策法过去、现在都在发挥着法律的功能，在未来很长一段时期内也将继续发挥作用。在各种“城市化”、“现代化”名目下，在权力直接从事各种经济活动的前提下，政策法将在“立法之法”的范畴内继续扮演重要角色。

2. 政策法存在的法理依据

立法之法中除了立法机关的制定法外，是否还包含执政党的政策法，本质上是立法权的归属问题。现代社会，无论哪个阶级都认为立法应反映人民的意志，也就是说，谁有资格代表民意，谁就享有立法权。对此，主要有三种学说。

一是由国会来代表民意，但人民保留监督权和解散权。洛克是这种观点的代表。他认为，人民“非把立法权交给人们的集合体，就不会感到安全和放心，也不会认为自己是处在公民社会中”。[2] 但是，“当人民发现立法行为与他们的委托相抵触时，人民方面仍然享有最高的权力来罢免或更换立法机关”。[3] 虽然“国会至上”可以成功地对抗“君主至上”，但普选产生的议会代表能否代表民意一直令人怀疑。历史悠久的议会制度带有浓郁的贵族气息，缺乏政治威信，无法得到民众发自内心

[1] 孟勤国：“关于政策法的若干问题研究”，载《天津社会科学》1990 年第 1 期。

[2] [英] 洛克：《政府论》（下），叶启芳、瞿菊农译，商务印书馆 1981 年版，第 58 页。

[3] [英] 洛克：《政府论》（下），叶启芳、瞿菊农译，商务印书馆 1981 年版，第 91 页。

的认同。洛克用分权限制国会的权力。孟德斯鸠和汉密尔顿沿着分权思想考虑共和政体下的权力均衡，以防范专制复辟。汉密尔顿认为，一院制下的议院易为感情冲动所左右，帮派所操纵，野心所驱使，贿赂所腐蚀，众议员任期短，不便研究法律和国家全面利害，导致轻率、错误的立法。要用两院制制衡议会权力，同时要加强行政和司法的权力，特别强调总统的权力，如总统有对国会两院法案的否决权。〔1〕权力制衡有助于防范专制，但行政、立法、司法各自打着民意的旗号，实际上谁也代表不了民意。权力制衡的结果往往是行政权压倒立法权和司法权。马克思在1852年就提醒过，资产阶级“先使议会权力臻于完备，为的是能够推翻这个权力。现在，当它已达到这一步时，它就会使行政权力臻于完备使它表现为最纯粹的形式，使它孤立，使它成为和自己对立的唯一对象，以便集中自己的一切破坏力量来反对这个权力”。〔2〕现代许多国家行政权力的扩张，特别是行政立法权的扩张是权力制衡下“人民主权”的淡化信号。

二是由集中了立法权、行政权于一身的代表机关来代表民意。马克思在巴黎工人阶级创建第一个政权后，指出：“公社不应当是议会的，而应当是同时兼管行政和立法的工作机关。”〔3〕列宁进一步阐明了这种思想，认为“真正全民的立宪会议，……应当掌握全部权力，即完整的、统一的和不可分割的权力”。〔4〕该

〔1〕 转引自张宏生、谷春德主编：《西方法律思想史》，北京大学出版社1990年版，第247页以下。

〔2〕 中共中央马克思恩格斯列宁斯大林著作编译局：《马克思恩格斯选集》（第1卷），人民出版社1963年版，第691页。

〔3〕 中共中央马克思恩格斯列宁斯大林著作编译局：《马克思恩格斯选集》（第2卷），人民出版社1963年版，第375页。

〔4〕 中共中央马克思恩格斯列宁斯大林著作编译局：《列宁全集》（第9卷），人民出版社1963年版，第181页。

主张与分权理论针锋相对，充满对无产阶级代表机关的绝对信任。但汉密尔顿列举议员的种种无良行为也无法在人大代表这里得到有效的克服。同时，“当立法权和行政权集中在同一个人或同一机关之手，自由便不复存在了；因为人们将要害怕这个国王或议会制定暴虐的法律，并暴虐地执行这些法律”。〔1〕立法权与行政权结合将导致暴政的担忧如警钟长鸣。

三是立法权不归属于任何机关或组织，由人民自己掌握，但须由“神明”来行使立法权。这是卢梭的观点。他认为：“立法权是属于人民的，而且只有是属于人民的。”〔2〕理由是，立法权是主权者唯一的权力，主权是不可转让、不可分割、不可代表的，是绝对的、至高无上和不可侵犯的。但人民不懂立法，只有贤明的、智慧的、天才的人物才能担当具体制定法律的工作。“要为人类制定法律，简直是需要神明。”〔3〕卢梭一方面不厌其烦地论证主权的不可代表性，另一方面又大谈“神明”立法的时候，实际上表达的是立法权的归属与行使的区别。立法权的所有与行使之间的分离不会违背立法权所有者的意志。卢梭把立法权所有者与立法者区分开来的思想很有价值。但人民作为立法权的所有者只有在“小国寡民”的状态下才有实现的可能。国大民众时，立法权的所有者依然需要寻找自己的代表。

由立法者担任民意代表，实际上是把立法权的所有与行使统一起来，极易导致立法者对人民的欺骗和压制。所以，立法权的所有与行使必须分开，立法者不能成为民意代表。民意代

---

〔1〕［法］孟德斯鸠：《论法的精神》（上），张雁深译，商务印书馆 1982 年版，第 156 页。

〔2〕［法］卢梭：《社会契约论》，何兆武译，商务印书馆 1963 年版，第 75 ~ 76 页。

〔3〕［法］卢梭：《社会契约论》，何兆武译，商务印书馆 1963 年版，第 53 页。

表作为立法权事实上的所有者，除了人民利益外没有其他利益。在这个意义上，执政党是民意代表的最佳选择。

执政党与议会相比在功能上更符合民意代表的要求。现代意义上的政党从议会中脱胎而来，已经说明议会正在丧失民意代表的资格。比如在英国，代表资产阶级利益的辉格党与代表地主阶级利益的托利党在议会内部进行了长期的政党斗争。辉格党（后改名为自由党）率先建立常设的选举机构，并且利用这个机构开展了卓有成效的工作，主要是影响民意，集合公意，获取民心，最终使自由党在大选中获胜。虽然公意应当从下到上的收集、形成，但自上而下的宣传、影响也算是自觉迈开了集合公意的步伐。与议会负有反映民意的消极义务相比，政党的这种积极主动的收集民意的行为，更具有成为民意代表的正当性。

执政党事实上正在掌管国家最高权力。如美国，政党几乎是防止无政府状态的唯一屏障，因为政党不仅担负起挑选立法机关成员的责任，而且负责挑选执行官员。〔1〕洛厄尔在《大陆欧洲的政府与政党》中明确指出："在一个大国中，人民作为一个整体，是不，也不能真正地进行统治的。实际上，我们是由一些行为多少受公意指挥，但又未完全受公意指挥的政党来统治的。"〔2〕

政党与国家机关之间的分权有利于人民主权的安全。长期以来，一谈分权好像都是指国家机关之间权力的分配，忽视了国家权力来源于人民权力，忽视了人民权力的分权问题。一般认为，人民权力转化为国家权力后，只要分权制衡不同机关的

〔1〕［美］古德诺：《政治与行政》，王元译，华夏出版社 1987 年版，第 57 页。

〔2〕转引自［美］古德诺：《政治与行政》，王元译，华夏出版社 1987 年版，第 87 页。

权力就可实现人民主权，其实不然。人民权力除了部分转化为国家权力外，还应有一部分转化为政治权威，甚至人民还应以公民权利和社会权力的形式保留最高权力。没有这一点作为保障，所谓的分权制衡无非是从一人专制到多人、多部门专制。政党和国家机关的分权，就是让政党享有由人民权力转化而来的政治权威，让国家机关享有由人民权力转化而来的行政权和司法权。政党的功能在于集合民意，并形成公意；国家权力的功能在于表达国家意志和执行国家意志。把“公意”的形成功能与国家意志的表达和执行功能分授予政党和国家机关，可以最大限度地避免任何一方以人民的名义来奴役人民。

在党权和国权分离的前提下，中国立法权应该归属于中国共产党。这种观点恐怕不会为大多数学者所认可。因为它很容易让人联想起“以党代政”、“以党代法”、“一党专政”等不祥的词语。有人会反对说，政党不是国家机关，作为国家权力之一的立法权怎么能由非国家机关来掌管呢？这种反对意见暴露的只是“立法权是国家权力”说的不正确。立法权不应被限定在国家权力中。原因在于：一方面，如果人民的立法权只能转化为国家权力，人民又把这种国家权力的所有权用类似“信托”的方式转让给人大，[1] 那么，失去了立法所有权的人民在法律上将没有依据去监控人大，至少在“信托”期内失去了所有权人的权利；人大却可以按照自己的意愿处分立法权，这会危及人民主权的安全。另一方面，如果人民的立法权只能转化为国家权力，公民的政治权利就失去了权源。形式上看，公民权利来源于法律的规定，但因此认为公民权利的权源是法律就过于表面化了。就像国家权力来源于人民主权一样，公民的政治权

〔1〕 参见郭道晖：《法的时代精神》，湖南出版社 1997 年版，第 340 页。

利实质上也只能来源于人民主权。不能首先确保公民政治权利的人民主权是很难想象的。立法权仅仅是国家权力的观点，会使人民主权名不副实。正如卢梭所言："英国人民自以为是自由的，他们大错特错了。他们只有在选举国会议员期间，才是自由的；议会一旦选出之后，他们就是奴隶，他们就等于零了。"〔1〕只有把立法权放在人民主权的层面上思考，才能真正理解其归属。

中国共产党是全中国各族人民意志和利益的忠实代表，它代表人民享有立法权的所有权是历史和人民的选择。

（二）政策法的作用与宅基地政策法的重要性

政策法在中国土地法律方面的重要意义和地位尤其突出。"影响深远的农村改革中确立的土地承包制，其依据不是别的，恰恰是中共中央国务院的三个一号文件。"〔2〕同样，宅基地上的诸多政策法，其实际影响力和约束力远远超过《土地管理法》和《物权法》。从1962年中共中央制定《农村人民公社工作条例修正草案》，到2008年《中共中央关于推进农村改革发展若干重大问题的决定》，有关宅基地利用的重要规则都在政策法中。因此，研究宅基地的立法之法，不能忽略宅基地政策法，甚至要把宅基地政策法作为重要的研究对象。

政策法缺少法律规范应有的明确的行为界限，缺少法律规范应有的预定的法律后果，缺少法律应有的确定的责任追究程序，因而它在赋予自身以法律规范性质和功能的同时也因缺乏规范性而严重地削弱了自身的法律价值。〔3〕政策法与制定法相

---

〔1〕［法］卢梭：《社会契约论》，何兆武译，商务印书馆1963年版，第125页。

〔2〕孟勤国："关于政策法的若干问题研究"，载《天津社会科学》1990年第1期。

〔3〕孟勤国："关于政策法的若干问题研究"，载《天津社会科学》1990年第1期。

比，具有明显的缺陷。在建设法治国家的进程中，应克服并杜绝利用政策法实现“以言代法”的人治做法，树立法律至上的法治精神。但是，也不能因此就贬低政策法的地位、忽视政策法的作用。对待政策法的正确态度是，让政策法走上法治轨道，让政策法成为制定法的重要补充。

必须看到，随着执政党对于政策法缺陷的认识越来越清醒，在不断克服政策法的人治色彩的基础上，政策法日渐规范。特别是中共中央的政策法在民主与科学、逻辑与秩序、稳定与普适等方面已经不亚于制定法。政策法的制定在反映民意、追求科学、实现规范等方面动用的智力和财力甚至超过了制定法。

在转型中国家之所以要坚持发挥政策法的作用，主要是因为在大一统国家搞改革开放，需要有中央的统一部署和安排，但又不能搞全面推进。根据实践经验，利用政策法开展立法改革试点更加稳妥、更有回旋余地，也能在各地的反复试验中更加准确、全面地反映民意，更科学地平衡各方利益。可以说，政策法与制定法之间起到了一个相互配合、相互促进的作用。政策法的灵活是为制定法探路，是为了将来制定法的稳定；政策法着眼于具体问题的解决，是为了弥补制定法在追求形式正义时可能造成的实质上的非正义；政策法不规定详细的责任追究机制，是承认改革具有一定的试错成分，允许出现错误并宽容失败。政策法具有制定法不具备的优势，它不会被轻易地替代。

中国共产党带领中国人民在走一条前人没有走过的路，在许多方面没有现成的法律体系可供借鉴和移植，需要自己探索。为了在探索的道路上少走弯路、及时调整、有章可循，相比制定法更灵活的政策法或许是更切合实际的选择。不能凡事都先谨慎立法、后依法行动，又不能凡事都不立规矩、任意探索，政策法作为制定法的“先锋”肩负着探路的重任。因此，不能拿制定法的标准要求政策法。政策法的制定者比立法者有更多的自由裁量权，有更多的及时反映广大人民群众意志和利益的任务。也正因为这样，及时发现政策法的缺陷、及时纠正和改变政策法的规定和发现制定法的缺陷并提出立法完善建议一样重要。

宅基地法律不仅事关农民的切身利益，事关农村社会长治久安，也事关城乡统筹发展的大计方针。因而宅基地法律的制定不可不谨慎。西方主要国家实行的是土地私有制，他们的住宅用地法律无法直接移植到以土地公有制为前提的中国农村。中国宅基地立法只能自己探索。在探索宅基地法律的过程中决不能贸然行事，更不能根据既得利益集团的意志仓促地颁布宅基地制定法。根据中国的实践经验，中共中央直接面向农村集体和农民，通过颁布政策法的形式，发布宅基地占有、使用、收益的法律规则，更有利于直接反映农村集体和农民的意愿，更有利于因形势变化而调整规则。农村集体利用集体建设用地建造乡镇企业，农户利用宅基地经营“农家乐”，都是政策法在发挥积极作用。在政策法的鼓励下，农民可以开展多种形式的土地经营。在经营过程发现问题后，通过政策法的调整及时纠正和改进，而制定法缺乏这种优势和便利。倘若都要等待制定法颁布后农民才可以从事土地经营行为，或许会贻误时机，引发农民的不满。因此，在相当长的时期内，在中国人民自己探索公有土地的利用形式时，政策法是不可或缺的。

综上，宅基地法律既包括立法之法，也包括进化之法；立法之法既包括具有法律约束力的制定法，也包括具有事实法律约束力的政策法。中国宅基地法律研究，如果秉持现实主义的进路，则不应该在宅基地进化之法和宅基地政策法的研究领域留下大片空白。

第三章　宅基地立法理念：通向真集体主义

集体主义是个耳熟能详的概念，一般把它解释为与个人主义相对立，把集体利益放在个人利益之上的思想。[1]可以说，这种解释长期主宰了人们对集体主义的理解。但是，马克思主义经典著作中的集体主义、意识形态意义下的集体主义以及政治宣传和基层执行中的集体主义，却显现出不一样的内涵和价值取向。集体主义这个概念，在实际生活中总是被有意或无意地误读、误解和误用。在各种误会、错误和别有用心下，一些人把集体主义作为幌子来谋取个人私利；另一些人把集体、集体利益作为打压竞争对手的工具。当集体、集体利益和集体主义概念在各种含义下被肆意滥用后，这些概念的内涵就越发不

〔1〕 百度百科对集体主义的解释：集体主义是无产阶级世界观的内容之一。调节个人利益与集体利益的原则。指一切言行以合乎无产阶级及其广大人民群众集体利益为根本出发点的思想。集体主义是共产主义道德的核心，是社会主义精神文明的重要标志。它同资产阶级个人主义是根本对立的，是共产主义道德区别于一切旧道德的本质特征。参见 http://baike. baidu. com/view/106685. htm，访问日期：2013年4月23日。在线新华字典的解释是：一切从集体出发，把集体利益放在个人利益之上的思想，是社会主义、共产主义的基本精神。参见 http://xh. 5156edu. com/html5/267529. html，访问日期：2013年4月23日。

清晰了，越发受到人们的抵触，渐渐地，人们对这些概念本身也开始淡忘了。

然而，研究宅基地立法理念，[1]却不得不重新回到这个概念。因为中国自1962年宅基地集体化后，宅基地立法始终围绕集体、集体利益和集体主义来制定，也就是说，现行宅基地制定法的立法理念是集体主义。无论是讨论宅基地法律变革，还是进行宅基地立法研究，集体主义立法理念是始终绕不过去的。宅基地立法究竟应当坚持一种什么样的集体主义，是中国宅基地立法研究首先需要面对的理论问题。同时，宅基地立法如何实现宅基地“公益和私益”的双重功能，也必然要求澄清其立法理念的具体内涵。

限于学识和能力，笔者不可能在哲学、伦理学意义上重述集体主义的精神实质，并恢复集体主义的真实面目。本书只是就宅基地这样一个特定对象，在立法上应由一种什么样的思想观念来指导的话题下，讨论理想中的集体主义。

一、真集体主义的内涵

“从前各个个人所结成的那种虚构的集体，总是作为某种独立的东西而使自己与各个个人对立起来；……对于被支配的阶级来说，它不仅是完全的虚幻的集体，而且是新的桎梏。”[2]马克思主义经典作家的这段话经常被研究者提及，似乎在忠告人们，不能一说集体主义，就意味着所有的集体都是正当的。虚幻的集体对被支配的阶级来说是新的桎梏，也就是说，只有

---

〔1〕指导立法制度设计和立法活动的理论基础和主导的价值观，一般被称为立法理念。参见高其才：“现代立法理念论”，载《南京社会科学》2006年第1期。

〔2〕中共中央马克思恩格斯列宁斯大林著作编译局：《马克思恩格斯选集》（第1卷），人民出版社1995年版，第294页。

真实的集体才能带来真正的集体主义。

首先，不把个人利益与集体利益对立起来的，反而要将二者结合起来的，才是真集体主义。“个人和集体之间，个人利益和集体利益之间并没有而且也不应当有不可调和的对立，不应当有这种对立，是因为集体主义、社会主义并不否认个人利益，而是把个人利益和集体利益结合起来。”〔1〕“利益”是斯大林解释的集体主义的核心词。他的集体主义利益观就是把个人利益与集体利益结合起来。在他的集体主义观念中，集体利益和个人利益相互独立，只不过这两种利益不是相互对立、不可调和的，而是可以并且应当相互结合在一起的。可见，在有关集体主义的讨论中，要不要个人利益，个人利益是否要服从于集体利益等话题从一开始就是一个“伪命题”。真集体主义中，必然包含个人利益。个人利益与集体利益的关系不是谁服从谁的问题，而是如何相互结合在一起的问题。“‘共同利益’在历史上任何时候都是由作为‘私人’的个人造成的。他们知道，这种对立只是表面的，因为这种对立一面即所谓‘普遍的’，一面总是不断地由另一面即私人利益的一面产生的，它绝不是作为一种具有独立历史的独立力量而与私人利益相对抗。”〔2〕在这个意义上，把集体利益与个人利益根本对立起来的集体主义不是真正的集体主义。要求个人利益服从集体利益的集体主义，实际上就是把二者对立起来，是对真集体主义的误读。

其次，不把个人与集体对立起来，反而要把集体建立在个人联合的基础上的，才是真集体主义。具体来说，这个意义上

---

〔1〕中共中央马克思恩格斯列宁斯大林著作编译局：《斯大林选集》（下卷），人民出版社1972年版，第82页。

〔2〕中共中央马克思恩格斯列宁斯大林著作编译局：《马克思恩格斯全集》（第3卷），人民出版社1960年版，第275～276页。

的真集体主义有两层含义：一是，集体成员可以独立表达自己的意志，即集体是按照成员自己的意志建立的；二是，集体利益可以由集体成员直接享受。简言之，就是意志直达、利益直享。

“个人可以控制自己的生存条件和全体成员的生存条件。”[1]马克思这句话，被学界做出了多种不同的解读。如果把这句话作为学术研究的对象而不是教条的话，笔者关于意志直达和利益直享的解释，可以算是从法学角度对马克思主义经典名言的一个注释。“个人可以控制自己的生存条件”讲的是意志直达。只有当个人可以控制自己的生存条件时，才可能成为独立的人，才能够独立表达自己的意志，进而决定是否联合起来建立集体。在个人与集体的关系上，一定是先有独立意志的个人，才有可能在此基础上形成个人联合的集体。“个人可以控制全体成员的生存条件”讲的是利益直享。基于个人联合的集体形成的集体利益是服务于集体全部成员的，集体中的任何成员都对集体财产享有所有权，这种共有也就意味着个人控制了全体成员的生存条件。举例而言，一个集体的成员生病了，他在花光自己的财产后，理论上还可以花光集体的全部财产，这就叫个人可以控制全体成员的生存条件。当然，“可以”讲的是一种理论上的可能性，现实中未必如此。

在马克思主义经典作家描述的真集体主义中，集体不再是个人生存发展的桎梏，而是独立的个人自觉联合起来的，并成为确保个人生存和促进个人全面自由发展的工具。这时，个人对集体便会产生高度的认同感和责任感，把维护集体的利益当作是自己应尽的责任。当集体成员对集体形成发自内心的认同感和责任感，当集体成员自觉把维护集体的利益作为自己应尽

---

〔1〕 中共中央马克思恩格斯列宁斯大林著作编译局：《马克思恩格斯全集》（第3卷），人民出版社1960年版，第84页。

的责任，当集体的利益可直达集体成员，当集体成员的意志可以直达集体，集体作为一个社会的有机体才是真实的。

真集体主义下个人与集体的这样一种关系，是通过意志直达和利益直达的方式产生的。任何其他的方式、方法都不能顺利地形成这种关系。比如，为了让集体变成各个成员认可的集体，通过迫使他们产生认同感和责任感，迫使他们维护集体利益，参加集体活动或者通过宣传、教育、诱导等方式让本来内在的认同感、责任感变成一种外力的注入，是不可能有效形成集体的。即使形成了，也会因为缺乏必要的利益直达和意志直达机制而自行瓦解。"我为人人、人人为我"这句口号生动地揭示了真集体主义下个人与集体、个人利益与集体利益之间的关系。一个独立的"我"可以将自己的意志直达"人人"这个集体，"人人"这个集体能够将集体利益普照给集体的每一个成员。

一个疑难问题是，当个人利益与集体利益发生冲突时，究竟是保护个人利益还是捍卫集体利益。一般认为，在马克思主义的集体主义理论中，在个人利益和集体利益发生冲突时，要坚持集体利益高于个人利益，全局利益高于局部利益的原则。〔1〕就苏联和中国等社会主义国家的实践来看，事实上在很多情况下是坚持了集体利益高于个人利益的。然而，从理论上看，集体利益高于个人利益是否在任何情况下都是正确的，这个问题还值得深入研讨，或者说，集体利益高于个人利益是否需要建立在一定的前提条件下。从马克思"个人可以控制自己的生存条件"的表述中，可以清楚地看到，这是集体利益高于个人利益的基础条件。当个人不能控制自己的生存条件或者个人的生存条件恶化、甚至消失时，再强调集体利益高于个人利益就没有

〔1〕 王强："朝向集体主义事实本身——集体主义的学理依据和现实进路"，载《西北大学学报（哲学社会科学版）》2010 年第 2 期。

现实意义了。只有当个人可以控制自己的生存条件时，集体才能产生，也只有当个人可以控制自己的生存条件并且可以控制全体成员的生存条件时，集体利益才能存在，也唯有在此基础上，才谈得上集体利益高于个人利益。举例来说，一个集体在集体成员的共同努力下，赚取了10万元利润。如果把这10万元全部分配给成员依然不能满足其基本的生活需要，那么集体一定要强行留下5万元作为集体公益金就缺乏正当理由。如果给成员分配5万元就能确保其生存条件，那么此时集体留下5万元就符合集体利益高于个人利益的原则。从本质上说，集体利益高于个人利益原则的最终目的还是服务于个人利益。集体留下的5万元，最终还是为了满足个人可以控制全体成员的生存条件这样一种个人利益的需要。因此，集体利益高于个人利益必须在首先满足了个人可以控制自己的生存条件的基础上才能成立，同时，高于个人利益的集体利益最终成为全体成员全面自由发展的条件。老百姓之所以痛恨贪腐行为，主要是因为少数人把集体利益不合法、不合理地转化为了自己的私人利益。集体利益不是不能由个人享用，而是如何正当地由个人享用。一些财政资金用来扶贫救灾，发给了受灾、贫苦的人，没有人会有异议，但用于大吃大喝，没吃到没喝到的人就有意见。即使每个人都吃到喝到了，也不表示他们对集体财产的这种利用没有意见，因为节俭的集体成员可能更愿意将属于自己的那一份集体财产交由自己掌握，由自己来决定是大手大脚地花还是精打细算地用。综上，集体利益高于个人利益需要满足三个构成要件：①个人可以控制自己的生存条件；②个人可以控制全体成员的生存条件，即每个集体成员都能享受到集体利益；③集体财产的利用和集体利益的分享必须具有正当性。脱离这些条件，孤立地讲集体利益高于个人利益，不是真集体主义。

第三个条件在实践中最难操作。制度安排稍有偏差，就容易激发矛盾。比如，为公务员配备公车。因工作需要配公车是正当的，但配多少价位的公车是正当的，难以找到公认的标准。如果纳税人人均年收入为5万，给县长配50万的公车或者3万元的公车都会引发非议。要么说奢侈浪费，要么说丢人现眼。如果让纳税人——为集体财产做贡献的人——来决定是否为公务员配车、配多少价位的车，则不会有太多争议。在这个意义上，集体财产利用和集体利益分享是否具有正当性，关键在于利用和分配集体财产的决策由谁做出以及如何做出。只有当集体、集体利益符合这种理性安排的情形下，让"个别人的私人利益符合全人类的利益"的这种强制才具有正当性。〔1〕真集体主义并不排斥集体利益高于个人利益，只是反对不讲条件地空谈集体利益高于个人利益。

概括起来，真集体主义的内涵是指，个人利益与集体利益结合在一起，集体由个人自愿联合在一起，集体成员将自己的意志直接表达出来以形成集体意志，对集体财产和集体利益享有决策权，集体成员可以直接享受集体利益，在困难的时候有权享受集体的特别援助，在此基础上形成集体为成员服务，成员为集体做贡献的相互促进局面的一种集体行为准则。其核心是集体成员意志直达、集体利益成员共享。

---

〔1〕马克思、恩格斯在《神圣家族》一书指出："既然正确理解的利益是整个道德的基础，那就必须使个别人的私人利益符合于全人类的利益。"中共中央马克思恩格斯列宁斯大林著作编译局：《马克思恩格斯全集》（第2卷），人民出版社1957年版，第167页。对于这句话，不能把重点放在后半段上，只注意到强制个人利益符合集体利益，而不顾前半段讲的前提条件，否则就会产生误解。前半段讲的"正确理解的利益"是指个人利益与集体利益的结合，是指个人可以控制自己的生存条件、可以控制全体成员的生存条件。抛开这个前提条件，孤立地讲集体利益高于个人利益，讲私人利益符合全人类的利益，就会发生无视个人利益的危险。

二、真集体主义与假集体主义的区别

真集体主义与封建宗法集体主义有本质区别。宗法集体主义，又叫封建宗法集体主义，它是封建宗法制度的产物。封建宗法制度的主要特点是以血缘关系为纽带，把国家统治与家庭统治结合在一起，通过国家制度维护家长、族长以及贵族的世袭统治和世袭特权行为，以实现对社会各阶层、各部落、各家族直至每一个人的统治。这种由政权、神权、专权组成的等级森严的封建宗法制渗透到社会生活的方方面面，它在思想文化和价值观领域的表现就是一种以维护国家、民族和贵族为中心的集体主义或称整体主义，而个人利益则要绝对地服从宗族的利益，故称宗法集体主义。〔1〕宗法集体主义用国家强权捍卫君主、族长、家长权威地位的方式来维系集体的存在，以森严的等级制度来确保各个层级的集体的运转，以世袭的特权制度作为特权者的激励机制，其核心是“一己之私”。因而，宗法集体主义是一种虚假的集体主义，捍卫的是一种虚假的集体，集体成为特权者维护一己之私的工具。真集体主义与宗法集体主义是根本对立的。真集体主义旨在维护所有集体成员的利益，而不是维护集体中某个人或某些人的利益；真集体主义中没有特权，没有强权，没有强制，没有等级，更没有世袭。真集体主义下，集体成员间的关系是共存共生关系，集体成员与集体之间的关系也是共存共生关系。所谓共存，是指各主体地位平等，没有身份等级区别，没有压迫和命令；所谓共生，是指相互扶持，守望相助，共享基本生存条件，共享自由发展机会。

真集体主义与家长制集体主义根本不同。家长制是一种极

〔1〕 陈章龙：《论主导价值观》，江苏人民出版社 2006 年版，第 194 ~ 195 页。

端的集体主义。它的特点是集体的权力集中在家长或首长，或者说，集体权力变成集体领导一个人或几个人的权力。这种异化的集体权力打着集体的旗号，借助集体的正当性来行使不正当的异化的集体权力。这种集体主义中，集体成员与家长（可以是单数也可以是复数）的关系是一种依附和被依附的关系。成员之间的不平等，使得家长式集体主义走向了集体主义的反面，集体沦为家长奴役集体成员的工具。本属于“主体”范畴的集体，变成了家长随意支配的工具。家长通过该工具，达到支配和控制其他集体成员的目的，进而使其他集体成员变成被支配的“客体”。成员个人主体资格消失，个人独立与自由荡然无存。剩下的只是家长这个“主体”和家长个人在“家集体”内部为所欲为的自由。等级社会中，小集体的家长需要听命于大集体的家长，到最后，一个国家只有金字塔顶端的人才是唯一具有独立人格的主体，其他人都在不同程度上变成了“半主体”，甚至“客体”。家长制集体主义不是真集体主义。对此，邓小平有过深刻的反思。1980 年邓小平在《党和国家领导制度改革》一文中说：“在加强党的一元化领导的口号下，不适当地把一切权力集中于党委，党委的权力又往往集中于几个书记，特别是集中于第一书记，什么事都第一书记挂帅、拍板。党的一元化领导，往往因此而变成了个人领导”。而“个人领导”不可避免地要导致家长制政治的死灰复燃。“不少地方和单位，都有家长式的人物，他们的权力不受限制，别人都要唯命是从，甚至形成对他们的人身依附关系。”上下级之间的服从关系，变成了对个人“无原则的服从，‘尽忠’”，“搞成旧社会那种君臣父子关系或帮派关系”〔1〕。真集体主义下的集体有“领头羊”，

〔1〕《邓小平文选》（第 2 卷），人民出版社 1994 年版，第 328 ~ 331 页。

但没有“家长”，即无人能凌驾于集体之上。集体内部成员法律地位一律平等，成员之间没有任何人身依附关系。成员在集体中的地位并不按照血缘、亲疏、成分、等级来划分，贡献和能力成为集体配置成员地位的基本依据。成员之间基于理性拟定利益分享机制，基于平等协商产生自我约束机制。凡是基于成员自愿形成的集体，成员之间地位平等的集体，每一个成员都可以控制自己命运的集体，才是真实的集体。在这样的集体中，由于成员可以自己控制自己的生存条件，可以按照自己的意愿选择加入或退出集体，因而不会滋生出强权专横的家长。

宗法集体主义和家长制集体主义，在中国时常会冒出来，真集体主义在实践中很难被正确地贯彻落实，部分原因在于在中国的历史进程中，缺少一个个人和个人利益充分发育的阶段。“与西方国家不同，近代以来中国所面临的救亡图存的历史任务，使得传统文化的价值转换，不是以个人主义，而是以革命的集体主义取代封建宗法集体主义，其间缺少一个从整体到独立个体的分解过程。”〔1〕正因为中国人独立人格意识发育不充分，个人利益、个人权利等诉求既没有合适的承载主体，也找不到合适的表达渠道，才导致“革命的集体主义”无法从自身出发蜕化为真集体主义。真集体主义以个人为主体、以个人权利为本位，在此基础上，追求集体利益并实现集体成员的共同发展。真集体主义旨在避免人与人之间因贫富差距而产生仇恨，避免一部分人因无法生存而激发暴力革命。它与革命的集体主义通过消灭肉体的方式实现财富平均分配的观念有本质区别。仇恨和革命带给人类社会的破坏是任何理性人都不愿意看到的。建立一个人人都能免于匮乏、贫富差距不大的社会，是整个人类幸福

〔1〕 刘荣荣：“集体与集体主义辨析”，载《中共中央党校学报》2008 年第 2 期。

生活的前提和基础。只有在此基础上，才能为个人的全面自由发展提供条件。在这个意义上，真集体主义是和平时代建立个人幸福和人的全面自由发展的一种理想意义上的思想观念。

真集体主义强调成员意志直达与利益直达，两方面缺一不可，只具备其中一个内容的集体主义不是真集体主义。它与被强制组织起来的集体主义不同。被强制组织起来的集体因违背成员的真实意思，不可能产生真集体主义。即使这些组织的某些行为和做法表现出某种真集体主义的内容，也因成员无法真实表达自己的意志，而走向虚假的集体主义。另外，现实生活中，志愿者组织、慈善组织虽然建立在成员自愿的基础上，但成员不从集体中获得任何利益，而是通过集体组织实现自己扶贫济困的目标。这也不是真集体主义的体现。只不过真集体主义并不反对这种集体组织，反而支持这种无私奉献的组织。真集体主义除了成员自愿之外，还强调成员与集体融为一体。集体利益是每一个集体成员都能享受的利益，集体利益是用来满足集体成员生存和发展需要的。真集体主义下的集体与集体成员的关系是成员为集体做贡献，集体服务于成员的双向互动关系。而慈善组织等集体的目标不是服务于集体成员的，而是服务于集体成员之外的特定人，因而它不属于真集体主义的范畴。

三、真集体主义与真个人主义的异同

长期以来，我们把集体主义与个人主义对立起来，这既是对真集体主义的误解，也是对真个人主义的误读。

真个人主义，语出哈耶克。他的真个人主义既反对将个人视为一个孤立的、自足的本体，也反对完全无视个体的独立价值与意义。“个人主义及其客体在本体论上或在经验上并不先于社会而存在；换言之，个人在实在序列上并不优先于社会，而只是在意义序列上优先于社会。"[1] 在哈耶克看来，真个人主义不是无视集体的存在，个人在现实生活中必然生存在集体之中，但集体存在的意义是为了更好地满足个人生存和发展的需要，也就是说，个人利益高于集体利益。因此，在哈耶克真个人主义的社会准则和政治准则中，全部的规则都指向保障个人的自由。保障个人自由，就意味着集体利益不可能凌驾在个人利益之上，当二者发生冲突时，显然应优先考虑个人利益。基于此，出于保障集体利益的各种对个人自由的强制，在哈耶克看来，都是不利于保障个人自由的。因此，他认为，保障人的自由的规则不是也不能来自有意识的创造和设计，法治秩序不是建构的产物，而是人之行为演化的结果。[2]

真个人主义与真集体主义在对待个人、个人利益、个人自由等方面的差异远没有想象中那么大，甚至在一些方面，二者还具有相同的价值取向。

第一，个人与集体位次方面的差异。如果说个人主义的基本特点是把个人当作人来尊重，那么，集体主义的基本特点就是把个人当作人来抚养。二者的区别只是前者把个人作为一个成年人来看待，而后者首先把个人当成一个未成年人来对待。当然，集体主义并不否认、并不反对把个人当作人来尊重，只是它把抚养人放在了更加优先考虑的地位。只有先把个人抚养长大后，才有可能把他当作人来尊重。集体主义在对待个人问题时，是分阶段的，比个人主义多了一个"未成年人"阶段。依靠自己独立力量不足以养活自己的人，需要借助集体共同努

〔1〕［英］弗里德利希·冯·哈耶克，《个人主义与经济秩序》，邓正来译，三联书店 2003 年版，第 31 页。

〔2〕［英］弗里德利希·冯·哈耶克：《法律、立法与自由》（第 1 卷），邓正来等译，中国大百科全书出版社 2000 年版，第 189～190 页。

力才能生存和发展时，无论这个人多大年纪，在集体眼里都是需要相互扶助的“未成年人”。当他的能力足以养活自己并可以通过一己之力过上幸福生活时，这个人也未必会从集体中独立出去，往往会成为这个集体的“家长”或“带头人”，去扶助、抚养集体内部其他需要帮助的人。

真个人主义与真集体主义在对待个人问题上的差异不在个人与集体的对立，而在于个人与集体的价值序列，或者说个人利益与集体利益的权重的不同。个人利益、个人自由和个人权利在真个人主义这里始终处于优先的位置，而在真集体主义那里，在某些情形下，集体利益高于个人利益。只有非真个人主义，如无政府主义、自由放任主义等才是与真集体主义根本对立的，因为这些非真个人主义始终不承认集体的客观存在，反对一切加在个人之上的强制。同样，只有非真集体主义，如宗法集体主义、法西斯主义等才是与真个人主义根本对立的，因为这些非真集体主义抹杀了个人和个人利益的存在，强调为了集体利益，个人必须绝对服从组织，为了集体利益可以牺牲个人利益甚至个体生命。如果从集体主义与个人主义各自的“极端”来观察，的确会得出集体主义与个人主义根本对立的主张。但真集体主义和真个人主义都不主张走向极端，而要在个人与集体、个人利益与集体利益、个人权利与公权力之间寻求某种平衡与和谐。

第二，实现集体利益的手段的差异。就像真集体主义并不排斥个人利益一样，真个人主义也不反对集体利益。“自由主义者所钟爱的个人主义原则，强调的是对个人权利的保护和个人在国家政治生活的主人翁作用；它所反对的仅仅是集体主义原则内含的强制，以及由此造成的对个人权利的必然侵犯，而不是集体主义本身，更不是集体利益的实现。”〔1〕真集体主义强调集体利益，个人主义也追求集体利益。在实现社会的平等、公正、和谐与富足这些“集体利益”方面，集体主义和个人主义并无不同。现代福利国家的国民在享受平等、公正、和谐和富足等“集体利益”方面甚至超过了社会主义国家，是为佐证。

个人主义与集体主义分道扬镳的地方不在集体利益这个共同目标上，而在实现集体利益目标的手段上。集体主义为实现集体利益强调个人对集体的服从，而个人主义为实现集体利益强调个人行为的自由。

个人主义意识形态下的自由主要是指行为自由、意志自由，而不是指自由放任，也就是说，个人主义中也有强制和服从。对市场竞争中占据竞争优势地位的人征税，赚得越多交得越多，这也是一种强制，是为了实现分配正义对个人财富的一种强制，但它不是对个人行为的强制。个人想做什么经营、想到市场上借多少资金，完全交给市场。法律强制的只是大家都不能容忍的欺诈、抢劫等违法犯罪行为。法律不会强制你只能做这种营生，而不能做那种营生，即法律不会强制规定这种经营活动只能由谁来做。个人主义强调的自由包含了这种凡是可以合法存在的行为，任何人都不会受到限制的内涵。让每个人自己决定他可以为这个社会做出何种贡献，而不是由个别人或者集体决定谁可以为这个集体做贡献。

集体主义实现集体利益的手段主要是命令。中国自20世纪80年代以后，集体主义在经济领域的强制开始自觉压缩，传统的计划经济开始向社会主义市场经济转轨，但通过命令手段实现集体利益的观念并未发生实质性的转变。一切有利于集体利

〔1〕孙宝云：“个人主义、集体主义：迥异的集体利益实现模式”，载《江苏社会科学》2009年第5期。

益实现的方式方法不断在加强，国有企业垄断经营，地方政府垄断土地开发一级市场等经济强制手段没有丝毫松动迹象。这说明，采取强制手段实现集体利益，在集体主义观念中还有深刻的影响。集体主义意识形态下的个人也有自由，在社会主义市场经济条件下，个人、私营企业主有一定的经营自由，他们的创业得到了政府的大力支持，一些弱势群体的创业，如大学生创业还能得到政府的财政补贴和税收减免。但是，他们所能选择的创业领域和经营范围是被筛选过的，基本不会对有利于实现集体利益的行业和企业造成实质冲击。集体主义实现集体利益的手段主要依靠政府强制，存在行政权力僭越边界、取代社会甚至侵入个人私域的潜在危险。事实上，在中国改革开放以前，集体主义的这种强制已经形成了危险和危害。改革开放后，这种危险和危害在某些方面已经消除，但在一些领域还未进行深刻的反思和检讨。农村土地经营制度，从过去强制的集体经营，变成了家庭承包经营，但农村宅基地上的立法强制至今尚未发生实质变化。

自由与强制之间的关系不是绝对的。集体主义中为了集体成员自身的利益和自由发展，必然会对成员造成一定的限制或者强制；而个人主义为了确保个人的自由，也必然会对个人自由带来一定的强制。如果说个人主义下的强制是一种事先得到同意的强制，那么集体主义下的强制也可能成为事先得到集体成员事先协商一致的强制。所以，是否存在强制，不是区分集体主义与个人主义的根本标志。

第三，对待个人利益实现手段的态度方面，二者并无本质不同。集体主义要确保每个集体成员生存和发展的条件，而个人主义赋予每个人生存和发展的机会。个人利益是各种“主义”得以产生的物质基础。如何实现个人利益？集体主义倾向于在实质正义上实现个人利益，个人主义强调在形式正义上实现个人利益。实质正义和形式正义，哪一种更符合人类本性，自然是一个见仁见智的问题。因为人与人之间存在先天和后天的各种差异，不同人对实质正义和形式正义会有不同的诉求。对一个心智、能力都有优势的人来说，他当然更渴望得到自由发展的机会；对一个竞争力相对较弱或总是处于竞争劣势的人来说，他可能更愿意得到实质正义。真集体主义与真个人主义都在努力寻找实质正义和形式正义的结合点，它们不会为了追求一种正义而反对另一种正义，因为它们的最终目标都是最大限度地实现个人利益，即人的自由和全面发展。

个人利益的实现手段无非有以下五种方式：

其一，损人利己。即通过损害他人或集体公共利益的方式来谋取私利。无论真个人主义还是真集体主义都反对这种实现利益的手段。任何国家都会通过刑法、合同法、侵权行为法等法律来约束损人利己行为。但极端的个人主义往往会采取损人的方式实现个人的利益。比如，生产假冒伪劣产品，交易中的缺斤少两等都属于损人利己行为。

其二，损人不利己。非出于利己的目的，损害了他人利益或者公共利益的行为。真个人主义和真集体主义不提倡这种方法，但极端的集体主义却习惯利用这种手段来实现所谓的集体利益。比如，开展相互监督、相互检举、相互批评活动，甚至通过揭发他人隐私的方式来达到实现所谓的集体利益。结果，私人的隐私丧失了，夫妻之间的基本信任也消失了。没有了基本的私人利益的集体是不会长久存续的。

其三，不损人而利己。这是真个人主义和真集体主义都赞同并支持的一种实现利益的手段。每个人都可以发挥自己的聪明才智去实现个人的价值，在不损害他人利益、集体利益、社会利益的前提下，个人利益的最大化不仅是自由的，而且是提倡的。通过“不损人而利己”方式站在财富排行榜前列的人，会成为学习、欣赏的榜样。在极端个人主义者看来，他们也不反对“不损人而利己”，因为他们的目标是利己，手段在所不问。极端集体主义者却反对“不损人而利己”。你富了，别人都还没富，这样的利己者会被列入“阶级斗争”行列。极端集体主义者反对一切非平均主义，在他们眼里，容不下一点儿自私自利的行为，他们把所有的利己行为都理解为自私自利。从心理学上讲，看见别人富裕了，自然会产生“羡慕嫉妒恨”的心理。如果将这种心理引导到批斗自私自利上去，就会给这种阴暗的心理找到一条发泄的通道。这就是“仇富心理”极易被利用的原因。本来就恨，如果有人说这种恨是正当的，那么这种仇恨心理瞬间就会转化为仇恨行为。

其四，利己也利他。在社会分工的背景下，利己需要通过利他来完成。契约就是这种实现自己利益的一种自然选择。合同交易中容不得任何“奸商”。诚实信用原则是合同法的基本原则，它要求合同当事人站在对方的立场和利益来签订合同、履行合同。合同交易不是“我赢你输”的竞争，它要求双赢互利。并且，对于交易双方中明显处于竞争优势的一方，法律还会刻意限制他的优势地位，以确保公平交易，甚至不惜强制其缔约。只有建立在“互利”基础上的交易才可能持续。一方受损另一方受益的交易是不安全的交易，是“一锤子买卖”，注定不能长久。而不能长久和持续的交易，最终无法实现利己目的。真个人主义和真集体主义均赞同这种实现利益的手段。极端个人主义和极端集体主义也不反对。比如，在中国人民公社时期，农户私养鸡鸭，一开始被认为是自私自利行为，影响集体生产，受到压制，但决策层很快就认识到农民的这种利己行为对集体生产也是有利的，对统一的集体生产是有益的补充，因而最终得到了集体的许可。互利共赢这种利益实现方法，已经成为各种意识形态或主义的共识。

其五，不利己而利他，即大公无私。个人主义和集体主义均大力提倡。富人积极向社会捐献的行为，无论在个人主义意识形态的国家还是集体主义意识形态的国家都屡见不鲜。在集体主义看来，大公无私是集体追求的终极目标。而在个人主义看来，不利己而利他，实质上是在另一个层面实现“利己”，是精神层面上的利己。财富对于个人而言具有“边际效应”，个人财富多到一定程度对个人的实际意义就开始下降，此时把自己财富“溢出”部分拿出来用于他人和社会，可以满足他的某种精神需求。在这个意义上，从社会大众视角看过去的大公无私，在个人主义这里，也可以找到一种“利己”的合理解释。

综上所述，真个人主义和真集体主义在利益实现手段方面大致是相同的，只是极端个人主义和极端集体主义在一些方面存在差异，如下表所示：

	真集体主义	真个人主义	极端个人主义	极端集体主义
不损人而利己	赞同	赞同	赞同	反对
利己也利他	赞同	赞同	不反对	反对
不利己而利他	赞同	赞同	反对	赞同
损人利己	反对	反对	不反对	反对
损人不利己	反对	反对	反对	不反对

真个人主义和真集体主义只是一种理想的意识形态。现实生活中，现代文明国家的意识形态既不是一种极端个人主义的，也不是极端集体主义的，它们都是朝向真个人主义或者真集体

主义方向的一种意识形态。因为掌握国家统治权的人不得不通过各层级官僚来实现国家的安全和社会的安定，而这诸多官僚必然会在个人利益和集体利益之间做出心理斗争和现实选择。当所有的官僚在所有行为中都选择了真个人主义，这个国家的意识形态就真正变成了真个人主义；当所有的官僚在所有行为中都选择真集体主义，这个国家的意识形态就是真集体主义。而到此时，所谓的个人主义和集体主义的意识形态的区分也就消失了。因此，真个人主义和真集体主义这个最终目标并不重要，重要的是通向真个人主义和真集体主义的道路，即反对“损人利己”、“损人不利己”，提倡“不损人而利己、利己而利他、不利己而利他”。保障真集体主义提倡的各种利益实现手段，是真集体主义立法理念的现实追求。

四、真集体主义的弱点与立法防范

人类始终走在通向完美理念的路上。世上不存在绝对正确的立法理念，任何一种立法理念都受限于人类的理性认识。坚持真集体主义的立法理念，就需要面对真集体主义的弱点，并在立法中采取针对性的措施加以防范，这也是立法理念的自身要求。真集体主义需要防范的主要弱点有以下四点：①集体利益与个人利益互动关系中的相互竞争与压制，会出现集体利益高于个人利益的倾向，甚至走向压制个人利益的极端；②集体主义在价值观念上容易倒向对无私利他精神的偏好，经由权力之手的指挥后，这种偏好容易滑向崇拜和迷信；③集体主义为了实现理想中的目标，会主动依赖于个别领导人或领导人集体的理性、智能的制度设计，往往等不及基层和民间探索自发生成的制度规则，结果可能犯冒进错误；④集体主义具有父爱的关怀，但父爱关怀容易走向家长专制。

这四点虽未穷尽真集体主义的全部弱点，但基本囊括了真集体主义的最大隐忧。同时，这四个弱点之间还具有紧密的联系。集体利益凌驾于个人利益之上，会导致权力之手轻易偏向集体利益，并对无私利他精神产生偏好；而权力的这种偏好，又会刺激相对激进的制度设计，以加快实现集体利益或加强维护集体利益；这些偏好和行动在集体主义“父爱”的关怀下获得了正当性，得到了立法者、执法者、参与者和被强制者的理解，当这种理解不断累积后，被强制者可能会被“最后一根稻草”压垮，而父爱的关怀也会在不经意间走向家长专制；当家长专制形成后，集体利益就会始终凌驾在个人利益之上。正因为这四个弱点具有必然的逻辑联系，因而在防范的时候不存在主要防范哪一方面的问题，而要群防群治，不让任何一个防范环节出现纰漏。

防范第一种危险，需要把代表个人利益的权利放在更高的位置，即把权利放在权力之上。“矫枉过正”有利于防范集体利益对个人利益的压制。农民利用自己的宅基地开展养殖业生产，是农民的一种自主生产经营权利。即使农民行使这种权利看上去有些“滥用”，甚至已经构成了对某种具体的集体利益、公共利益的损害时，也要尽量克制采取直接压制的方式来限制农民的权利。如果有其他替代压制的方式，应当选择采取其他方式，哪怕采取其他方式可能会让政府付出更多的治理成本，也好过直接用权力压制权利。权利永远高于权力是避免集体主义走向压制的一种自觉意识。举例来说，农民在自己家里养猪，规模比以前大了，从过去养一两头发展到十几二十头。这增加了环境的压力，甚至由于养殖户直接排放猪的排泄物，还造成了水污染和土壤污染。此时，如果政府出于环境保护的目的，采取驱逐养猪户、强制迁移、禁养或者控制养殖数量等调控政策，而不是拨出财政资金用于对污染的管控和治理，多少有些以集体公共利益压制私人利益的倾向。政府认为出于保护公共利益的需要而约束个人利益和权利，是正当的。但这种做法把问题想得过于简单，可能会走向真集体主义的反面，因为它驱逐了个人利益，而不是把个人利益结合进公共利益中。当西方发达国家以全球环境保护为由，希望后发达国家减少污染物排放时，后发达国家普遍会存在某种抵触、不满情绪和讨价还价的做法。同理，当城里人以环境保护为由，呼吁政府管制农民养殖业时，农民发出的抵触、不满和讨价还价也在情理之中。动用行政权力强制消灭、压制对环境造成破坏的农民的养殖业，是先发达者和强者的逻辑，并没有站在被压制者的立场来考虑问题。用消灭权利、限制权利的方式来保护环境，无非是权力凌驾于权利之上的一种思维惯性。为防范集体主义的这种危险，应想方设法维护权利的地位，而不是简单地消灭它或限制它。即使在某个具体问题的处理上已经达成了"集体利益高于个人利益"的共识，也并不意味着牺牲个人利益是保全集体利益的最佳选择，各方的让步和妥协或许能产生更好的效果。

防范第二种危险，需要建立信息公开制度，赋予公民更多的知情权。无私利他作为人类崇高的道德表现，当然要宣传、表扬，倡导并被树立为榜样。但是，榜样能否树立，关键不靠拔高而靠信息公开。只有让公众了解到无私奉献者无私利他行为的全貌，只有无私奉献者的所作所为、所思所想不是刻意设计好的台词，才有可能避免真集体主义滑向不必要的迷信。集体主义宣扬无私利他行为需要刻意降低包装程度。通过信息公开和信息共享等方式，让公众自己去做出价值判断，是信息公开制度的核心。而通过"发文件"方式号召全民向无私利他的"英雄"学习的做法，尤其需要克制。无私奉献者是不是英雄由公众自己判断，要不要向无私奉献者学习也由公众自行决定。倘若信息不公开的宣传成为一种模式，无私奉献榜样的学习成为一种强制任务，势必产生榜样的虚假和学习的虚伪，结果反而会动摇人们内心的集体主义价值观。

防范第三种风险，要建立适度宽松的民间探索机制，控制自上而下各层级制度设计的权限。即使再完美的领导人也会受到自身智识的限制，犯一些低级的、一根筋的错误；即使再笨的老百姓在实际生活中也会经常想出妙不可言的好点子。适度放松民间探索，即把一些“立法权”交给民众，允许他们在自己私人的事务上享有最大限度的自主权，这样才能激发人民群众的积极性、创造性。放松民间探索，不是因为老百姓不会犯错误，而是因为他们即使犯了错误，纠错成本也很低，纠错能力也更强，纠错时间也更短。控制自上而下的各层级制度设计，既包括控制中央的顶层设计，也包括控制地方各级的上层、中层和基层的制度设计。实践中，各层级的制度设计要么重复雷同，要么相互抵触，要么朝令夕改，要么各行其是，结果，有的事与愿违，有的让人无所适从。“无为而治”、“治大国，若烹小鲜”，在某种意义上就有控制各层级制度设计的意思。各层级制度设计越多，就说明权力触角伸展得越多。而权力的指挥，绝大多数时候追求的是集体利益，而不是面向被权力压制者的个人利益的。为防范权力与掌权者个人利益或小团体利益的结盟，为防范权力借集体利益之名与被压制者的个人利益产生根本对立，就要尽力约束各层级的制度设计，尽量减少权力逃离笼子的机会。

防范第四种危险，需要建立约束和对抗被放出笼子的权力的制衡机制。真集体主义旨在将个人利益和集体利益完美结合在一起的观念，对实际操作提出了过高的要求，很容易出现在实践中走偏的问题，不是偏左就是偏右，不偏不倚是很难达到的一种理想状态。在这个意义上，真集体主义的核心是“警惕右，但主要是防止左”。宁可不足，也不能过火，以防止专制暴政的出现。在这方面，真集体主义与真个人主义是一致的，即要把权力关进笼子。但真集体主义把权力关进笼子的难度更大，因为集体主义需要依靠权力来实现分配正义，需要利用权力来动员和集中大量的社会资源，权力不断以正义的名义从笼子走向人们的生活。因此，真集体主义需要进一步加大对权利的保护力度，以抗衡时常在笼子外游荡的权力。具体来说，一方面要明确限制公权力可干预的社会领域，也就是说，“市场的归市场、政府的归政府”、“私人的归私人、集体的归集体”。权力不越界是首要的要求，也是最基本的要求。另一方面要坚定地制衡被放出笼子的权力。当问题已经明朗，必须要动用行政权力来维护集体利益时，法律或者政策不是赋予行政机关某种具体的罚款权、没收权等处罚权力，而是首先规定防范行政权力滥用的措施，赋予被执法者监督、检举，甚至对抗滥用行政执法权的权利。同时，通过分权方式，在权力内部加强对权力的约束。不能允许，甚至纵容瓦解内部监督的所谓的“联合执法”。如果享有监督职责的机关、享有最后裁判权的机关、秉持中立立场向公众传播信息的单位都参与了联合执法行动，那么，内部的权力约束就消失了。不该公权力干涉的领域，权力无法进入；属于公权力职责范围的事务，公权力不能懈怠。这是权力制衡机制的底线。唯有如此，才能让权力止于父爱，而不滑向家长专制。

五、宅基地立法如何通向真集体主义

通向真集体主义的宅基地立法，需要坚持农民宅基地权利至上地位、宅基地权利限制的信息公开、宅基地利用法律规则的民间探索、宅基地行政管理权力的可控性等原则。

(一) 农民宅基地权利至上

宅基地权利包括宅基地所有权和宅基地使用权。宅基地所有权的主体是农村集体，而农村集体所有为集体成员所有，宅基地所有权保护的利益实际上就是农村集体成员的集体利益。宅基地使用权的主体是农户，其保护的利益是农户家庭成员的个人利益。宅基地权利至上的含义主要包括三方面的内容：

第一，宅基地所有权与宅基地使用权在土地管理权力之上，即宅基地土地管理权力不能凌驾于宅基地权利之上。任何政府机关必须在全国人大及其常委会制定的法律和国务院制定的行政法规的范围内行使宅基地管理权力。对于《物权法》保护的宅基地所有权和宅基地使用权，任何政府机关都不能侵犯。农民有宅基地物权，政府有宅基地行政管理权，权利与权力发生交锋时，应明确权利的地位高于权力，才有可能防范权力对权利的侵害。政府相对于农民而言处于强势地位，不把权利放在权力之上，不足以捍卫农民的利益。中国《物权法》是全国人大通过的，而《土地管理法》是全国人大常委会通过的。在某种意义上，或许立法者有将物权置于行政权力之上的考虑。

第二，宅基地权利至上，不允许存在任何消灭、消解权利存在的可能性。政府不能通过任何鼓励、劝说等方式让农民放弃宅基地权利。理论上，权利是可以放弃的，但具有人身性质的权利原则上不允许放弃。宅基地使用权只有农民才能享有，具有身份性。它是农民安身立命的财产，农民可以无偿取得、长期使用，理性人不可能放弃这种没有任何法律负担的土地财产。法律也不允许其自由流转。在这种情形下，政府如果有权鼓励农民放弃宅基地，就等于绕开了禁止宅基地流转的法律规定，并且有侵害农民带有人身性质的基本财产权利的危险。

第三，宅基地权利的行使只受法律和行政法规的限制，不受任何其他政策文件的限制。宅基地是用来修建住宅的建设用地。农民在利用宅基地修建住宅时，只要不违反法律和行政法规（包括法律、行政法规授权的立法），农民可以自主决定如何利用宅基地。地方政府不能在法律、行政法规授权的范围之外，自行决定宅基地权利行使的条件和程序。因而，宅基地利用制度改革不在地方政府改革的权限范围之内，或者说，开展宅基地利用制度改革试点，应当在全国人大或国务院的统一安排下进行。

（二）宅基地权利限制的信息公开

为了集体利益不得不限制宅基地权利时，应当遵循信息公开的原则。

第一，信息公开，不仅是对当事人的信息公开，也包括向全社会公开。宅基地权利是全国人大制定《物权法》加以保护的权利，对它的任何限制和约束都应当向全社会公开。以国家名义实施的宅基地征收要公开，以政府改革试点名义进行的宅基地置换要公开，村集体组织的宅基地整理也要公开。

第二，信息公开的内容首先要公开合法依据。宅基地征收的依据只能是基于法律规定的公共利益。征收信息公开应当详细说明基于何种具体的公共利益，让全社会分析、辨别这种公开的利益是否属于公共利益。公共利益概念是一个因不同时代、不同价值观和不同社会条件而具有不同含义的概念，法律不可能对它做出明确的内涵和外延的规定，只能基于社会观念来判定。因此向社会公开某一具体宅基地地块征收所依据的公共利益就成为政府的义务。政府需要证明该事项属于公共利益，并接受社会的监督和质疑。实践中政府推行的宅基地置换，也需要公开其合法依据。如果是改革试点，是对现行法律突破的一种尝试，那么信息公开的要求更高，必须公开突破法律的正当性依据。让公众知晓这种突破是基于个人利益，还是基于集体利益，并且还要与被突破的法律规定背后的利益进行比较。证明新的利益诉求高于旧的利益诉求，是改革试点获得正当性的唯一途径。村集体组织的宅基地整理，要公开村集体有关宅基地整理的决议，让社会公众明确了解村民的意愿，了解节余宅基地的去向。既防止少数乡村干部损害村民个人利益，也预防村集体做出损害社会公共利益的决策。

第三，信息公开还要求公开合法程序。宅基地权利受到限制或者宅基地权利被消灭的宅基地权利人，可以通过何种程序来维护自身合法权益，需要行使权力的部门主动公开信息。如果权力在限制宅基地权利时，用种种手段限制了宅基地权利人通过诉讼方式来维权的话，这种限制就违背了信息公开的要求。除了明确告知权利人的权利救济渠道外，信息公开还需要公开限制宅基地权利的具体运作程序以及每一程序环节的合法性依据，以确保权利人行使权利的意志自由。

（三）宅基地利用法律规则的民间探索

宅基地归属，事关集体利益。国家法律基于农村集体的利益，基于国家、社会等大集体利益决定宅基地所有权的内容和所有权的行使，因而自上而下的立法之法是不可避免的。但是宅基地利用，主要关系到个人利益，立法未必一定要按照公法的思路来设计。

要确保宅基地立法通向真集体主义，确保权利至上和权利限制的信息公开，需要建立诸多的法律规则。单单依靠立法者去创造和设计这些规则，是不现实的，也是不严肃的。因为立法者和普通人一样会受到人类智识的限制，不可能事事都能做出准确的预判。把所有的法律规则都交由立法者去创造，这样创造出来的法律与预言家的预言一样，既不确定也不可靠。如何利用宅基地，只有真正利用宅基地的人才最清楚，只有利用宅基地的人才知道应当建立什么样的宅基地利用规则。立法者的任务是从宅基地利用行为中分辨出哪些是基于自然规律和生活习惯而生成的合理规则，哪些是不利于集体利益、甚至不利于个人利益的不合理的、冲动的做法。在此基础上，立法者将宅基地利用人在实际生活中“发明”的合理规则变成要求大家普遍遵守的法律规则。宅基地利用，说到底是一个私人生活领域的问题，从私人利用行为中发现法律规则，更符合私法制定的逻辑。

（四）宅基地行政管理权力的可控性

农村宅基地的数量越多，农用地的数量就越少。为保障粮食安全等公共利益，限制宅基地数量具有正当性。法律要约束各种非法多占、强占宅基地的行为，自然要动用行政管理权力。但宅基地行政管理权力必须是可控的。具体包含以下几点要求：

第一，宅基地行政管理权不能代行宅基地所有权。宅基地所有权归农村集体所有，宅基地的占有、使用、收益和依法处分等法定权利归属于农村集体，地方政府不能直接用行政命令方式代替农村集体行使宅基地所有权。行政权力不越界，公权不压迫私权，是行政权力可控的标志之一。宅基地行政管理权力仅限于对非法占用宅基地、非法利用宅基地等违法行为的管理。至于在法律不禁止的范围内，宅基地如何使用、收益，是集体和宅基地使用权人的权利。

第二，行使宅基地行政管理权力不能侵犯宅基地权利。行政机关享有某种宅基地管理权力，并不等于可以侵犯宅基地权利。比如，《土地管理法》第41条规定，县、乡（镇）人民政府有权组织土地整理工作。行政机关行使这种管理权，即对乡村进行综合整治时，不能侵犯农村集体和农民的宅基地权利。土地整理不是征收，不具有强制性。如果农村集体、农民不愿意参与整治，地方政府不能动用行政权力强行推进土地整理。违背农民意愿强制农民集中居住，是对农民宅基地权利的侵害。即使农民愿意参与土地整理，依照《土地管理法》第41条，政府的行政权力也仅限于“组织”，具体执行土地整理工作的主体是农村集体经济组织。这说明，土地整理工作中的行政管理权与宅基地所有权之间不是对立的关系。政府在组织过程中，不能代替农村集体来具体执行土地整理工作。旨在维护宅基地权利、提升宅基地权利人的利益的宅基地行政管理权力才是可控的，而宅基地管理权力一旦与宅基地权利对立，就会失控。

第三，宅基地行政管理权力的可控，还要求这种权力与政府自身利益无关。在地方政府的财政收入主要依靠“土地财政”的背景下，要求地方政府“自我控制”宅基地行政管理权力，并不现实。一旦土地管理权力与政府利益紧密联系在一起，宅基地行政管理权力的可控要从“自控”变为“他控”。法律规定的“纠错类”宅基地行政管理权力——对非法占地的处理——的行使，要由人民法院进行“他控”，即赋予被纠错者诉权。法律规定的“鼓励类”宅基地行政管理权——土地整理——的行使，要由中央政府进行“他控”，即需要经过审批并在严格监控下才能行使权力。

中国宅基地立法要通向真集体主义，就要把宅基地上的个人利益和集体利益结合起来，切实保障宅基地权利人的自由，尊重宅基地权利人的意愿，在内部实现集体成员的利益直达和意志直达，在外部控制地方行政权力的滥用。

第四章 宅基地立法方向：坚持集体化

中国宅基地的立法方向通常是在农村土地制度走什么道路的层面上加以讨论的。对一个国家而言，农村土地法律制度不可能因土地用途不同而走上不同的立法道路，在这个意义上，中国农村土地制度的立法方向就是中国宅基地的立法方向。

宏观上，中国农村土地制度可选择的道路主要有三条：国有化、私有化和集体化。集体化是中国现行立法根据国家政治、经济制度选择的道路，而国有化和私有化是学界关于中国农村土地制度立法道路的改革建议。不同的立法道路，必然导致法律规则的差异。学界提出的各种不同的宅基地立法建议在现实中能否成立，关键不在于逻辑，而在于它是否朝向正确的宅基地立法方向。

一、宅基地集体化立法演变

中国自 1962 年农村宅基地集体化后，宅基地立法走的是一条全新的集体化道路。评价宅基地立法的集体化道路，首先需要理顺宅基地立法制度变迁的基本线索。

学界关于宅基地立法制度变迁的阶段划分主要有五种方法：

一是按宅基地是否可以买卖为标准，分为“宅基地可以买卖”和“宅基地不准买卖”两个阶段；二是按宅基地权属性质，分为农民私有阶段和集体所有阶段；三是以经济体制演变过程为标准，分为土地改革、社会主义改造、高级农业合作社、家庭联产承包责任制 4 个阶段；四是按照土地制度演变与土地管理体制演变，分为农民私有、人民公社、改革开放初期、城乡土地统管、城乡土地体制管理转轨 5 个阶段；〔1〕五是根据农村宅基地所有权性质演变与原始取得宅基地权利的主体演变，分为“农村宅基地农民私人所有、农民享有宅基地所有权”，“宅基地归生产队集体所有、农民享有宅基地使用权”，“宅基地属于农民集体所有、农村居民和城镇居民享有宅基地使用权”，“宅基地属于农民集体所有、农户享有宅基地使用权”等四个阶段。〔2〕

上述分类标准各有其合理性，但仔细推敲，有不少漏洞。比如，“土地制度演变与土地管理体制演变”标准，有同义反复毛病。宅基地制度演变就是土地制度和管理体制演变。“农村宅基地所有权性质演变与原始取得宅基地权利的主体演变”标准，是对农民私有和集体所有这种分类的扩充，即运用“两权分离”理论，将宅基地集体所有这个阶段细分为不同主体享有宅基地使用权的三个阶段，虽然是一个能自圆其说的标准，但依然存在瑕疵。该标准下的第 2 个阶段，即“1962－1981 年‘农民’享有宅基地使用权”，与第 4 个阶段，“‘农户’享有宅基地使用权”似乎有很大的差别，宅基地使用权主体从“农民”变为

〔1〕 姜爱林、陈海秋：“新中国农村宅基地立法的历史沿革研究”，载《时代法学》2007 年第 2 期。

〔2〕 丁关良：“1949 年以来中国农村宅基地制度的演变”，载《湖南农业大学学报（社会科学版）》2008 年第 4 期。

“农户”，似乎进入到了一个新的阶段。但事实并非如此。1963年3月20日《中共中央关于各地对社员宅基地问题作一些补充规定的通知》中明确提到宅基地“仍归各户长期使用，长期不变”、社员需建新房又没有宅基地时，由“本户申请”。这说明，宅基地使用权的主体不存在一个所谓的从农民到农户的演变过程。从一开始，宅基地使用权就是以“户”为单位的。尤其值得深究的是，以“所有权与使用权两权分离”的标准来研究宅基地制度变迁或许并不妥当。笔者前文已经论证，集体土地所有权不是西方法学意义上的所有权，而是中国特有的土地经营管理权；宅基地使用权不是大陆法系上的用益物权，也不是英美法系的地产权，而是中国特有的法定占有权。集体土地所有权与宅基地使用权的关系不是“所有权—用益物权”这种传统的法权结构。所以，用“所有权和使用权两权分离”这个标准来研究中国特有的宅基地法律制度变迁，可能行不通。

笔者拟从宅基地法律制度设计所面临的现实问题出发，研究宅基地法律如何围绕现实问题发生变化，这样可能更贴近宅基地制度变迁的事实。中国宅基地立法设计面对的主要问题不是宅基地归属，而是宅基地的利用。而在宅基地利用问题中，如何实现宅基地利用人的自由与政府管制之间的平衡，是关键问题。从此问题出发，中国宅基地立法制度变迁大致经历了“统分结合阶段（1962～1981年）”、“初级行政管理阶段（1982～1985年）”、“强化行政管理阶段（1986～1998年）”、“严格行政管理阶段（1999～2004年）”和“统一利用阶段（2005年开始）”等五个阶段。

（一）统分结合阶段（1962～1981年）

1962年中国农村土地集体化，立法消灭了宅基地的农民所有，宣布宅基地的集体所有。[1]虽然立法用的是“所有”这个词，但它并没有严格的法律意义上的所有权的含义，更多地体现为一种土地公有理念。这种“公有”理念主要表现为以下几点：①宅基地归集体所有，并不意味着集体可以出租、出卖宅基地。宅基地集体所有具有禁止农民出租、出卖其占有的宅基地的法律功能。宅基地公有最终使得宅基地成为禁止流通物。②宅基地归集体所有，并未赋予集体占有、收益和处分宅基地的权利。集体既无法要求农民退回占有的宅基地，也不能改变宅基地的用途，即不能擅自收回宅基地，并将其复垦为耕地或者进行工商业建设。③宅基地归集体所有，增加了集体利用宅基地的职责。集体解决农民的居住问题是宅基地归公的题中之意。但限于国家和集体的财力，普遍依靠集体修建农民新居，事实上做不到。因而，立法保留了农民在占用的宅基地上自主修建住房的权利，并规定农民对自建房享有所有权，同时让集体承担一定的帮建义务。

遵循上述宅基地集体公有的立法理念，宅基地利用制度在实践中呈现出农民自主利用和集体统一利用相结合的特点。按道理，宅基地归公后，国家和集体给农民统一修建住房，满足农民的居住需要，保障农民的居住条件，可一劳永逸地消灭土地和住房的私有制。但立法在利用宅基地修建住房方面采取了渐进式改革措施，即先保留农村住房的私有，再逐步过渡到住房公有。并且在保留住房私有阶段，要让农民感受到宅基地公有带来的现实利益，因此，立法规定了国家和集体帮助农民修建住宅的义务。《农村人民公社工作条例修正草案》（以下简称

---

〔1〕《农村人民公社工作条例修正草案》第21条规定：“生产队范围内的土地，都归生产队所有。生产队所有的土地，包括社员的自留地、自留山、宅基地等等，一律不准出租和买卖。”

《人民公社六十条》）第45条规定："国家和人民公社的各级组织，应该在人力、物力等方面，对于社员修建住宅，给以可能的帮助。社员新建房屋的地点，要由生产队统一规划，尽可能不占用耕地。"这是限于经济条件而采取的权宜之策。除了经济上的考虑之外，还有一个公平问题。宅基地归公时，绝大多数农民是有房屋的，如果新建农村住房全部由国家和集体出资的话，已有房屋的农民也有权利要求给自己新建住房，或者要求国家和集体回购住房。这样一来就需要大量投入，当时的财政收入恐怕不能应对住房归公方案。为了衡平"有房户"和"无房户"之间的利益，国家和集体的义务仅限于"帮建"。因而，这个时期，宅基地利用主要是采取社员自主开发利用，国家和集体提供帮助的方式。

宅基地归集体所有，但农民有权自主利用宅基地修建房屋，保有房屋财产权，国家和集体有义务帮建。这种从实际出发的相对复杂的立法制度，的确存在理解上的困难，在实践中也引发了诸多不必要的麻烦。〔1〕因而，1963年3月20日发布的《中共中央关于各地对社员宅基地问题作一些补充规定的通知》，

---

〔1〕1963年的《中共中央关于各地对社员宅基地问题作一些补充规定的通知》揭示了实践中出现的问题："有些地方发生乱伐宅基地内树木和出卖房屋的现象。如河北省衡水地区十个县不完全统计，砍树二千多棵，大部分是宅基地内的树木。为什么出现这种误解呢？其原因，主要是在贯彻执行《六十条》中对社员宅基地所有权归生产队所有，宣传解释不一。有的宣传社员宅基地，包括已建和未建房屋的宅基地，都归生产队所有，一律不准买卖和出租。有的宣传归生产队所有的宅基地，是指没有建筑物的空白基地。凡是已盖房屋的宅基地，仍归社员私有，可以自由买卖。还有的认为，入社时宅基地没有连同其他耕地一并入社，因此，社员原有的宅基地，不能算是生产队范围的土地，应仍归社员个人私有，社员已建筑房屋的宅基地，与房屋一样，应该允许社员自由买卖出租。由于解释不一，就造成了群众的各种误解。有的听到宅基地归生产队所有，怕宅基地上的树木，随着归公，就乱伐树木。有的怕宅基地的房屋被干部没收、调剂，就出卖房屋。还有猜测小集镇居民的宅基地，自己过去出钱买的宅基地，通通都要归生产队所有。"

首次明确提出了宅基地使用权概念，并针对实际需要建立了宅基地使用权制度。规定宅基地归各户长期使用、长期不变。规定房屋出卖后，宅基地的使用权即随之转移给新房主，但宅基地的所有权仍归生产队所有。还规定了宅基地的初始取得程序，即“社员需建新房又没有宅基地时，由本户申请，经社员大会讨论同意，由生产队统一规划，帮助解决。”农民在房屋财产权之外，正式拥有了宅基地使用权的“名分”。这有利于保障农民自主利用宅基地修建住房，有利于稳定农村的居住秩序。

随着经济条件的改善，国家和集体的“帮建义务”逐渐发展为“统建义务”，宅基地利用制度开始实行农民自主建房和集体统一建房的双轨制。1978 年《农村人民公社工作条例（试行草案)》第48 条规定：“在发展生产的基础上，逐步改善社员居住条件。按照有利生产、方便生活、合乎卫生、尽量不占耕地的原则，做出建设居民点的统一规划，可以由集体建房，社员居住交房费，也可以由社员自己建房。”社员作为宅基地使用权主体可以自建住房，集体作为集体土地所有权主体，也可以利用宅基地统一修建住房。“统分结合”的宅基地利用模式开始显现。

从 1962 年起，国家和集体帮建下的农民住房，虽然才修建不过十几年的时间，但由于各种原因也到了需要翻新、重建、建筑物升级换代的阶段。集体统建能节约用地，农户自建可节省集体财富，各有利弊，再加上各地农村集体经济发展的不均衡，全面开展统建不现实，因而“统分结合”利用宅基地修建住房成为立法的必然选择。

利用农村宅基地“统一修建”农民住房，树立了节约用地的标杆，国家自然也会对农民“自建”提出宅基地利用方面的规范和要求。1981 年，《国务院关于制止农村建房侵占耕地的紧急通知》中提出："农村建房用地，必须统一规划，合理布局，节约用地"，还特别提到："分配给社员的宅基地、自留地（自留山）和承包的耕地，社员只有使用权，既不准出租、买卖和擅自转让，也不准在承包地和自留地上建房、葬坟、开矿、烧砖瓦等。"国家对宅基地利用的管理开始从单纯的"统建引导"逐步发展到统一规划和约束利用。农民除了按照统一规划利用宅基地外，不得将住宅扩建到自留地和承包地上。这开启了政府行政管理宅基地利用行为的大幕。

（二）初级行政管理阶段（1982~1985年）

1982年国务院颁布实施《村镇建房用地管理条例》（以下简称《管理条例》），统分结合的宅基地利用制度演变为宅基地行政管理制度。《管理条例》中宅基地管理的主要特点是"一松两紧"。

"一松"是指放开宅基地使用权的主体限制，城镇居民和农村居民一样，都可以初始取得宅基地使用权。城镇居民可以初始取得宅基地使用权意味着农村宅基地不再是农村集体经济组织成员的"专利"。城镇居民分享农村宅基地不是基于集体成员身份，而是基于国家法律的直接规定，基于国家行政权力对集体土地所有权的干预。宅基地集体"公有"在某种意义上已升级为全民所有。

"两紧"之一是禁止宅基地流转。《管理条例》第4条规定："严禁买卖、出租和违法转让建房用地"；第15条第2款规定："出卖、出租房屋的，不得再申请宅基地"；第15条第3款规定："社员迁居并拆除房屋后腾出的宅基地，由生产队收回，统一安排使用"；第21条规定："出卖或出租建房用地的，限期将土地退回集体，没收全部所得款项，并处以罚款。对于社队干部和国家工作人员，还应根据情节给予行政处分。"这一系列措施都旨在禁止宅基地流转。城镇居民到农村建房必然会占用一些耕地。如何将这种影响降到最低？最好的办法就是取消农村房屋买卖，禁止宅基地流转。既然城乡居民都可以无偿初始取得宅基地，人人都有住宅用地，那么宅基地交易市场就没有必要存在。宅基地不能交易，每户占有的宅基地数量就是固定的。宅基地数量与人数挂钩，土地的行政管理就有了一个比较容易控制的“抓手”。“两紧”之二是建立宅基地取得的审批制度。按照《管理条例》第 9 条，省级人民政府分类规定用地限额，县级人民政府结合当地情况在用地限额内确定宅基地面积标准。《管理条例》第 12 条规定由县级人民政府确定集镇内非农业户建房用地面积标准。《管理条例》第 14 条规定，建房需要宅基地的，应向所在生产队申请，经社员大会讨论通过，生产大队审核同意，报公社管理委员会批准；确实需要占用耕地、园地的，必须报经县级人民政府批准。批准后，由批准机关发给宅基地使用证明。《管理条例》第 20 条规定了违法审批制度的行政处罚措施。如果说禁止宅基地流转制度是从宏观方面控制宅基地占用数量的话，那么宅基地审批制度就是从微观层面控制宅基地占用面积。两个制度相互配合，共同实现节约用地目标。节约用地的宗旨是在相同的宅基地面积内，满足更多人的居住用地需要。国家和集体统建住房可以实现节约用地目标，“一松两紧”的行政管制手段也可以，并且还能节省国家的统建费用。可以想见，宅基地利用上的行政管制必然会越来越受到行政机关的青睐。

然而，为实现特定目的的宅基地行政管制制度，也带来了其自身无法预料的麻烦。1982 年 2 月 13 日颁布实施的《管理条例》，运行不到一年时间，就无法应对实践中出现的各种问题。于是，同年 10 月 29 日《中共中央办公厅、国务院办公厅转发书记处农村政策研究室城乡建设环境保护部〈关于切实解决滥占耕地建房问题的报告〉的通知》就不得不出台，以解决宅基地利用中违背《管理条例》立法目的的新问题。通知主要内容有三点：①农村建房不准再占用耕地，只能在现有的宅基地空地内调剂解决；②坚决刹住干部带头占地建房风；③强调节约用地，不仅要做好节约用地规划，而且要正面宣传报道节约用地的典型，不单纯宣扬农民富裕后盖房多、庭院宽敞等不利于节约用地的事例。

占用耕地建房、干部带头占地建房成风、建房占地超标，这三个实践中发生的重大违法行为不仅让《管理条例》的立法目的落空，还直接造成耕地的流失。《管理条例》这部行政法规之所以没有取得预期的法律效果，与当时宅基地行政管理制度的执法机关不能具体落实有一定关系。1982 年规定的宅基地审批机关——生产大队、公社管理委员会——在 1983 年到 1984 年就差不多消失了。据统计，全国农村共有人民公社 233973 个，到 1984 年底，撤社建乡工作基本完成，全国共建乡 85200 个，到 1986 年，减少到 58400 余个。撤社建乡时期，农民需要宅基地，找谁去审批？公社直接对应改成乡的或许还能顺利完成审批的交接工作，但大多数乡镇是由公社合并而成，正在筹建的乡级政权事务千头万绪，恐怕对宅基地审批、监管这类事情根本就顾不上或者由于资料数据等原因弄不清宅基地的具体情况。这就直接导致乱占耕地、多占宅基地、干部带头占地等各种乱象。当然，这只是宅基地行政管制制度落空的一种表面原因，没有人会把它与宅基地管制立法自身无法克服的弊端联系在一起，这个问题笔者将在后文详细论述。

1985 年 10 月 29 日城乡建设环境保护部颁布《村镇建设管理暂行规定》（以下简称《暂行规定》）进一步加强和规范宅基

地行政管理制度，将宅基地利用全面纳入行政管制范围。《暂行规定》第1条规定："加强村镇的规划、设计、施工管理，保证有领导、有规划、有步骤地建设我国现代化的高度文明的社会主义新村镇，适应和促进村镇的经济、社会发展，创造村镇良好的生产、工作和生活环境。"农民自建住房既要符合规划，还要在房屋设计和施工方面接受管理，不仅要在行政机关的领导下进行，而且要有步骤地进行。可以说，《暂行规定》意在对宅基地利用实施全方位的管制。过去的集体和政府统建农村住房的问题，不再提及。国家和集体的统建住房职责变成内容更为广泛的"统筹安排"。[1] 这种"统筹安排"与其说是义务，不如说是赋予了政府对农民自建住房的管制和监督职权。同时，《暂行规定》进一步明确了农民利用宅基地建房的审批制度。《暂行规定》第12条规定："村镇居民使用宅基地必须经建设主管部门核定建设项目的建址和用地范围，并办理用地手续。严禁在村镇规划区范围内擅自占地建设，或直接购买、租赁和变相购买、租赁集体土地用于建设，或将自留地用于建设。"《暂行规定》第17条规定："村镇居民新建、改建、扩建住宅，必须履行申请审批手续，由本人向所在村（居）民委员会提出申请，报镇（乡）人民政府审批，建设主管部门核发准建证件，领证后方可进行建设。"可见，宅基地利用的诸多细节在立法之法上被明确规定，审批事项、机构、职责都已落实。农民建房成本和国家行政管理成本相比以往均大幅增加。那么，在大幅增加宅基地利用和管理成本的基础上，《暂行规定》能否取得预

---

[1] 《暂行规定》第4条规定："村镇应当在发展经济的基础上，全面规划，逐步建设。乡镇要建成为乡村一定区域内的经济、文化、科技和服务中心；村庄要全面改善生产条件、居住条件、环境条件和服务条件，做到统筹安排，量力而行，讲求经济效益。"

想的立法目的呢？三年后，1986 年中央的一份通知揭示了答案：

“党的十一届三中全会以来，党中央、国务院三令五申，要求各地加强土地管理，节约用地，制止乱占耕地、滥用土地，在一些地方收到了成效。但从全国来看，城乡非农业建设乱占、滥用土地的问题仍然普遍存在，有的地方甚至出现了猛增的势头。乡镇企业和农村建房乱占耕地、滥用土地的现象极为突出。许多地方耕地大量减少，有的省一年减少一个中等县的耕地面积，有的城镇郊区农民几乎已无地可种。这种情况如果继续发展下去，将会给国家建设和人民生活造成严重后果，贻害子孙后代。”[1]

（三）行政管制强化阶段（1986～1998 年）

宅基地行政管制立法并未带来明显的管制效果，实践中，宅基地利用的混乱和违法现象愈演愈烈。立法者也认识到问题的严重性，但他们并未反思加强宅基地行政管制这个手段是否妥当，反而坚持继续完善宅基地行政管制立法，将宅基地行政管理制度的立法级别提升，从行政法规、部门规章上升到行政法，以期达成行政机关想要的立法目标。1986 年颁布、1988 年修订的《土地管理法》开启了宅基地行政管理的强化阶段。

1.《土地管理法》进一步细化了宅基地审批制度

《土地管理法》第 38 条规定：“农村居民建住宅，应当使用原有的宅基地和村内空闲地。使用耕地的，经乡级人民政府审核后，报县级人民政府批准；使用原有的宅基地、村内空闲地和其他土地的，由乡级人民政府批准。”按道理，农民在原来的宅基地上拆旧建新，不需要再经过审批，但现实生活中农民在

[1] 1986 年《中共中央、国务院关于加强土地管理、制止乱占耕地的通知》。

拆旧建新过程中往往会扩大宅基地面积。为杜绝这种不合理现象，农民拆旧建新和利用空闲地和其他非耕地建房也需要经过批准。然而，这个规定的客观效果是，农民所有的宅基地合理利用行为也被纳入了审批范畴。比如，农民“拆一建一”，不扩大宅基地面积的合规建房行为，也需要经过事先的审批。农民利用宅基地的成本进一步增加。实践中，还会出现通过审批的事实上多占了宅基地面积，没有经过审批的反而未多占面积的现象。宅基地审批制度在某些时候变成了一种纯粹增加成本而起不到预防违法行为作用的行政干预措施。无效的管制势必成为守法公民不必要的负担，从而使管制制度本身缺失正当性。同时，《土地管理法》进一步细化了城镇非农业户口居民申请宅基地的审批制度，并规定了这类宅基地申请的付费制度。〔1〕该规定增加了城镇居民到农村建房的难度，城镇居民不再无偿享有宅基地使用权，需要按征地标准支付土地补偿费和安置补助费。虽然这个规定可适当舒缓农民的不满情绪，但城镇居民有偿取得制度与农民无偿取得制度并行，徒增立法的烦锁，也为此后处理不同类型的宅基地带来了意想不到的麻烦。

2.《土地管理法》加强了对宅基地违法行为的行政处罚力度

《土地管理法》第45条、第46条分别规定了农民、城镇居民和国家工作人员非法占地的处罚措施，第47条规定了对买卖或者以其他形式非法转让土地的处罚措施，其中最引人注目的处罚规定是：“限期拆除或者没收非法占用土地上新建的房屋”。这是此前行政法规和部门规章中都没有的强硬规定。这种强硬

〔1〕1988年《土地管理法》第41条：“城镇非农业户口居民建住宅，需要使用集体所有的土地的，必须经县级人民政府批准，其用地面积不得超过省、自治区、直辖市规定的标准，并参照国家建设征用土地的标准支付补偿费和安置补助费。”

态度进一步表明，政府开始把宅基地当成国家的财产来实施行政管理，与管理经营性国有资产相比，宅基地管理在管理强度和力度上有过之而无不及。

3. 开始着手处理宅基地超占、多占问题

政府可以依照《土地管理法》强制拆除在非法占用土地上新建的房屋，但超占、多占是否一律采取拆除办法，需要有明确说法。因此，1989 年 7 月 15 日，国家土地管理局颁布《关于确定土地权属问题的若干意见》（1995 年 5 月 1 日停止执行），规定宅基地超占、多占问题的解决办法。该意见采取新旧分段和分类指导的做法。

(1) 在时间段上，分为 1982 年以前和 1982 年 2 月 ~ 1987 年 1 月两个阶段。第一阶段的处理办法由该意见的第 32 条规定："1982 年 2 月国务院公布《村镇建房用地管理条例》之前农村居民建房占用的宅基地，在《村镇建房用地管理条例》施行后未经拆迁、改建、翻建的，原则上按现有实际使用面积确定集体土地建设用地使用权。"第二阶段的处理办法是该意见的第 31 规定："1982 年 2 月《村镇建房用地管理条例》公布时起至 1987 年 1 月《土地管理法》开始实施时止，农村居民建房占用的宅基地，其面积超过当地政府规定标准的，超过部分按 1986 年 3 月中共中央、国务院《关于加强土地管理、制止乱占耕地的通知》及地方人民政府的有关规定处理后，按处理后的实际使用面积确定集体土地建设用地使用权。"1986 年《关于加强土地管理、制止乱占耕地的通知》要求："对清查出来的违法占地问题，都要按照国家有关法规严肃处理，该补办手续的补办手续，该罚款的罚款，该没收的没收，该判刑的判刑。对那些以权谋私，带头或支持违法占地的领导干部，必须从严处理。"可见，对第二阶段违法占地的处罚力度相当大。

（2）在分类指导方面，根据1989年国土管理局的意见，分为“符合当地政府分户建房规定而尚未分户的农村居民、非农业户口居民原在农村的宅基地、通过房屋继承取得的宅基地、接受转让或购买房屋取得的宅基地、集体或个人代管的华侨房屋占用的土地”等多种情形，并对宅基地超面积的部分做出了处理。其中，关于继承宅基地超面积的，处理办法最缓和，是“可以暂时按实际使用面积确定为合法面积”。其他情形下的超面积的，该意见第38条规定的处置办法是：“以后房屋拆迁、改建、翻建时，按当地政府规定的面积标准重新确定使用权，其超过部分退还集体”。这种处理办法既考虑了房屋的财产价值，又防止了片面拆除可能带来的冲突，但却极大地增加了管理负担和难度。多少年后，房屋拆迁、改建、翻建时，再重新确权，并将超过部分退还集体，工作难度很大。碍于乡土熟人情面，代表集体行使权力的村干部很难拉下脸面，甚至他们自己也有多占的宅基地，自己要求自己退还多占的宅基地，这种让执法者监督和处罚自己的制度安排考虑不周。可以说，这次解决宅基地多占、超占问题的总体思路是搁置问题、延后解决，这样做是把包袱甩给了将来。

4. 宅基地行政管制制度开始出现混乱现象

1990年1月3日，国务院批转了《国家土地管理局关于加强农村宅基地管理工作请示的通知》。这份请示与国家土地管理局的前一份意见，相隔时间很短，可能是同一机关不同领导人主持制定的。它主要有四点新规定，从这些新规定中可以发现宅基地行政管制制度出现了诸多问题。

（1）重申“严格控制占用耕地”要求，并特别指出：“不允许占用基本农田保护区的土地”。这说明，由于宅基地行政管理制度一直存在“雷声大、雨点小”的问题，城乡居民占用宅基地的胆子也越来越大，不仅占用耕地，竟然开始占用基本农田保护区的土地建房。当然这可能主要是干部等强势群体的行为，如城乡干部之间相互串通，你申请和我审批，相互给予便利。从1989年7月15日到1990年1月3日，前后不到半年时间，占用耕地的现象尚未得到根治，占用基本农田这种更加严重的行为开始抬头。根源在于宅基地审批制度在执行过程中遭遇了“人的问题”。行使审批权力的人可能不仅没有不折不扣地执行立法之法，而且可能还会借审批之权中饱私囊。在未实行宅基地审批制度前，集体成员根据生活常识会主动占用空闲地修建住宅，对占田修房多少会有所顾忌或有所不忍。实行审批制度后，只要能批得下来，占用基本农田作为宅基地也可能变成合法行为。集体成员就会在申请审批环节上下功夫，只要搞定审批人，即可名正言顺地占耕地。旨在保护耕地的宅基地审批制度反而变成了耕地流失的通道。但废除宅基地审批制度会导致宅基地行政管理权力的消失，政府部门不会轻易放弃这种权力，因而他们的思路是继续完善审批制度，加大对各种违法占地行为的处罚力度。

（2）进一步严格规范宅基地审批程序。“各地应根据实际情况对农村建房的对象、条件、用地标准、审批手续作出明细规定。要建立严格的申请、审核、批准和验收制度。”立法者认为审批制度之所以出问题，是因为立法规定还是过于原则，因而要对审批制度做出各种“明细规定”，期望把宅基地审批制度这张大网编织得更加严密。审批制度越精细，意味着为此付出的社会成本越多，但付出的社会成本越多，并不一定会得到更好的管理效果，反而会使各个环节都发生不必要的贪腐行为或者在各个环节都发生违法抗争行为。

（3）对现实生活中存在的一些不合法、不合理的做法提出了针对性的处理办法，但政策前后时有矛盾。《国家土地管理局关于加强农村宅基地管理工作请示的通知》规定："对不合理分户超前建房、不符合法定结婚年龄和非农业户口的，不批准宅基用地；对现有住宅有出租、出卖或改为经营场所的，除不再批准新的宅基地外，还应按其实际占用土地面积，从经营之日起，核收土地使用费；对已经'农转非'的人员，要适时核减宅基地面积。"这条规定存在诸多问题。例如，突然提出非农业户口的不批准宅基用地，已经"农转非"的人员，要适时核减宅基地面积。这表明城镇居民初始取得宅基地使用权的规定已经作废。也就是说，从1990年1月3日起，城镇居民已经不能再申请到宅基地，"农转非"的城镇居民也不再享有宅基地。但1991年1月4日国务院颁布的《土地管理法实施条例》（自当年2月1日起施行，1999年1月1日废止）仍然有关于城镇居民申请宅基地的内容，其第26条规定："城镇非农业户口居民建住宅需要使用集体所有的土地的，应当经其所在单位或者居民委员会同意后，向土地所在的村农业集体经济组织或者村民委员会或者乡（镇）农民集体经济组织提出用地申请。使用的土地属于村农民集体所有的，由村民代表大会或者村民大会讨论通过，经乡（镇）人民政府审查同意后，报县级人民政府批准；使用的土地属于乡（镇）农民集体所有的，由乡（镇）农民集体经济组织讨论通过，经乡（镇）人民政府审查同意后，报县级人民政府批准。"可见，国务院还是允许城镇居民到农村建房的，只是进一步加强了管理，严格了审批程序，特别是增加了村民代表大会、村民大会的讨论流程。然而，1990年国务院批转的政策和1991年国务院的行政法规之间存在显而易见的冲突。这反映宅基地行政管理制度因行政机关不同或者行政官员执政理念不同，甚至仅仅是因为制度制订者的疏忽而出现相互打架现象。宅基地行政管制制度自身开始出现乱套局面。通知还规定实行农村宅基地有偿使用试点制度。通知要求，宅基地使用费要本着“取之于户、收费适度，用之于村，使用得当”的原则，实行村有、乡管、银行立户制度。但宅基地有偿使用试点很快就被叫停。1993 年中共中央办公厅、国务院办公厅发布的《关于涉及农民负担项目审核处理意见的通知》，取缔了农村宅基地有偿使用收费和农村宅基地超占费。

(4) 重提统一、集中利用宅基地建房。为应对耕地流失问题，政策鼓励村庄迁并、鼓励集约利用宅基地。“对一些用地分散的小村庄和零散住户，应鼓励迁并，并将原址复耕。”这是官方政策中第一次提出宅基地复耕举措，主要是针对零散居住现象，其中“鼓励迁并”办法，可以说是后来宅基地置换的源头。集中利用宅基地修建农民住宅，对于节约用地而言，可收立竿见影之效。然而，政府的措施依然停留在“鼓励”层面，并不是全资修建农民住宅，与之前的“帮建”区别不大，但对农民的不利影响要大得多。因为“帮建”是在农民自己修建住宅的前提下的一种经济支援，而“拆并”是在政府要求下农民不得不进行的住宅重建，未必符合每一户农户的愿望。一些农户可能是在迫于无奈的情况下，支付了一笔建房支出。个别农户甚至是在刚建好住房后立马又被拆除的。“统一拆并”成为一种带有强制性色彩的宅基地利用方式，这会让其节约用地的目标大打折扣，因为它必然遭遇一些农民的反对和抵制。

(5) 宅基地行政管制立法频繁出台，内容全面细致、无所不包，但执法难度进一步加大。1993 年 6 月 29 日国务院颁布《村庄和集镇规划建设管理条例》，这是第一部专门规定农村建设用地规划建设的行政法规。在 1991 年《土地管理法实施条例》的基础上，《管理条例》进一步细化审批程序。如村民申请宅基地需要使用耕地的，增加了“经过县级人民政府建设行政主管部门审查同意并出具选址意见书”的规定，并明确在县级人民政府批准后，由县级人民政府土地管理部门划拨土地。非农户口和特殊人群的申请审批也需要按新增的规定进行。不需要占用耕地的宅基地审批由乡级人民政府审批，但增加了审批要求，即“根据村庄、集镇规划和土地利用规划批准”，看上去更规范了，但实际上增加了村民申请宅基地的难度。

1995年国土资源部颁布《确定土地所有权和使用权的若干规定》，继续强化宅基地行政管理。1991年7月5日《国家土地管理局关于确定土地权属问题的若干意见》曾经规定：“非农业户口居民原在农村的宅基地，房屋产权没有变化的，可依法确定其集体土地建设用地使用权。”这次增加了一款规定：“房屋拆除后没有批准重建的，土地使用权由集体收回”。在之前规定的超占面积的处理办法的基础上，又增加了两个细节规定。一是第51条规定：“可在土地登记卡和土地证书内注明超过标准面积的数量。”这可以避免将来重复测量工作，但一个“可”字表明了立法者犹豫不决的态度，既然是“可”，那么也可以不登记超占面积。这种模棱两可的规定会引起混乱。有登记也有不登记的，不登记的恐怕事后不会退出多占的宅基地。二是新增“分户建房”为退还多占宅基地面积的法定情形之一。还新增了一种收回宅基地的情形，即“空闲或房屋坍塌、拆除两年以上未恢复使用的宅基地，不确定土地使用权。已经确定使用权的，由集体报经县级人民政府批准，注销其土地登记，土地由集体收回。”这条规定首次提出了“整理并收回空闲宅基地”的举措。但新问题随之而来，什么是空闲宅基地？无人居住，但村民用于存放生产工具、杂物的旧房，算不算空闲？不住人才算空闲，那么多长时间不住人算空闲？这些问题都没有具体规定，缺乏可操作性。如果没有修建房屋的宅基地叫空闲宅基地，那么从取得宅基地多长时间不修建住房算空闲？如果同样是规定两年时间，则这条规定本身有表述错误，应该修改为“自取得宅基地之日起两年内没有修建好住宅的或房屋坍塌、拆除两年以上未恢复使用的宅基地，不确定土地使用权”。部门规章提出了“空闲宅基地”的概念，却没有相应的具体说明和解释，使这条规定在实际操作中沦为一纸空文，也使宅基地的行政管理工作又多了一项新问题。

1997 年《中共中央、国务院关于进一步加强土地管理切实保护耕地的通知》全面升级宅基地行政管理制度，继续加强宅基地利用行为的管制力度。通知规定：“农村居民的住宅建设要符合村镇建设规划。”“有条件的地方，提倡相对集中建设公寓式楼房。”与此前鼓励农民修建多层住宅相比，集中建设公寓房更能提升土地集约化利用程度。通知还规定：“农村居民建住宅要严格按照所在的省、自治区、直辖市规定的标准，依法取得宅基地。农村居民每户只能有一处不超过标准的宅基地，多出的宅基地，要依法收归集体所有。”这条规定相当严厉，此前关于宅基地多占问题的处理办法，一下子全部作废，一户一宅，不能超标，多出的宅基地（包括多块宅基地，超面积部分的宅基地）要依法收归集体所有。那么，是立即着手清理、退还，还是按以前的规定等待法定情形发生后再退？从实践来看，是后一种思路。该通知为《土地管理法》的修订指明了方向。

1998 年 8 月 29 日修订的《土地管理法》，在宅基地行政管制制度方面做出了 5 点修改。第一，删除了 1988 年《土地管理法》第 41 条有关城镇居民使用集体土地建房的规定。至此，法律不再承认城镇居民享有初始取得宅基地使用权的资格。第二，增加“一户一宅”规定，落实了中央 1997 年 11 号文件精神。

第三，村民建住宅既要符合乡（镇）土地利用总体规划，又要符合土地利用年度计划。第四，涉及占用农用地的必须先行办理农用地转用的审批手续。第五，将宅基地审批权统一收归县级人民政府，宅基地管理制度在审批程序上变得更加规范和严格。但一些新的管理措施依然潜藏着新的问题。如“一户一宅制”，法律没有关于“户”的具体规定和解释。此后出现的“一户多宅”现象与《土地管理法》没有明确规定“户”的含义有直接关系。

（四）严格行政管制阶段（1999～2004年）

在宅基地行政管制强化阶段，行政权力全面覆盖宅基地利用行为，宅基地立法的集体化方向开始朝国有化方向迈进。到了严格行政管制阶段，事实上，宅基地集体化的立法已经转向了国有化。

1999年《国务院办公厅关于加强土地转让管理严禁炒卖土地的通知》规定：“农民的住宅不得向城市居民出售，也不得批准城市居民占用农民集体土地建住宅，有关部门不得为违法建造和购买的住宅发放土地使用证和房产证。”这是对1998年《土地管理法》删除城镇居民到农村建房等有关规定的再次强调。“禁止宅基地流向城市居民”是宅基地行政管理走向严格阶段的标志。通知还规定：“农村居民点要严格控制规模和范围，新建房屋要按照规划审批用地，逐步向中心村和小城镇集中。中心村和小城镇建设要合理布局，统一规划，不得随意征、占农用地。小城镇建设要明确供地方式和土地产权关系，防止发生土地权属纠纷。”对于农村宅基地的利用，国家开始按照城乡一盘棋的思路设计，新建农村房屋要逐步向中心村和小城镇集中，旨在实现宅基地的城乡一体化。宅基地城乡一体化，建在小城镇的农村房屋的土地属于国家，还是集体呢？通知没有明确说这个问题，只是说要明确土地产权关系，至于如何明确，有待观察。

2000 年《中共中央、国务院关于小城镇建设有关政策》规定："为鼓励农民进入小城镇，从2000 年起，凡在县级市市区、县人民政府驻地镇及县以下小城镇有合法固定住所、稳定职业或生活来源的农民，均可根据本人意愿转为城镇户口，并在子女入学、参军、就业等方面享受与城镇居民同等待遇，不得实行歧视性政策。对进镇农户的宅基地，要适时转换出来，防止闲置浪费。"从这条规定可以看出，宅基地城乡一体化实际上就是要把农村的宅基地置换出来，转变为小城镇的建设用地，让农民集中居住到小城镇上来。但此时，农民对"农转非"的热情已经不高，不会轻易地为了一个城镇户口就放弃农村宅基地，所以，政府未能通过这种方式有效地置换出大量的宅基地。

1. 全面落实严格的宅基地管制制度

2004 年10 月28 日颁布的《国务院关于深化改革严格土地管理的决定》，全面落实了严格行政管制宅基地的思路。严格主要表现在以下几个方面：

（1）鼓励农村建设用地整理，城镇建设用地增加要与农村建设用地减少相挂钩。政府把"减少农村建设用地"作为一项行政工作任务加以安排，宅基地管理的严格可见一斑。此前，各地开展过土地整理工作，主要是耕地和闲散地的整理，土地整理在 1998 年《土地管理法实施条例》中被安排在耕地保护章节下，也就是说，之前的法律没有直接规定农村建设用地的整理。国务院的这个决定确立了"农村建设用地整理工作"的合法地位。

（2）禁止擅自通过"村改居"等方式将农民集体所有土地转为国有土地。"村改居"其实是贯彻上述 1999 年国务院通知和2000年中央政策的一种地方尝试，但因农民不满情绪强烈，这种不尊重农民意愿的集体土地国有化做法被叫停。这也从另一个侧面说明，这个时期，出现了宅基地集体化向国有化转变的趋势和尝试。中央开始严格控制地方政府的土地管理行为，一方面放手让地方实践，另一方面随时关注，发现问题立即叫停。这是严格的土地行政管理制度得以实施的基础。

（3）禁止农村集体经济组织非法出让、出租集体土地用于非农业建设。农村集体经济组织在政府“村改居”、大规模征地等行为中逐渐有一些怨言，不满集体土地利益从集体大量流向地方政府，开始打起了小算盘，采取各种手段，非法或规避法律流转集体土地。这有违国家统一开发利用住宅用地的大计方针，自然会被禁止。至此，在农村土地（包括宅基地）问题上，政府所代表的国家利益与集体利益、农民利益发生了比较明显的利益冲突。不管把这种利益冲突理解为长期利益与短期利益的冲突还是全局利益与局部利益的冲突，都是一种不能简单地采取强制命令，要求集体和农民绝对服从就可以从根本上解决问题的冲突。

（4）决定进一步要求改革和完善宅基地审批制度，加强农村宅基地管理，禁止城镇居民在农村购置宅基地。

2. 进一步落实严格的宅基地管制制度

2004年11月2日，国土资源部颁布《关于加强农村宅基地管理的意见》，根据国务院决定的精神，进一步落实严格的宅基地管制制度。

（1）加强农民集中居住的管理。意见指出：“各地要采取有效措施，引导农村村民住宅建设按规划、有计划地逐步向小城镇和中心村集中。”这里强调“有效措施”，即在此前“村改居”措施效果欠佳的情形下，进一步探索各方都满意的农民集中居住的措施。为此，意见对不同区域的农村住宅建设进行分类指导。一是对城市规划区内的农村居民住宅建设的指导。“应当集中兴建农民住宅小区，防止在城市建设中形成新的‘城中村’，避免‘二次拆迁’。”集中兴建农民住宅小区应该与“村改居”不同，但是，在城市规划区内的农村集中兴建农民住宅小区，意味着政府还是可以通过城市规划的方式实施“村改居”。由于意见没有明确城市规划是城市内的规划，还是城市的扩张规划，实际上给“村改居”留下了制度空间。二是对城市规划区范围外的农村村民住宅建设的指导。“按照城镇化和集约用地要求，鼓励集中建设农民新村。在规划撤并的村庄范围内，除危房改造外，停止审批新建、重建、改建住宅。”不管是“集中兴建农民住宅小区”，还是“集中建设农民新村”，目标都是农民的集中居住，以实现集约用地。但是，在强调农民集中居住时，没有充分考虑农民意愿，制度的落实可能遭遇阻力。

（2）进一步严格农村宅基地审批管理办法。一是改革村民建住宅占用农用地的审批办法，要求“各县（市）根据省（区、市）下达的农村宅基地占用农用地的计划指标和农村村民住宅建设的实际需要，于每年年初一次性向省（区、市）或设区的市、自治州申请办理农用地转用审批手续，经依法批准后由县（市）按户逐宗批准供应宅基地。”可见，宅基地占用农用地的审批进一步加强，既有计划约束，又有权限规范，宅基地占用农用地的面积在全省范围内实行统筹协调和控制。二是宅基地要逐宗落实到户。“对农村村民住宅建设利用村内空闲地、老宅基地和未利用土地的，由村、乡（镇）逐级审核，批量报县（市）批准后，由乡（镇）逐宗落实到户。”逐宗落实到户是为了从根本上解决乱占、多占宅基地问题。三是审批流程增加了“三到场”规定。以前的审批，法律没有规定是实质审查还是形式审查，负责审批的相关部门和工作人员缺乏审批操作规范，往往流于形式。这次规定“三到场”办法，即受理申请后，实地审查申请人是否符合条件、拟用地是否符合规划等；宅基地经依法批准后，要到实地丈量宅基地；村民住宅建成后，要到实地检查是否按照批准的面积和要求使用土地。并明确规定，各地一律不得在宅基地审批中向农民收取新增建设用地土地有偿使用费。“三到场”规定的确比较规范，可有效控制乱占、多占宅基地现象，但执法成本增加。一块宅基地，从受理申请到房屋落成，行政管理人员至少要实地考察三次，碰到不规范的情况，整改加检查，到场的次数会远超三次。并且执法检查人员的执法权限不明。如果发现新建住宅面积超标，执法检查人员怎么做？立即拆除超标建筑，还是登记在册事后处理，缺乏明确规定。“三到场”执法人员的权限不落实，所谓的“三到场”极有可能成为“走过场”。

（3）加大盘活存量建设用地力度。通知要求“各地要因地制宜地组织开展‘空心村’和闲置宅基地、空置住宅、‘一户多宅’的调查清理工作。制定消化利用的规划、计划和政策措施，加大盘活存量建设用地的力度。对‘一户多宅’和空置住宅，各地要制定激励措施，鼓励农民腾退多余宅基地。”这是对国务院加强农村建设用地整理工作要求的具体部署，其思路是通过一定的行政诱导方式，出台激励措施，鼓励农民腾退多余宅基地。2000年“农转非”的行政诱导未能产生积极作用，2004年“村改居”等行政强制措施被禁止，但盘活存量宅基地的工作依然要继续。鼓励农民腾退多余宅基地是宅基地整理政策的重大变革。此前，农村宅基地确权工作多次提到多占宅基地的问题，但最后都搁置下来，没有真正着手清退和整理工作。此次放手发动各地制定行政诱导措施，鼓励农民腾退多余宅基地，是解决历史遗留问题的一种积极的制度安排。然而，农村居民“多余宅基地”的规模远没有想象的那么大，且相当零散。即使农民响应号召，腾退出多余宅基地，政府拿着这些多余宅基地也未必能设计出消化利用的好办法。复垦为耕地，需要继续投入大量复垦资金。行政诱导付出的鼓励资金加上复垦资金，换回一些可耕地面积，两相比较，很难准确判断其中的利弊得失。同时，新增加的可耕地面积归集体所有，还是归国家所有，最后由谁来承包经营，都是不得不考虑的新问题。所以，“空心村”、闲散宅基地、空置住宅、一户多宅的腾退工作开展起来难度很大。但不管怎样，整理宅基地、盘活农村存量建设用地，节约集约利用宅基地已成为宅基地行政管理制度的新目标。为确保宅基地整理工作顺利开展，一方面要采取措施鼓励农民腾退宅基地，另一方面要严格禁止宅基地自主流转。因而，通知重申了国务院决定的内容：“严禁城镇居民在农村购置宅基地，严禁为城镇居民在农村购买和违法建造的住宅发放土地使用证。”通知从源头上堵住农村宅基地自主流转的可能性，在另一头放出农村宅基地整理的出路。国家开始在宅基地统一利用方面下大力气。

（五）统一利用阶段（2005 年开始）

2005 年 10 月 11 日国土资源部颁布《关于规范城镇建设用地增加与农村建设用地减少相挂钩试点工作的意见》（以下简称《规范意见》），要求已经申请开展试点工作的 8 个省（市）遵照执行。这是一项系统的开展农村建设用地整理工作，把减少农村建设用地与增加城镇建设用地结合起来，把宅基地整理与城乡一体化建设结合起来的制度创新。《规范意见》主要内容有四点：

1. 明确试点工作的基本要求

（1）规定城乡建设用地增减挂钩的性质是土地整理。城乡建设用地增减挂钩“是指依据土地利用总体规划，将若干拟复垦为耕地的农村建设用地地块（即拆旧地块）和拟用于城镇建设的地块（即建新地块）共同组成建新拆旧项目区（以下简称项目区），通过建新拆旧和土地复垦，最终实现项目区内建设用地总量不增加，耕地面积不减少、质量不降低，用地布局更合理的土地整理工作”。这是在总结以前宅基地整理工作经验的基础上提出的新宅基地整理方案。零散地开展闲散宅基地整理，成效不大。“村改居”会遗留下失地农民、乱占耕地等问题。只有明确了宅基地整理后节余建设用地的去向，才能充分发挥土地利用效率。把宅基地整理与城镇新增建设用地挂钩，是国家对城乡宅基地统一利用的一种系统改革尝试。

（2）提出了试点工作的六项原则要求：以规划控制建新拆旧规模，引导城乡用地布局、结构调整；以挂钩周转指标安排建新拆旧年度规模，调控实施进度，考核计划目标；以项目区实施为核心，实行行政辖区和项目区建新拆旧双层审批、考核和管理；以制度改革、机制创新为基础，促使耕地保护和建设用地节约集约利用；因地制宜，统筹安排，突出重点，分步实施；尊重群众意愿，维护集体和农户土地合法权益。这些原则强调宅基地整理的管理、审批和规划，力图使宅基地整理在可控制的范围内逐步推进，避免出现“一窝蜂”现象。特别是其中的第六项原则，首次提出宅基地整理要尊重群众意愿。这倒不是说，以前宅基地管理制度不尊重群众意愿，只是以前的政策对群众意愿的尊重不够，经常采取观察群众容忍度的做法，群众可以容忍就推行下去，群众难以忍受就停止执行。这种做法忽视了农民的主体地位，也增加了制度执行和政策反复修改的成本。因此，改革政策明确提出“尊重群众意愿”原则，是从尊重农民主体地位的角度考虑问题。在某种意义上，宅基地管理制度已开始考虑软化行政管理，增加行政机关与农民的平等协商。改革试点政策还提出要“维护集体和农户土地合法权益”。这是对集体和农户享有宅基地财产利益的承认。农户的宅基地是农户的财产，农户不仅可以用来修建住房，而且在宅基地权属发生变动时，农户可以获得宅基地土地利益的补偿。这些原则的提出，意味着宅基地管理制度开始有意识地在宅基地行政管制过程中把民事权利放在更重要的位置，即在不放松行政管理力度的前提下，充分考虑宅基地利用主体的利益和意愿。

（3）还规定了试点工作的主要内容。在规定八项具体工作内容中，提出“开展农村建设用地整理土地产权研究，探索农村建设用地流转制度”，“研究提出促进农村建设用地整理，推进节约集约利用土地的经济机制和政策措施”，“研究项目区土地整理所涉及的土地确权登记的内容、程序、方法等”。这些规定既是对试点的要求，也是对试点单位的放权。宅基地管理制度可以自上而下地制订，也可以自下而上地创建。自下而上的创建可以为宅基地法律制度的修改和完善留出了足够的空间和机会。

2. 落实挂钩周转指标和项目区的管理工作

（1）挂钩指标按照“总量控制、封闭运行、定期考核、到期归还”的原则进行管理。

（2）“挂钩试点工作实行行政区域和项目区双层管理，并以项目区为主体组织实施。”这是对城乡建设用地增减挂钩的具体要求，让宅基地置换工作有序进行、独立运作、风险可控。在充分尊重宅基地利用主体民事权利的基础上，行政管理的力度没有丝毫放松。宅基地利用制度变革社会影响巨大，严格控制其风险是一种比较谨慎的管制思路。

3. 规定挂钩试点的相关配套政策及管理问题

(1)《规范意见》指出:“项目区内建新地块用于商品房开发的,应是国有土地。项目区内需要征收集体土地的,应依法办理土地征收手续,并依法给予补偿。”可见,置换宅基地不是征收土地,不能直接用于商品房开发,如果要在节余宅基地上搞商品房开发,就需要办理征收手续。这当然是对《土地管理法》相关规定的重申。但为什么整理后的宅基地不能用于住房建设?难道宅基地整理改变了宅基地的用途?就挂钩试点的内容看,宅基地整理的确改变了节余宅基地的用途,住宅用地变成了耕地或主要变成了工商业用地。宅基地改变为工商业用地,对腾退宅基地的农民而言,是有长远利益的。新建的工商企业能为农民提供更多的就业岗位和就业机会,有利于农民的转移就业,有利于农业人口的城镇化。但是,不允许农民在节余宅基地上开发商品房,商品房只能建在国有土地上,依然是对农民自主利用宅基地行为的限制。

(2)规定要求宅基地置换必须“依法、自愿、有偿、规范”进行,要创新激励机制,探索集体建设用地流转,促进挂钩试点工作。节余宅基地的出路问题,按国土资源部的想法,应该是不改变土地所有权性质,即不征收为国有土地,不在节余宅基地上修建商品房,在保留土地的集体所有权的基础上,探索集体建设用地流转制度,以发展壮大集体经济、增加农民收入、改善农民生活居住条件,创造农民转移就业条件,最终实现农业人口的城市化。所以,节余宅基地的流转问题是宅基地整理工作的重要环节,是保证宅基地整理顺利开展、稳步推进的基础。至于集体建设用地到底怎么流转,制度设计将探索权下放给地方,允许在法律范围内积极开展制度创新。

4. 部署挂钩试点组织工作

《规范意见》规定："国土资源部负责对全国挂钩试点工作的组织和指导；试点省（区、市）的省级国土资源部管理部门负责辖区内试点工作的管理和监督；试点市、县国土资源管理部门负责本行政区域内试点工作的具体组织实施。"在 8 个省级区域内开展城乡建设用地增减挂钩，规模已经相当大了，说明政府对宅基地置换有信心和决心，但为控制风险起见，政府还是用"改革试点"的方式去探索，以便及时发现问题，完善对策。

2005 年 12 月 31 日中共中央、国务院《关于推进社会主义新农村建设的若干意见》中规定：

> "加强宅基地规划和管理，大力节约村庄建设用地，向农民免费提供经济安全适用、节地节能节材的住宅设计图样。引导和帮助农民切实解决住宅与畜禽圈舍混杂问题，搞好农村污水、垃圾治理，改善农村环境卫生。注重村庄安全建设，防止山洪、泥石流等灾害对村庄的危害，加强农村消防工作。村庄治理要突出乡村特色、地方特色和民族特色，保护有历史文化价值的古村落和古民宅。要本着节约原则，充分立足现有基础进行房屋和设施改造，防止大拆大建，防止加重农民负担，扎实稳步推进村庄治理。"

这份意见中，中央对 1999 年以来的围绕农村宅基地开展的工作进行了全面的总结和反思，提出了社会主义新农村建设的新任务，让宅基地的规划和管理工作在节约用地、改善居住条件、减轻农民负担的前提下进行，让新农村建设成为服务农民、让农民得到实惠的社会主义建设事业。中央的精神为宅基地整理工作的部署指明了方向，同时也增加了难度。村庄治理既要保护有历史文化价值的古村落和古民宅，又要防止大拆大建，防止加重农民负担。关键是后一点要求。宅基地整理如果不是大规模进行的话，土地整理的经济效益出不来，如果整村整乡地整理，势必又会出现大拆大建现象，其中的“度”难以把握。如何避免加重农民负担问题，也是实践中的一个难题。在宅基地整理过程中，是否全部资金都由政府投入，还是允许农民在力所能及的情况下，与政府共同承担？政府的行政诱导既然是诱导，就意味着不是全资投入，宅基地整理中农民肯定是需要有所付出的，难就难在付出多少不算加重农民负担。

虽然有许多细节尚待完善，但宅基地行政管理制度开始承载了新农村建设的历史使命。新农村建设一方面要改变农民的居住条件和分散居住的习惯，强调集中居住，节约用地，另一方面又不能多占农用地，要在确保耕地面积不减少的前提下，拓展小城镇建设和新农村建设的发展空间。这样一来，只能通过宅基地整理来拓宽发展空间。宅基地整理这种城乡土地统一利用模式成为宅基地行政管理立法制度发展的大趋势。

2007 年《物权法》第 153 条规定：“宅基地使用权的取得、行使和转让，适用土地管理法等法律和国家有关规定。”《物权法》没有在宅基地使用权中撇开宅基地利用行政管制立法模式，而是维护了宅基地利用行政管制现状。

2008 年 1 月 3 日《国务院关于促进节约集约用地的通知》提出了“稳步推进农村集体建设用地节约集约利用”的要求。该通知规定：“对村民自愿腾退宅基地或符合宅基地申请条件购买空闲住宅的，当地政府可给予奖励或补助。”这明确和肯定了政府奖励或补助这种行政诱导措施。并且，农村建设用地整理政策中包含了“村民自愿腾退宅基地”的新类型，开创了农村宅基地整理工作的新局面。从此前单纯整理“空心村”、空闲宅基地、空置住宅等零散的整理变革为大范围、成规模的整理，试图提升宅基地整理的经济效益。这是在多年宅基地整理试点经验的基础上进行的一种制度创新。通知还要求各地稳步推进，继续开展试点工作，表明了政府继续观察、总结和控制宅基地整理工作的谨慎态度。同时通知还要求严格执行农村一户一宅制度。通知规定："各地要结合本地实际完善人均住宅面积等相关标准，控制农民超用地标准建房，逐步清理历史遗留的一户多宅问题，坚决防止产生超面积占用宅基地和新的一户多宅现象。"国务院通知总结了宅基地置换试点工作的经验，明确了政府奖励和补助的合法性，为宅基地置换和整理的稳步推进创造了条件。

2008 年 6 月 27 日国土资源部出台《城乡建设用地增减挂钩试点管理办法》（以下简称《管理办法》），全面完善宅基地置换制度。经过几年的宅基地整理实践，宅基地置换这种新形式被各方认可。虽然宅基地置换试点范围从 2005 年的 8 个省级单位扩张到 17 个，涉及面已经很大，却依然还是"试点"。所谓试点，强调的是边试点、边总结、边研究、边完善。宅基地置换制度牵动方方面面的利益，需要较长时间的实践和总结，不可能一步到位。可见中央和各级职能部门在宅基地置换问题上的谨慎态度。

与 2004 年的《规范意见》相比，《管理办法》把宅基地主体利益摆在更加突出的位置。首先，宅基地主体利益的保护和实现成为宅基地置换的目标。将《规范意见》中的第 4 项原则"以制度改革、机制创新为基础，促进耕地保护和建设用地节约集约利用"删除，增加了一条原则规定："以城带乡、以工促农，通过挂钩试点工作，改善农民生产、生活条件，促进农业适度规模经营和农村集体经济发展。"并在 6 项原则规定之前，规定了一个总原则："挂钩试点工作应以科学发展观为统领，以保护耕地、保障农民土地权益为出发点，以改善农村生产生活条件，统筹城乡发展为目标，以优化用地结构和节约集约利用为重点。"修改后，宅基地整理工作的指导思想更加明确。农民利益成为出发点，农村发展成为目标，而节约集约利用土地只是实现上述目标的工作重点，优化用地结构、节约集约用地是宅基地整理的手段，宅基地整理的目的是保护耕地、保障农民土地权益，改善农村生产生活条件，统筹城乡发展。宅基地统一利用的管制立法开始把宅基地主体利益放在首位。此前的宅基地管制十分注重节约集约利用土地，把节约集约利用宅基地作为宅基地行政管理的主要目标，忽视了宅基地利用主体的意愿和利益，结果总是出现政府、集体和农民在宅基地利用目标上的不一致。当宅基地整理制度把节约集约作为手段，把维护宅基地占有人利益作为目标后，政府、集体和农民在宅基地整理上的目标趋同，更有利于达成宅基地"物尽其用"的效果。

其次，规定政府责任和义务以落实宅基地占有人的主体利益。宅基地占有人的主体利益包括主体地位利益和土地财产利益，两种利益都受保护。《管理办法》第7条规定："挂钩试点市、县应当开展专项调查，查清试点地区土地利用现状、权属、等级，分析试点地区农村建设用地整理复垦潜力和城镇建设用地需求，了解当地群众的生产生活条件和建新拆旧意愿。"政府在开展宅基地整理试点工作之前，负有专项调查义务，调查内容包括土地情况、用地需求、农民的生产生活条件以及建新拆旧意愿。政府了解农民的生产生活条件，可以设计出更能为农民接受的宅基地整理安置方案，这是平衡各方利益的前提。政府了解农民建新拆旧意愿是对农民主体地位的尊重，如果农民不愿意，宅基地整理工作就不能开展。这是宅基地统一利用制度的一项重大变化。政府开始有意识地自我约束行政权力，尽量避免宅基地统一利用制度的强制性，强调协商统一利用宅基地。农民明显感受到自己在宅基地上的主体地位的提升，这当然有利于宅基地整理工作的顺利开展。政府除了在履行专项调查义务中了解农民的意愿外，还需要在项目区运行方面尊重农民意愿。《管理办法》第17条第1款规定："项目区选点布局应当举行听证、论证，充分吸收当地农民和公众意见，严禁违背农民意愿，大拆大建；项目区实施过程中，涉及农用地或建设用地调整、互换，要得到集体经济组织和农民确认。"农民的主体地位进一步落实，农民可以在听证会上充分表达自己的意愿。除了农民主体地位受尊重外，农民和集体的经济利益也有保障。《管理办法》第9条规定："合理安排建新区城镇村建设用地的比例，优先保证被拆迁农民安置和农村公共设施建设用地，并为当地农村集体经济发展预留空间。"保障农民安居，改善农村环境，扩大集体经济发展空间，保障集体享有优先用地权，这些都是政府开展宅基地置换工作必须要遵守的法定义务。《管理办法》第17条规定第2款规定："建新地块实行有偿供地所得利益，要用于项目区内农村和基础设施建设，并按照城市反哺农村、工业反哺农业的要求，优先用于支持农村集体发展生产和农民改善生活条件。"至此，宅基地置换一切为了农民、一切服务于农村，一切有利于城乡统筹发展的思路已相当明确。政府在宅基地整理中不仅不追求城市、工业或政府的利益，反而要在城市反哺农村、工业反哺农业的基础上，将宅基地整理的利益留给农民、留在农村。农民和农村集体依法优先享受宅基地整理带来的土地增值利益。可以说，《管理办法》基本实现了宅基地管制立法制度设计的模式转型，开始从单纯的行政管制宅基地利用模式发展为统一利用管制治理模式。所谓统一利用管制治理，是指国家对农村存量宅基地进行统一利用的管制，同时治理管制权力、限制管制权力，融入农民的意愿和利益。这种在尊重农民意愿、维护农民利益的基础上，通过宅基地统一利用，实现宅基地节约集约，增进农民利益的宅基地利用模式是一种新的宅基地统一利用模式。

为了配合农村宅基地置换工作的顺利开展，为将来全面推行宅基地统一利用打基础，2008 年 7 月 8 日，国土资源部颁布《国土部进一步加快宅基地使用权登记发证工作通知》，主要内容有：

第一，加大宅基地使用权登记发证工作力度。“力争在 2009 年底前，基本完成全国范围内的登记发证工作，做到权属纠纷基本解决，农民合法使用的宅基地全部发证到户。对已有的宅基地，要充分利用已有宅基地权属来源材料，加快办理登记发证。”这次全国范围的宅基地使用权办证，并不会纠缠于多占、超占宅基地等历史遗留问题，主要是核实农村宅基地面积，为将来宅基地置换创造条件。历史遗留的宅基地超占、多占问题可以通过宅基地置换制度一揽子解决。所以，宅基地使用权登记发证工作可以顺利地开展，并以较快速度完成。

第二，强调登记的规范性。“要将宅基地使用权证书发放到农户手中，严禁以统一保管等各种名义扣留、延缓发放土地权利证书。要结合土地登记规范化建设，加强宅基地使用权登记发证资料的管理，保证宅基地使用权登记资料的全面、完整和规范。要严格执行宅基地使用权登记收费标准，不得通过宅基地使用权登记收费增加农民的经济负担。”这里的核心是保证登记资料的全面、完整和规范，这既是对宅基地使用权这种土地物权的尊重，也可为宅基地置换和宅基地统一利用提供便利。

第三，严格落实一户一宅的法律规定。“除继承外，农村村民一户申请第二宗宅基地使用权登记的，不予受理。”这是处理多占、乱占宅基地的一条硬杠杠。也就是说，以前在确定宅基地使用权时，没有“宅基地权属来源材料”的新增的多占、超占宅基地，除继承之外，一律不承认其合法性，不予登记。将来宅基地置换，当然只按照登记证书上记载的面积为准。

第四，严格执行城镇居民不能在农村购买和违法建造住宅的规定。“对城镇居民在农村购买和违法建造住宅申请宅基地使用权登记的，不予受理。”以后，这部分农村住宅怎么处理？既然不予登记，则表明法律不予保护的态度，今后开展宅基地置换工作时，这些城镇居民购买的和非法建造的住宅不在置换之列。

第五，对宅基地超占面积，在办理登记时通过区分时间段的方式具体处理：

其一，“1982 年《村镇建房用地管理条例》实施前，农村村民建房占用的宅基地，在《村镇建房用地管理管理条例》实施后至今未扩大用地面积的，可以按现有实际使用面积进行登记”。其实，1982 年以前修建的农村住房基本上建筑面积都不大，占地面积不多。1982 年后随着农民经济收入的增加，一般都会对旧房进行扩建，所以，1982 年前农民占用大面积宅基地的历史遗留问题不多。这也是此前就确定的法律规定，此处保持了法律制度的连续性。

其二，“1982 年《村镇建房用地管理条例》实施起至 1987 年《土地管理法》实施时止，农村村民建房占用的宅基地，超过当地规定的面积标准的，超过部分按当时国家和地方有关规定处理后，可以按实际使用面积进行登记”。这也与此前的规定保持一致，尊重历史形成的事实。

其三，“1987 年《土地管理法》实施后，农村村民建房占用的宅基地，超过当地规定的面积标准的，按照实际批准面积进行登记。其面积超过各地规定标准的，可在土地登记簿和土地权利证书记事栏内注明超过标准的面积，待以后分户建房或现有房屋拆迁、改建、翻建、政府依法实施规划重新建设时，按有关规定作出处理，并按照各地规定的面积标准重新进行登记”。此处有三点变化：一是处理超占面积的法定情形增加了；二是处理办法不再是“退回集体”，而改成“按有关规定作出处理”，弹性变大，可能不是一味收回，或许可以按一定比例计算面积，如减半计算面积，算是一种行政诱导；三是需要继续按新标准登记宅基地面积。比如，1988 年当地规定的宅基地面积是200 平方米，某农户实际占地面积为300 平方米，则登记的面积是200 平方米。2008 年该农户改建住房，当地最新规定是宅基地面积是60 平方米，那么，该农户需要按60 平方米重新进行登记，其余的超面积部分按规定处理。这样的规定看上去有些苛刻，但可以在村民之间保持公平，村民新建的住宅在宅基地面积上都是同一标准，不能因为历史上占地多，就可以永远享受多占的宅基地面积。一旦实施宅基地置换，就意味着需要重新建房，那么历史遗留的宅基地超占、多占问题可以得到全面的解决。

2008 年10 月12 日《中共中央关于推进农村改革发展若干重大问题的决定》对宅基地置换试点做了具体指示：“农村宅基地和村庄整理所节约的土地，首先要复垦为耕地，调剂为建设用地的必须符合土地利用规划，纳入年度建设用地计划，并优先满足集体建设用地。”《中共中央国务院关于2009 年促进农业稳定发展农民持续增收的若干意见》对宅基地等农村土地管理制度改革提出了新要求，要在“完善相关法律法规、出台具体配套政策后，规范有序地推进”。这说明，宅基地置换这种新形势下的宅基地统一利用立法制度，尚有诸多需要进一步总结的经验。

二、宅基地集体化立法得失

中国宅基地集体化立法从1962年算起，不过半个世纪，评判其利弊得失为时尚早。但是，从中国人“居者有其屋”的梦想起算，宅基地集体化立法“酝酿”的时间可谓漫长。因而，把它放进中国土地法律的历史进程中进行评价，就不会觉得匆忙。

首先，从法律实施的社会效果来看，宅基地集体化立法可恒久实现中国人“居者有其屋”的梦想。

中国历朝历代都会给老百姓“授田宅”，以确保人们安居乐业，但最终都会由于土地兼并、占地不均以及天灾人祸等内外原因而发生大规模的农民流离失所的现象，进而导致王朝的土崩瓦解。问题的根源在于“田宅”成为权力和资本疯狂追逐的投资品。中国农村土地的集体化立法旨在确保“田宅”成为农民永久的安身立命之地。宅基地集体化立法虽然在某些时期走过了一段国有化的弯路，但它始终排斥资本对宅基地的“非分之想”。不管贫贱富贵，每一个农民都可以分配到一块面积一样的宅基地，都能在自己的努力下或集体的帮助下修建属于自己的住宅。不管生活如何窘迫，农民都不需要也不能靠出卖房屋来维持生计，国家会在农民保有自己宅基地和房屋的前提下给予他们生存的救济。在人多地少的中国，取得、占有宅基地的立法坚持了实质公平而不是机会公平。因为唯有宅基地法律的实质公平才能确保人多地少的国家人人都有安身立命之地。中国农村土地的集体化立法不把宅基地作为人们自由竞争的对象，而把它作为人人都应当享有的基本生存条件。正是在这种立法目的的指引下，中国宅基地立法有了农民无偿取得、长期使用、禁止宅基地自由流转以及一户一宅等法律规则。这些规则确保了宅基地的分配正义，使得几十年来的中国社会始终没有发生农民流离失所的动荡局面。宅基地集体化立法虽然受到了苏联集体化土地立法的影响，但在根源上，它依然是中国漫长历史实践经验的必然产物。凡是熟悉中国历史的人，都会觉得当前中国农村稳定的社会秩序来之不易。坚持宅基地集体化立法是维护农村社会秩序的必然选择。

其次，从立法的逻辑来看，宅基地集体化立法遵循了真集体主义的立法理念。宅基地立法之法的制度变迁主要表现出两个特点，一是在宅基地归属方面消灭宅基地私有，坚持宅基地集体公有；二是在宅基地利用方面坚持管制农民分散利用宅基地，大力推行政府统一利用宅基地。逻辑上，这是真集体主义立法理念的必然反映，换句话说，真集体主义立法理念为宅基地集体化立法方向提供了正当性依据。农民在宅基地分配方面既实现了意志直达，也实现了利益直享。人人有份、面积相同，这是任何一个人都能接受、不会反对的“集体意志”，这是每个农民、每代农民都能享受的土地利益。宅基地集体化立法把集体利益和个人利益有机结合在一起，看上去，这种立法对于有能耐的人少了许多刺激，但它恰好能将这些“能人”的注意力从囤积土地转移到其他更有利于社会发展的事情上去。个人的能耐不在于与他人争夺人的基本生存条件，而在于创造出更有利于人类发展的新财富。宅基地集体化立法杜绝了人与人之间的宅基地争夺，却间接地为人们开启了在知识、科技、文化、教育、工业、商业等各种创造性领域的竞争机会。在这个意义上，宅基地集体化立法既确保了农民的基本生存条件，也激发社会全体成员面向更高层次去实现人生理想。如果社会全体成员都把囤积宅基地和住房作为最高的人生理想的话，这个社会不仅没有前途，而且必将因为一些人的基本生存条件被剥夺而发生社会动荡。宅基地集体化立法正是因为带着这种理想主义的思想屹立于世，它才实施了半个世纪，即使在具体法律制度安排上出现这样那样的问题和不足，也不足以影响到真集体主义立法理念的贯彻实施。

当然，宅基地集体化立法在实践中也暴露出诸多问题。其一，宅基地集体化立法过于倚重行政管制手段，引发宅基地利用方面的冲突。在宅基地行政管理力度不断增强、日益严格的同时，宅基地违法事件却屡禁不止。宅基地行政管理制度充分体现了管理者的自信和理性，但行政管理者不能预见宅基地不合理利用的各种情形，只能采取社会生活中出现什么问题就出台针对性禁止处罚措施的办法，日积月累，宅基地管理制度的禁令也就越来越多，这些禁令似乎在考验宅基地利用主体的“创新”能力。结果，宅基地利用主体以自身利益最大化为出发点，“创造发明”了各种不合理、不合法的宅基地利用形式，导致宅基地行政管理制度不得不再三修改、完善，进而产生执法成本增加、执法不严、选择性执法或者执法过火等现象。行政权力干预不当使宅基地利用效率更低，因此，虽然节约用地的口号提了很多年，但是宅基地浪费问题依然是一个急需解决的大问题。与宅基地不合理利用相比，宅基地行政管理的腐败和行政不作为对社会的负面影响更大。这就使宅基地行政管理制度本身陷入了一个两难困境：加强管理，则需要防范权力滥用和权力腐败；不加强管理，又会导致宅基地浪费和宅基地利用的不公平。这种两难局面的出现，从根源上讲，是没有真正建立起有效的宅基地利用制度，没有把宅基地利用利益作为一种财产权利来认真对待。

其二，宅基地行政管制立法存在朝令夕改现象，遗留了许多难以妥善解决的问题。由于宅基地行政管制手段针对性太强，缺乏系统考虑，最后往往变为对具体违法行为的应对政策，无法让宅基地利用人产生稳定的预期，管制效果难以体现。比如，关于宅基地使用主体制度，立法事先缺乏明确的系统设计，历经了几次变化，从最初的农户，演变为城乡居民，最后又回到农户。城镇居民的宅基地主体地位从无到有、从有到无的制度变化始终缺乏正当性说明。为什么要赋予城镇居民享受农村宅基地使用权的资格？后来取消这种资格的原因又是什么？给城镇居民宅基地，农村村民不服；取消城镇居民宅基地，城镇居民不服。但立法往往采取强制命令方式，说变就变，遗留了一些难以克服的问题。城镇居民以前可以合法申请宅基地，可以合法地转让宅基地上的住房，后来不能再流转，法律却没有规定相应的退出机制和补偿措施。这就让宅基地立法成为政府不断试错的工具，成为由宅基地利用主体为行政决策失误“买单”的制度。立法虽然现在禁止城镇居民占有宅基地，但在城镇居民的预期中，他们会寄希望于明天的立法又能开放禁区。因而，现实生活中，城镇居民购买农村住宅的热情有增无减。作为权宜之计的宅基地行政管制立法，在宅基地集体化立法方向上的作用远没有想象中那么有效。

最后，宅基地集体化立法最为严重的问题是有从集体化迈向国有化的趋势。宅基地集体化立法的核心是集体统一利用和农民分散利用相结合。农民可以选择自己建房，也可以选择集体统一建房；集体可以选择帮助农民自建住房，也可以选择统一为农民建造住宅。集体和农民有权根据自身条件利用宅基地，有权根据经济社会发展实际选择利用宅基地的方式。宅基地集体化立法中的行政管制不干预宅基地利用行为，它只维护宅基地的公平分配、实现保护耕地的目标。而宅基地国有化立法的核心是限制农民的分散利用，将集体的统一利用引导和收编为政府的统一利用。城乡建设用地增减挂钩改革试点实际上已经有了政府统一利用宅基地的影子。地方政府组织宅基地置换，目的是减少农村存量宅基地，新增城镇建设用地。在“一增一减”之间，农民分散利用宅基地与农村集体统一利用宅基地的权利消灭了，最后是地方政府在统一利用宅基地。即使把尊重农民意愿和维护农民利益作为宅基地统一利用立法的基本原则，地方政府也很难在实践中做到这两点。只要地方政府在统一利用宅基地中存在自身利益，只要是政府官员在代表国家行使宅基地统一利用权力，就有可能出现压制农民意愿、损害农民利益的情形。同时，地方政府统一利用宅基地，短期内会突然大量增加财政负担，一旦土地财政收入减少，宅基地的统一利用就会有“烂尾”风险。如果最终风险落在农民身上，势必造成农村社会的动荡。此外，即使地方政府统一利用宅基地的浩大工程能够顺利推行，也难保宅基地统一利用过程中的国家收益不会不当流失，就像经营性国有资产的流失一样。如果宅基地统一利用的经济收益最终落入权力和资本的口袋，那么这种土地国有化改革就是对农民和农村集体的剥夺。更为严重的是，地方政府统一开发利用宅基地，不利于保护耕地。在已经完成宅基地置换的地方，农民上楼了，进城了，从事非农就业了，宅基地复垦了，承包地流转了。但问题接踵而来，在承包地上耕作的人是从中西部地区迁移过来的农民，他们也需要居住，他们的居住用地从哪里来？久而久之，他们必然要求在耕作的地方取得宅基地。即使他们用老家的宅基地置换新家的宅基地，也无法阻止宅基地置换区域内耕地的减少。国家耕地总量或许不会减少，但区域耕地面积必然失衡。而区域耕地面积失衡意味着一些地方肥沃的耕地消失了，一些地方增加了由宅基地复垦出来的贫瘠的农用地。因此，地方政府统一利用宅基地，这种国有化立法方向并不符合中国农村土地占有和利用的现实。政府统一利用宅基地，不仅会损害农民、农村集体合法的土地权益，也无法从根本上达成保护耕地的目标。政府统一经营宅基地需要充分吸取人民公社时期统一经营农用地的教训，不能为了某个短期目的，就增加城市建设用地指标，走上宅基地国有化立法道路。短期看，城市建设用地指标增加了，城市的范围又能向外拓展了，但长远来看，遗留下来的问题是多方面的，而且都是棘手的问题。宅基地置换后的农民的就业、社会保障、子女教育、医疗保障等问题不会随着城市建设用地指标增加而自动解决。农村耕地保护也不会随着宅基地复垦为耕地而万事大吉，今日复垦为耕地的宅基地，明日又会被占用为宅基地。政府统一利用宅基地，收获的利益太少，而增添的问题太多，须及时调适。宅基地政府统一利用这种国有化立法应回到农村集体统一利用和农民分散利用相结合的方向上来，以防止偏离宅基地集体化立法方向。也正因为如此，中国宅基地立法不能走向国有化。

综上所述，历经半个世纪的中国宅基地集体化立法，取得了预想的效果，实现了宅基地上的分配正义，确保了农村社会秩序的稳定。从立法社会效果来看，没有改变立法方向的必要。但宅基地集体化立法在立法手段方面存在过于倚重行政管制手段的不足，甚至这些严密的行政管制手段有走向国有化立法的倾向，有必要严加防范。严格限定宅基地行政管制措施的适用范围，变宅基地的政府统一利用为集体统一利用和农民分散利用相结合，保障农民和农村集体宅基地利用的收益权，是坚持宅基地集体化立法方向的可行措施。从国有化的政府统一利用宅基地到集体化的“统分结合”利用宅基地，差别可能在一线之间，关键就在于，如果宅基地利用的收益全部留给农民、留在农村，则可确保集体化的大方向。

三、宅基地私有化不是中国土地法制传统

（一）批驳土地私有化的基本思路

不少学者极力主张土地私有化。除了土地私有化有利于保护农民利益、提高农业效率之外，他们还拿出了另一条重要论据，即土地私有是中国古代文明的保障。[1] 中国法制史研究成果中也有支持这个论据的观点，代表性的说法是："官田的所有权属于国家，私田的所有权属于个人或家族。"[2] 学界反对土地私有化的理由众多，但针对私有化学说这个论据，从法学角度进行反驳的较为罕见。难道土地私有化学说的这个论据真的可以成立吗？

中国历史上土地私有权的争论焦点集中在"永业田"方面，主要有三种学说：一是私有土地说，认为桑田和永业田基本上是私有土地；[3] 二是国有私有两重性质说，认为永业田并不是完整的私有土地，而应是具有国有和私有两重性质的土地；[4] 三是国有土地说，主张永业田的买卖不是土地所有权的转让，

---

〔1〕 其代表性的说法是："离开土地私有和产权保障这一必要条件，无法想象中国秦汉之后能有迭起的文明高潮和强盛的国力。……离开土地私有，中国的农业绝不可能支撑愈益庞大的人口。……至今仍使我们惊叹的散落于偏远乡间，历经历史风雨而犹屹立至今的各地明清古村，便是土地私有能够促进财富积累，并诱导民众自发建设家乡的明证。" 文贯中："解决三农问题不能回避农地私有化"，http://finance.people.com.cn/GB/8215/55904/4393178.html，访问日期：2009 年 9 月 27 日。

〔2〕 蒲坚：《中国历代土地资源法制研究》，北京大学出版社 2011 年版，第 5 页。

〔3〕 钱君晔："论唐代封建土地所有制的形式问题"，载《历史教学》1979 年第 6 期；胡如雷：《中国封建社会形态研究》，三联书店 1979 年版，第 41 页。

〔4〕 武建国："试论均田制中永业田的性质"，载《历史研究》1981 年第 3 期。

永业田仍属于国有土地范畴。〔1〕永业田性质之争基本上是翦伯赞的“私有说”和侯外庐“国有说”的延伸。侯外庐指出，中国封建社会没有私有土地，地主所有的土地只有占有权，没有所有权，一切土地的所有权均属于帝王。〔2〕侯外庐，1922 年考入北京法政大学，主修法律；同时考入北平师范大学，兼学历史。〔3〕侯外庐的法学功底或许使他对中国古代土地权利形式的认识更加贴近法律专业，但对法律外行而言，侯外庐的观点无异于标新立异。因为“地主土地所有制”这个概念已经被预设为研究前提，学者要做的功课无非是从古籍中寻找有关“土地买卖”和“地租”等史料来印证地主土地所有权的存在。这种意识形态化的研究思路如今已遭受批评。高王凌说：“对中国土地制度的研究，一直是国内历史学特别是马克思主义史学的一个重要内容。它的主要意向之一，即是证明旧制度的‘罪恶’，和把中国问题的症结归之于‘地主土地所有制’和‘地主阶级’，因此也成为一个高度意识形态化的研究。”〔4〕这种评论是中肯的，一种高度意识形态化的研究很容易背离学术概念自身的逻辑，也必将背离其研究对象的历史事实。20 世纪 80 年代以来，美籍华人学者赵冈发表了一系列论著〔5〕，其总的观点是：

---

〔1〕 袁昌隆：“永业田的买卖并非土地所有权的让渡——北魏隋唐时期均田制中永业田性质探讨”，载《贵州社会科学》1992 年第 6 期。

〔2〕 侯外庐：“中国封建社会土地所有制形式问题”，载《历史研究》1954 年第 1 期。

〔3〕 参见“互动百科”“侯外庐”词条，http://www.hudong.com/wiki/侯外庐，访问日期：2010 年 10 月 12 日。

〔4〕 高王凌：《租佃关系新论——地主、农民和地租》，上海书店出版社 2005 年版，第 3 页。

〔5〕 如《中国土地制度史》，联经出版事业公司 1982 年版；《农业经济史论集——产权、人口与农业生产》，中国农业出版社 2001 年版；《历史上的土地制度与地权分配》，中国农业出版社 2003 年版；《中国传统农村的地权分配》，联经出版事业公司 2005 年版；《永佃制研究》，中国农业出版社 2005 年版。

将中国传统社会认定为封建地主经济制是一项很不幸的误判。

法学界在研究中国古代土地权利时，产生了类似困惑。有人坚持认为中国古代存在私人土地所有权。〔1〕另有学者指出，正面确立私有财产以及突出私有权核心地位的法律制度，从来就不存在于中国历代王朝。〔2〕

总体来看，中国古代土地权利研究正逐步摆脱意识形态化的研究思路，回归到法学专业的研究旨趣，但在运用土地所有权等物权术语时，依然不能深刻把握所有权概念的实质，各种主张的归纳和推理始终无法令人信服。

解答中国历史上是否存在土地私人所有权的问题，首先可剖析永业田“世代占有、自由买卖”等特征是否满足所有权的构成要件；其次需要树立判断所有权有无的法律标准，进而探讨中国土地法律传统能否促进土地私人所有权的发育。

（二）永业田上无土地私人所有权

习惯上，把旧时的私有土地称为永业田、世业田。然而，中国古代的永业田上不存在所谓的土地私人所有权。

1. 世代占有永业田不等于赋予所有权

永业田具有世代占有的特点，只要无“户绝”情形，永业田可代代相传。但是，永业田的历史演进不是私人土地所有权发育的进程。

永业田又称世业田、桑田、麻田，再往上推，就是井田制下的私田。“私田”不是私人享有所有权的土地。《诗经·大田》云：“雨我公田，遂及我私。”通常将“私”解释为“私田”。农夫集中耕种公田，公田收益归公，然后农夫分散经营私

〔1〕比如陈志英直接以“宋代私人财产所有权”作为其专著《宋代物权关系研究》第三章“宋代所有权关系”第三节的标题。

〔2〕邓建鹏：《财产权利的贫困》，法律出版社2006年版，第96页。

田，私田收益用于满足农户的基本生存需要。所谓的“私田”，无非是指农民可以直接收获耕种的收益，是指土地收益归私，而不是土地权属归私。更何况，私田收益并不全部归属于农户，或者说，农户享有私田收益需要另外支付“对价”，如承担劳役、兵役、上贡各种实物等。《诗经》的“汝坟”、“草虫”、“殷其雷”、“君子于役”等诗篇描述女子思念远方服役丈夫的情形，说明当时有期限比较长的劳役、兵役义务，服役的人是耕种私田的农夫。农夫服劳役在《诗经·七月》中有记载：“嗟我农夫，我稼既同，上入执宫功”；农妇也有活干，《诗经·七月》“九月授衣”，说的是“官府”把缝制冬衣的工作交给妇女们做。同时，农户还需要缴纳各种实物负担。《诗经·七月》大略记载了农户“上贡”情况：“为公子裳”；“取彼狐狸，为公子裘”；打到野兽，小兽归己，大兽归公。农夫在助耕公田之外，还要贡献“裳”、“裘”、“野兽”，服劳役和兵役。可见，农户获取“私田”的收益是支付了法律“对价”的，不能孤立地从“私田”的名称中推断出农户享有“私田”所有权的结论。

“私田”发展为永业田的过程，是农业生产从“换土易居”到“易土不易居”再到“定土定居”的过程。最初，农户对私田的占有并不稳定，因土地休耕，农户需要“换土易居”。《汉书·食货志》有云：“民受田：上田夫百亩，中田夫二百亩，下田夫三百亩。岁耕种者为不易上田；休一岁者为一易中田；休二岁者为再易下田，三岁更耕之，自爰其处。”说的就是“换土易居”。由于农户剩余财产不多，不同农户住宅的财富差异不大，“换土易居”基本不存在谁赚谁亏的问题。“换土易居”作为一种土地“修耕”制度，合情合理。随着生产力发展，剩余财产增加，特别是1井8家的集体劳动进化为各家各户分散耕种后，“换土易居”既不公平也不经济。“美庐”与“茅屋”难以对等互换，农户搬迁既费劳力又损耗财物。从经济效益角度考虑，“不易居”渐成习俗。为守住自己辛苦积攒的家业，多跑几里地实在不算什么，“换土易居”发展为“易土不易居”，这是农业发展的必然结果。法律技术上也能做到：上田，无须休耕，8家占1井，只有900亩；中田，8家占2井，共1800亩，2井轮流耕种；下田，8家占3井，共2700亩，1井耕1年休2年。由于下田和中田的轮耕之井田相互比邻，农户没有必要大费周折地迁居，“易土不易居”替代了“换土易居”。伴随着农户的定居，农民自然会在住宅周围栽种桑麻等经济作物。因树木生长周期规律，这些桑麻地的“易土”也没有必要。这就促进了“私田”的稳定占有，形成“定土定居”局面。农户家庭的继承随之产生，后代继承前代，代代定居原址。各家各户耕种原有私田，是最节约“社会成本”的一种制度选择。“私田”逐渐变成农户家庭世代耕种的土地，成为后世的“世业田”。唐朝为避李世民的名讳，将“民田”改称“私田”，“世业田”改称“永业田”。〔1〕

永业田的形成是农业生产规律的体现，从中看不到农户主观上有获得永业田所有权的诉求，也找不到国家主动赋予农户私人土地所有权的客观规定和主观意愿。我们可以从中发现的只是“土地占有状态”和“赋税承担方式”的变化。这一变化被孟子称为“彻”法，“彻”有“通”的意义，“彻”就是将原来的公田和私田打通，连成一片，全部配授，按田亩计税。“彻”法是土地占有方式和赋税承担方式的转变，不是土地所有权的赋予，当然也不是土地所有权的转移。“废井田、开阡陌”的变法实际上不是土地变法而是赋税变法，即将过去的“助”

〔1〕 转引自何东：“《天圣令·田令》所附唐田令荒废条‘私田’的再探讨”，载《中国社会经济史研究》2006年第2期。

法演变为“彻”法，从劳役租变为实物租，后来又发展为货币租。非固定的私田，发展为固定的永业田，非固定的园宅，变为固定的园宅，但衣物、桑蚕、禽兽等实物“贡”还在，非耕种劳役和兵役还在，农户与“公家”、“国家”的依附关系还在。农户永业田上的“地租”从来就没有消失过。从土地占有状态和赋税变化中看不出农户享有永业田所有权的蛛丝马迹。农户世代占有永业田是事实，但世代占有不足以说明占有人对占有的土地享有所有权。

2. 土地买卖不是私人土地所有权存在的证据

土地买卖一直是学界认定中国古代存在私人土地所有权的明证。按照现代民法理论，买卖是标的物所有权转移的合同，土地买卖当然是土地所有权转移的合同；既然历史上存在永业田买卖事实，那么这种买卖必然以永业田主享有土地所有权为前提，进而可推定私人土地所有权的存在。但“推定”不是肯定，只要有相反证据证明永业田买卖不是土地所有权转移，这种“推论”就不能成立。

袁昌隆在研究中发现，永业田买卖不是土地所有权的让渡。他讲了两点理由，一是从唐代敦煌户籍残卷资料中，发现“已受田”项下有部分“买田”的事实，这些“买田”被分别当作永业或口分计入各户的“已受田”数中，这就意味着买田的性质属于国家授地。[1]笔者赞同该说法。所谓“国家授地”是指国家把享有所有权的土地分配给私人占有的一种制度。如果土地买卖是土地所有权转移，买受方享有买田的所有权，那么，买田变成国家授地就意味着“国有化”。但事实上，并不存在这种私人土地所有权的“国有化”过程。这只能说明，买受方并

〔1〕袁昌隆：“永业田的买卖并非土地所有权的让渡——北魏隋唐时期均田制中永业田性质探讨”，载《贵州社会科学》1992年第6期。

不享有“买田”的所有权，土地买卖双方交易的不是土地的所有权，而是土地占有权或土地使用权，就像今天的土地承包经营权流转一样。“承包地买卖”转移的不是承包地的所有权，是承包地的使用权。袁昌隆的第二点理由是，从唐宋地价变动情况看，唐末五代约百年中，敦煌地价从每亩1石6斗升至3石余，上涨约1倍，而自五代至宋初约百年间，从每亩3石余猛增为12石，上涨约3倍，为唐末地价的8倍，其他物价却几乎没有变动，房屋价格则有下降趋势。由此，他得出结论，唐时土地买卖是土地使用权买卖，故价格低；宋代的土地买卖是所有权转移，故地价猛增。〔1〕笔者不同意这个推论。因为除了物价、单位面积产量、耕作条件因素外，他没有考虑到宋代发达的土地租佃制这一因素。由于宋代“不抑兼并”，租佃发达，导致耕地成为投资品。既然是投资品，自然有炒作空间。加上宋代“交子”、“会子”等纸币大量发行，通货膨胀，地价出现泡沫是正常的。单从唐宋地价的比对中不能推出作为买卖对象的土地的权利性质。

接下来的问题是，国家把授地分为永业田和口分田的目的是什么？是否赋予两类土地不同的性质？从历代田制律令来看，农户的授田包括居住园宅地、永业田和口分田，名义上都属于国家的“授田”。其中，口分田在授田中占比很大。按规定口分田需要定期还授，而永业田“身终不还，皆传子孙，不在收授之列”。一种推论是，既然永业田不需要还授，那么当初国家授田时，授予的就是土地所有权，这个推论只是一种可能性。另一种更符合常情和现实的可能性是，国家授予永业田主长期使用权，只要永业田不荒废，不发生“户绝”情形，国家不收回

〔1〕袁昌隆：“永业田的买卖并非土地所有权的让渡——北魏隋唐时期均田制中永业田性质探讨”，载《贵州社会科学》1992年第6期。

永业田，准许农户世代相传。之所以赋予永业田此种法律特性，是因为永业田的特殊用途。永业田是用于栽种桑榆枣槐等树木的土地，以满足穿衣保暖需要，所以永业田又叫桑田、麻田。桑榆枣槐的生长规律与稻黍粱菽不同，生长周期较长，客观上要求桑麻田具有“身终不还、皆传子孙”的特点。为反映永业田生产的客观规律，国家授予永业田长期使用权即可，不必转移永业田的所有权。据孙天福的研究，唐代均田制下的永业田也存在“还授”的史实。〔1〕这说明，国家保留了永业田的所有权，只授予永业田长期使用权，在特殊情形下可以正常收回永业田。

陈志英认为，宋代永业田的物权性质不可一概而论。一种永业田属于国家所有，即官府可以出卖、添租或者解除租佃关系的永业田。另外有两种永业田属于私人所有，一是“许行典卖”的永业田，二是佃户从官府手中买受“绝户田”得到的永业田。〔2〕他的理由显然是永业田主享有土地买卖权。但佃户买田是“买充永业”，不是获得土地所有权。既然是永业田，其性质如何尚须论证，把“买充永业”作为永业田是私人土地所有权的论据属于循环论证。

永业田买卖到宋代已经合法化，但宋代永业田买卖的性质不是近现代民法意义上的买卖合同。英美法对买卖合同的定义是：“通过当事人的合意一致而将某物的所有权或某土地权益或者某无形财产权从一方当事人转移至另一方当事人，以取得金钱价值。”〔3〕大陆法上，买卖是“当事人约定一方转移财产权

〔1〕 参见孙天福：“唐代均田制下的永业田”，载《西南师范大学学报（哲学社会科学版）》1989 年第 3 期。

〔2〕 参见陈志英：《宋代物权关系研究》，中国社会科学出版社 2006 年版，第 136 页。

〔3〕［英］沃克：《牛津法律大辞典》，北京社会与科技发展研究所译，光明日报出版社 1988 年版，第 794 页。

与他方，他方支付价金的契约”。[1] 由此可以推出两点：一是，买卖合同转移的是财产权，不包括义务、负担的转移；二是，买卖合同转移的既可以是所有权，也可以是土地权益或者无形财产权，不能一说买卖，就认定是标的物所有权的转移。宋代合法土地买卖转移的不是单纯的土地耕种权、收益权，还包括“原业税租”、“免役钱”等义务和负担。原业主将其享有的土地耕种权利和土地负担一并转移给新业主，这是现代民法上的“债权债务的概括承受”，朝廷、官府与原土地业主形成一种土地租佃关系。朝廷通过“编户齐民”方式，授予或者承认民户的土地占有状态，赋予民户土地耕种权和收益权，但民户有承担劳役、缴纳田赋的负担，且负担之重，常常让民户不堪重负。土地收益与负担，一般在土地收入中各占一半，一旦加重或变相加重土地负担，土地立即变成农户“田累”，此时，农户只能卖儿卖女、卖地投献。历代土地买卖契约中均有“听从推入买人户内，办纳粮差”等字样，这是土地债务转移的凭证。为防止土地买卖过程中发生“隐产瞒税、产去税存”等现象，朝廷对土地买卖程序有严格规定，不办理有关土地赋税过户登记手续的，不承认土地买卖的效力。此举旨在防止农户逃避土地耕种和缴纳田赋的义务。可见，买主买到的既有永业田世代耕种的权利，也有世代交纳田赋的负担。

中国古代土地买卖是土地债权债务概括转移的另一个证据是，土地买卖中存在“加找”、“回赎”、“尽价”等交易习惯。卖方因“田累”卖地，卖价一定低廉，当减税、免税等政策出台后，土地耕种负担减轻，地价自然上涨，当地价上涨较多时，卖主会要求增加土地权益交易对价，而官府也根据民间惯例支

---

〔1〕 参见我国台湾地区“民法”第345条，《日本民法典》第555条。

持卖主主张。据李文治的研究，明代福建省土地买卖，数年之后仍在追加地价，谓之“尽价”。这种加价乃至“至再至三，形之词讼”。官府判决也依照惯例，“每讼辄为断给”。清代前期，绝大多数省份保留这种习惯。有些地方土地已经卖了二三十年，每亩地价已由银二三两涨至七八两，仍在加找不已。〔1〕这种土地买卖习惯，用土地所有权转移是解释不通的。买者不能一次买断，卖者没有一次卖净，这不是土地所有权买卖。其实，中国古汉语中“买卖”一词，可用于表达一切交易行为，并非专指所有权交易。比如，“卖身”、“卖淫”、“卖笑”、“卖文”、“卖力气”、“卖官”等，卖的都不是所有权。所以，把永业田买卖简单地理解为土地所有权买卖，多少有些唐突。

中国古代土地买卖的实质是土地权益和土地债务的概括转移，是国家与农户的土地租种合同中的债务人变更。不管是租种“官田”的佃户，还是耕种“授田”的主户，本质上都是君主国家的佃农，君主国家没有授予过农户私人土地所有权。有人认为，万历八年（1580年）福建汀州府长汀县《清丈归户单》确认了清丈后的土地所有权，农户不仅取得了土地所有权，还得到了“土地证”。〔2〕仔细看看这张《清丈归户单》，中间有一行字：“应照下则起科纳粮，佃人自耕。”“佃人自耕”明确表明了农户的身份地位，该农户是朝廷、官府的“佃人”。从中读不出国家赋予农户土地所有权的含义。在一份明朝崇祯六年（1633年）直隶怀来县土地执照中，写有：“此地由他耕种，

〔1〕参见李文治：《明清时代封建土地关系的松解》，中国社会科学出版社2007年版，第407页。

〔2〕参见张德义、郝毅生主编：《中国历代土地契证》，河北大学出版社2009年版，第244页。

永远为世，急连后世，毋违特示。”〔1〕该土地执照不是土地所有权证书，而是永业田证书。国家与农户之间的土地关系的性质直接决定了土地买卖的性质。国家未赋予农户土地私人所有权，农户之间的土地买卖，又怎么可能是土地所有权的转移呢。因此，仅凭土地可以买卖的史料，不能反推私人土地所有权的存在。

3. 主宰土地命运的人不是永业田主

学界认定私人享有永业田的产权，但私有产权与私人所有权是两个完全不同的概念，不可混淆。经济学界习惯用自由使用、自由买卖、继承等事实来说明私有产权。巴泽尔认为：“个人对资产的产权由消费这些资产，从这些资产中取得收入和让渡这些资产的权利或权力构成。”〔2〕张五常 1969 年定义私有产权，认为私产包括三种权利：使用权（或决定使用权）、自由转让权、不受干预的收入享受权。有了这三种权利，所有权（Ownership Right）是不需要的。〔3〕张五常明确指出，在私有产权外还有一个所有权概念。

经济学上的私有产权与法学上的所有权不同。私有产权可以包括所有权、债权、他物权、知识产权中的财产权以及人身权中的财产利益。只要权利人能排他地享有其中的利益，他就对这个利益享有私有产权。私有产权概念强调的是财产利益的归属。所有权强调的是对财产的主宰，即全面、绝对的支配。彼德罗·彭梵得认为，所有权可以定义为对物的最一般的实际

〔1〕 参见张德义、郝毅生主编：《中国历代土地契证》，河北大学出版社 2009 年版，第 246 页。

〔2〕 ［美］Y. 巴泽尔：《产权的经济学分析》，费方域、段毅才译，上海人民出版社 1997 年版，第 2 页。

〔3〕 张五常：《佃农理论——应用于亚洲的农业和台湾的土地改革》，商务印书馆 2000 年版，第 33 页。

主宰或潜在主宰。所谓的“主宰”是指所有主可以对物行使所有可能行使的权利，即使处分权等重要权能从所有人那里剥离出来，所有权仍潜在地保留其主宰的完整性。[1]可见，所有权的本质是所有权人对物的主宰意志，换句话说，谁能将主宰意志作用于物，他就是当然的所有权人。

谁能主宰永业田？这个问题不难回答。在中国君主社会里，土地主宰者始终是君主。具体表现在以下几个方面。

其一，君主国家控制土地赋税的征免。从“履亩而税”开始，君主朝廷直接主宰土地收益的分配。按亩征税，朝廷对土地的支配程度进一步强化，君主时常肆无忌惮地提高赋税，农户需要拿出往年积攒的余粮交税，甚至卖儿卖女卖地以应付皇粮国税。鲁哀公的一席话，最能代表王权对土地的主宰意志：“二，吾犹不足，如之何其彻也。”[2]朝廷征收土地赋税完全按照君主意志进行，无须征得任何人的同意，也根本没有商谈余地。君主对土地收益的主宰，还表现为减免土地赋税。一个朝代在早期一般会采取“轻徭薄赋”方针，以恢复农业生产，稳定社会秩序。如汉代的“三十而税一”，宋代的“益蜀其租调，宽以岁时”。君主免除农民的土地赋税，充分体现了君主对土地的主宰意志，不是对土地私人所有权的承认。《明史·食货志》记载：洪武年间，“官给牛及农具者，乃收其税，额外垦荒者永不起科”；到宣德时期，永不起科的垦荒田、低洼积水地、盐碱地等都核查纳入计征税额。一面是“永不起科”的信誓旦旦，一面是“皆核其赋”的铁面无私，君主对土地的主宰意志一览无余。

---

〔1〕参见［意］彼德罗·彭梵得：《罗马法教科书》，黄风译，中国政法大学出版社1992年版，第194页。

〔2〕《论语·颜渊》。

其二，君主控制土地分配。民户永业田的取得方式多种多样，有在前朝已经占有的，有在新朝开垦的，还有通过买卖或者接受君主赏赐的。不管永业田来源如何，最终都属于国家分配的土地，即国家“授田”。历朝历代的“编户齐民”都是土地重新登记、分配的过程，是君主确认自己对土地主宰和支配权力的必经程序，区别仅在于君主主宰土地意志的表现程度，有的强烈，有的温和。

秦始皇主宰土地的意志比较强烈。秦始皇“使黔首自实田”政令，历来有不同解释。如果把编户黔首政策放在秦始皇统一六国后的一系列举措中来观察，就会发现，“自实田”不是自己申报土地所有权的意思。始皇二十六年“徙天下豪富于咸阳十二万户”；始皇二十八年（公元前 219 年）琅琊刻石曰：“六合之内，皇帝之土”；始皇三十一年颁布“使黔首自实田”法令；三十三年，“发诸尝逋亡人、赘婿、贾人略取陆梁地，为桂林、象郡、南海，以谪遣戍”；又于三十五年“徙三万家丽邑，五万家云阳”；三十六年，“迁北河榆中三万家”；秦始皇三十二年东巡刻石有云：“男乐其畴，女修其业，事各有序。惠被诸产，久并来田，莫不安所”。把“使黔首自实田”放在上述系列举措中考察，就会发现秦始皇不是为“黔首”授予私人土地所有权。对待豪强，强制他们迁移，强制他们充实边疆蛮荒；对待黔首，命令他们主动附着于土地，让他们主动去开荒占地以充实田地，充实国家赋税。“实田”与“实边”性质相同，是一种强制性的“编户齐民”措施，再把它与户律放在一起考察，可以得到更准确的理解。“自实田”是“名田宅”制度内容之一，“名田宅”即每家每户按户名将田宅登记入户籍，国家按照户籍征收赋税，有田宅而不自立门户，依附在他人户籍中的，以及代替他人名田宅的，田宅没官，并受徒刑。自觉并诚实地“自实田”

者，是“臣服”的表现，国家可正常收取各种田赋，自可相安无事；倘若有作奸犯科者，不名田宅、代名田宅的，国家对待这些不愿“臣服”者，采取没收田宅、并处徒刑的处罚。“自实田”是百姓不得不遵守的法律义务。汉承秦制，从汉代对“不名田宅”的处罚中就可想象秦朝黔首不“自实田”的后果。〔1〕可见，“黔首自实田”是秦始皇分配、登记土地的一种方式，不是立法授予或承认黔首私人土地所有权。

宋太祖则以相对温和的方式表达主宰土地的意志。北宋通过政变方式和平建国，王朝对土地的主宰无须大刀阔斧。据《宋史·食货志》记载：宋太祖即位，沿用周世宗的办法，周世宗曾经实行过“均田制”，宋太祖也命令官员“分诣诸道均田”，并且立即谪降贬黜暴虐民众与“度田不实”的官吏，同时将天下民众分为五等，分类管理。可见，宋朝是用动静最小的方式来完成土地分配和“编户齐民”。

其三，君主国家控制耕者人身。“无财产，无人格”这句西方法谚也可反过来理解，即“无人格，无财产”。如果耕种土地的人缺乏独立人格，不得不依附于国家或他人，那么他不可能享有土地所有权。农民的人身不能由自己控制、支配，而国家可以主宰农民人身，那么国家授予农民的土地当然不是农民所能主宰的所有物。土地是朝廷支配“编民”的工具，而非“编民”支配的对象。

中国君主社会对农民人身的控制相当严密。通常做法是，登记户籍，并授予土地，通过户籍和赋税制度将农民捆绑在土地上，土地成为君主国家控制民户人身的工具。以宋代为例，

〔1〕参见张家山汉简《二年律令》第324简记载：“诸不为户，有田宅，附令人名，及为人名田宅者，皆令以卒戍边二岁，没入田宅县官。为人名田宅，能先告，除其罪，有畀之所名田宅，它如律令。”

一般认为宋代农民有一定的人身自由。其实，宋王朝支配和控制民户人身严密程度没有降低，只不过控制得更有技巧。第一步，朝廷把过去荫附于豪强的“私属”、“部曲”挖掘出来，作为“客户”，让他们直接依附朝廷。开宝四年（971年）七月，宋太祖下诏，通检全国丁口，将主户、牛客、小客一并“抄入版籍”。从佃户与主户的关系看，佃户获得了人身自由，但从国家和佃户的关系看，是国家获得了佃户的人身控制权。宋徽宗大观四年（1110年），宋朝登记人口1.04亿，比唐代翻了一番。宋王朝搜罗人口的能力超越前朝，主要得益于“客户”制度。第二步，宋朝廷为确保财源，对天下的编户齐民实行严格管理和经营。一方面，依财产、人丁划分户等，按户等征派赋役。民户为逃避国家的控制，“土地不敢多耕而避户等，骨肉不敢义聚而惮人丁。”[1]宋王朝对民户人身控制的严密致使很长时期土地荒芜，即使朝廷不断推出各种垦田的优惠措施，都无法激励农民受田落户。另一方面，人手充沛，朝廷可直接“经营利用”客户，让客户直接佃种官田，以获取更多的土地收益。宋王朝严密控制民户，最终目标直指赋税。当赋税繁重时，一个明显的现象就是“逃户”。“编户”与“逃户”是人身的控制与反控制。控制了民户人身就等于控制了民户财产，而土地不过是控制民户人身的幌子。民户“以田为累”时，会卖地逃户。在民户人身依附于土地的制度下，土地不会成为民户的所有物。

宋王朝与豪强争夺“编民”的手法相当巧妙。一方面，维护主佃的尊卑等级，使依附于豪强的佃仆生活在黑暗中。“鞭笞驱役，视为奴仆。”[2]“亡宋以前，主户生杀，视佃户不如草

〔1〕《宋史》卷一七七《食货志上五·役法上》。

〔2〕苏洵：《嘉佑集》卷五。

芥。”[1]另一方面，给佃户脱离依附的光明之路。宋仁宗鼓励佃户立户，特下诏：“自今后客户起移，更不取主人凭由，须每田收毕日，商量去处，各取稳便，概不得非时衷私起移。如是主人非理拦占，许经县论详。”[2]宋王朝对待主客人身依附关系的一轻一重，是朝廷与豪强争夺劳动力的反映。中国古代的民户要么在朝廷“编户齐民”的强制下依附于土地，成为朝廷的佃户；要么主动卖地、投献荫附于豪强，沦为豪强的奴仆。

朝廷“编户齐民”后，更以精细化的“保甲制”维系君主皇帝对民户的人身控制。“什伍其民，条分缕析，今皆归于约会长，凡讼狱、师徒、户口、田数、徭役，一皆缘此而起。”[3]每个农民，都被纳入保甲之中，由牌头、甲长、保长依据君主朝廷的意志，加以控制。农民只能守其本分，耕种田地，缴纳赋税。农民作为无独立人格的主体，不可能享有私人土地所有权。

（三）判断所有权的法律标准

行文至此，或许有人会说，你在上文用的所有权标准与我的不同。各用各的标准，各讲各的概念当然会导致结论的不同，最终变成自说自话。因此，有必要讨论判断所有权有无的法律标准问题。

按照我国《民法通则》以及《物权法》的规定，所有权是依法享有占有、使用、收益和处分的权利。但是，不能以是否具有这四大权能来判断所有权的有无，这是因为，具备四大权能的权利未必是所有权。所有权是全面支配的物权，其权能是

---

〔1〕《元典章》卷四二。

〔2〕《宋会要稿》（第121册），《食货》卷一，上海大东书局1935年影印本，第24页。

〔3〕（清）《保甲书》卷三。

不可穷尽的。更重要的是，权能作为权利的表现形式，通常在特定的时空只能表现为某种特定的形式。当所有权表现为收益权能的同时，不能表现为处分权能，如同水分子在表现为水蒸气的同时不能表现为冰一样。学者将这种所有权与所有权权能之间的关系表述为所有权的整体性或者所有权权能的单一性。〔1〕判断一种权利是不是所有权，不能从它具备何种权能入手，即不能从它的表现形式入手，而要深入到实质。

所有权的实质是什么？可从权利本质的学说中发现研究所有权本质的线索。关于权利的本质，19 世纪形成了“意思力说”和“利益说”的对立。权利的本质要么是指意思自由，要么是指受法律保护的利益。“意思力说”侧重权利观念所包含的内容要素，揭示权利的内容特性是行动许可性。“利益说”则从权利的目的要素入手，强调授予意思支配力的目的是实现某项利益。〔2〕结合这两点，所有权的本质要回答的问题是，所有权体现了一种什么意思力以及基于这种意思支配力可实现什么利益。

近代资本主义国家确立的所有权神圣不可侵犯原则，揭示了所有权的本质。所有权神圣不可侵犯，意味着所有权人在所有权中可以实现意思自由，即所有权人在所有权中可以自由发展其意思。这种意思力进而可以满足所有权人依法获得利益的愿望。所有权神圣不可侵犯的要义在于所有权可以抗衡君主权力、国家权力和一切行政权力。财产抗衡权力、所有权神圣不可侵犯是近代西方法学意义上的所有权的本质。这一本质的形成，是西方国家特有的政治、法律和思想传统的产物。以下笔

〔1〕 孟勤国：“论所有权能的单一性”，载《广西大学学报（哲学社会科学版）》1988 年第 2 期。

〔2〕 参见龙卫球：《民法总论》，中国法制出版社 2001 年版，第 133～134 页。

者将花费一些笔墨来叙述这种传统，并说明所有权神圣不可侵犯并抗衡权力的本质是如何形成的。

1. 罗马法“家父主权”奠定了所有权抗衡权力的制度基础

罗马法有三个术语指称所有权，依次为“dominium”、“mancipium”和“Proprietas”。[1]

dominium，即历史时代的所有权，是一种历史沉淀物，它包含着家父的那种具有主权特点的古老权力。家父拥有一个家庭的主权。家父权力既包括对人的支配权，又包括对财产的权利；家父权力的对象有隶属于家父的自由人和奴隶，受家父支配权指挥的、用于牵引或负重的牲畜，意大利土地以及作为其附属品的某些地役权。由于家父的权力具备主权所要求的两个要件：居民和领土，故而被称为家父主权。

家父主权由于罗马城邦的联盟性质得以与城邦主权长期并存。根据格罗索的研究，家父主权先于城邦法律而存在，是习惯法而不是制定法。罗马城的“王”拥有军权和宗教权，围绕这两种权力，“王”必然拥有一系列同维护城市统一及生存任务相关的支配权和特权，但这些权力不是立法权，所以城邦的权力不会延伸到部落或家族内部的财产关系中。在城邦产生之前，家庭或者说家父之间，就会形成一系列关系，它们反映着一种“家际社会”的秩序，人们把这些关系的总和称为“法（ius）”，它并非城邦的产物。可见，家父主权并不依附于城邦主权，相反，城邦主权建立在家父主权的基础之上。

随着历史的发展，从家父主权这种“所有权——主权”统一概念中逐渐分离出独立的对物的所有权——“mancipium”，即要式买卖权。“要式买卖”是一种象征性售卖，需要履行庄严

[1] 以下关于所有权概念的历史发展请参见［意］朱塞佩·格罗索：《罗马法史》，黄风译，中国政法大学出版社1994年版，第9页以下。

程序，卖主有义务保证物的所有权，如果卖主出卖的物不是他自己的，则退回双倍价款，通过“要式买卖”获得的物一般均有确定的所有权。

到帝国晚期，针对用益权的广泛存在，罗马人创造了“Proprietas”作为对物的最高权益的“技术性术语”，这就是后世所有权概念的直接源头。

家父主权虽然逐渐退出了历史舞台，但留在“mancipium”和“Proprietas”上的“主权”烙印经久不灭。这从前文所引彼德罗·彭梵得有关所有权的定义中可以得到印证。所有权的“主宰”在效力上不像主权那样强大，但与主权一样不可侵犯。“原始形态的所有权的确是绝对的和排他的权力，它排斥任何限制、任何外来的影响；它必然吸收一切添加进来的东西；它是永久的。”〔1〕

从罗马法所有权概念的演变中，可得出两个结论：其一，罗马法所有权的最初模型是“所有权——主权”二位一体的，主权的神圣不可侵犯必然意味着所有权的神圣不可侵犯。比如，典型的早期土地——“划界地”有着神圣的边界，就像城邦有自己的城墙和城界一样。虽然罗马人没有提出主权神圣的口号，但他们用生命保卫城邦的行为不断诉说着主权神圣的理念。即使到优士丁尼法中，所有权的永久性被废除、相邻关系严格限制了所有权、土地税的豁免权终止，所有权上的“主权”油彩差不多已经褪尽，但神圣不可侵犯的观念依然被保留下来。

其二，罗马法所有权概念的演进史，并不是财产所有权从无到有，从共有到私有的过程。相反，私的所有权从一开始就存在了，而且是绝对的主流形式，只有一些与每个人的生活息

〔1〕［意］彼德罗·彭梵得：《罗马法教科书》，黄风译，中国政法大学出版社1992年版，第195页。

息相关的东西才是共有的。在优士丁尼看来，“…有些物为一切人所共有；有些是公共的；有些是团体的；有些不属于任何人；多数物属于个人…”“…为一切人共有的物是这些：空气、水流、海洋以及由此而来的海岸。”〔1〕即使在最重要的土地所有权问题上，也是私的所有权与集体所有权并存。家父对土地行使的是个人所有权，氏族所有权和城邦所有权表现为集体所有权。〔2〕这说明，国家以公有名义对私的所有权的侵犯或者消灭并非财产权发展的趋势。私的所有权与公的所有权不是初级与高级的关系，这里不存在所谓的“进化论”。自始至终，私的所有权与公的所有权和平共处，并在对峙中寻找平衡。所有权与王权的分工和对峙的社会结构，或许是罗马城邦兴盛的原因之一。也许是看到了所有权与王权对峙的制度优势，拥有无上权力的优士丁尼也不得不承认“无论如何，不能消灭自然法上的权利”。〔3〕

2. 自然法信仰培育了所有权抗衡权力的观念

法律术语“所有权”与宗教观念“神圣”结合在一起，预示了宗教对所有权法律地位的影响，也预设了分析路径：可以透过宗教和哲学来把握所有权神圣的信仰基础。

“宗教和哲学本质上毫无区别。哲学是被寻求中的宗教，宗教是被认识了的哲学。”〔4〕这一论断用在古希腊早期十分贴切。

---

〔1〕［古罗马］优士丁尼：《法学阶梯》，徐国栋译，中国政法大学出版社1999年版，第111页。

〔2〕［意］朱塞佩·格罗索：《罗马法史》，黄风译，中国政法大学出版社1994年版，第113页。

〔3〕［古罗马］优士丁尼：《法学阶梯》，徐国栋译，中国政法大学出版社1999年版，第71页。

〔4〕［法］皮埃尔·勒鲁：《论平等》，王允道译，商务印书馆1991年版，第281页。

古希腊早期阶段，法律和宗教在很大程度上是合一的。在法律和立法问题中，“特耳非”的圣理名言被认为是阐明神意的一种权威性意见；宗教仪式渗透在立法与司法的形式之中；祭祀在司法中起着至关重要的作用，国王的职责和权力由宙斯亲自赐予，所以，法律被看作是恒定不变的神授命令。[1]所有权的产生在当时归诸神意，神授的所有权自然是神圣的。这是所有权神圣的思想源头。

随着“智者”的怀疑，希腊人渐渐认识到法律完全是一种人为创造的东西，可以根据人的意志而更改。希腊哲学开始宣称“人是万物的尺度”，成文法是掌权者为了增进自身的利益而制定的，正义不外乎是对强者有利的东西。法律与正义失去了神圣的光芒。但是他们承认，存在一种自然的规则，只有自然法则是神圣的。希腊哲学的演变，并未激进到神与人的两极对抗，只是神变成了自然。

但自然与神并无本质区别，这一点经由斯多葛派哲学的解释得到证明。作为斯多葛派哲学核心概念的“自然”，“就是支配性原则，它遍及整个宇宙，并被他们按泛神论的方式视为神。这种支配性原则在本质上具有一种理性的品格。”[2]可见，在西方哲学里，神、自然、理性等概念具有同质性，虽然语词不同，但都有至高无上的、神圣的寓意。

古罗马的西塞罗深受“神授”和“自然法则”思想的影响，他说：“真正的法律是与自然一致的正当理性；其是普遍适用、不变和永恒的；一个永恒的、不变的法律对一切时代、对

〔1〕［美］E. 博登海默：《法理学：法律哲学与法律方法》，邓正来译，中国政法大学出版社1999年版，第4～5页。

〔2〕［美］E. 博登海默：《法理学：法律哲学与法律方法》，邓正来译，中国政法大学出版社1999年版，第13页。

一切民族均发生效力。我们将有一个主宰和统治者，那就是上帝，超乎我们之上的上帝，他是这部法律的创造者、颁布者和裁判者。"〔1〕被喻为罗马法灵魂的西塞罗的这一思想被完整地反映在罗马法中。优士丁尼强调自然法是神制定的，"为所有民族完全一致地遵循的自然法，的确是由某种神的先见制定的，它们总是保持可信和不可变易"。〔2〕他还提到"自然法上的权利不可消灭"。所有权是自然法上的权利，无论如何不能通过市民法的方式加以剥夺，所有权的神圣化在罗马法中得以确立。

因为人们对神与自然的信仰，使所有权具有了神圣不可侵犯的地位。后人对于所有权"神授说"往往嗤之以鼻，把它与迷信相提并论。这种态度过于机械和教条，或者说，对所有权"神授说"的简单化批评不是一种唯物史观的态度。需要反思的不是神与自然的虚妄，而是当时的人们为什么会信仰神与自然。在漫长的人类岁月里，人们可以自觉地观察到这样一个生活事实：崇拜君主会使自己沦为事实上的奴隶，人格、财产、自由甚至生命都不由自己控制，而信仰上帝不会给人类带来任何实质的伤害。人们心甘情愿被上帝剥夺生命和财富，但绝不心悦诚服地被他人掠夺和压迫。对神的信仰源于人类本性中趋利避害的本能。圣·托马斯·阿奎那宣扬自然法高于人法；宣扬如果法律是非正义的、非理性的而且与自然法相矛盾，就根本不是法律，而是对法律的歪曲；宣扬我们应当服从的是上帝，而不是人。人们基于趋利避害的本能被阿奎那的"神授说"所吸引。虽然后世的所有权思想中交替出现自然、理性、意志等概

〔1〕转引自肖厚国：《所有权的兴起与衰落》，山东人民出版社 2003 年版，第 25 页。

〔2〕［古罗马］优士丁尼：《法学阶梯》，徐国栋译，中国政法大学出版社 1999 年版，第 21 页。

念，但它们不过是在“神授说”的基础上对“神是谁”问题的不断解答。基督教神学家把原始人对神的信仰发挥到极致，虽然他们不断变化自己的说辞，但所有权神圣不可侵犯这一核心思想从未动摇过。

上帝死后，所有权神圣并未因此而消亡。无数思想家在为所有权神圣寻找新的信仰。他们复兴了自然法，纠正了基督教神学对自然的歪曲，沿着自然法则的道路，重建所有权神圣信仰。洛克的“劳动说”与格劳秀斯的“先占说”一脉相承。先占是人的劳动的一种方式。格劳秀斯破除了财产来源于上帝的观念，代之以先占，但他没有解释先占之人为什么可以正当地取得物的所有权。在洛克看来，不是劳动本身使所有权的取得变得正当，而是因为劳动是人自身的外化。他的逻辑推论是：每个人都有对他自己本身的所有权，也有对他身体所从事的劳动和他的双手所从事的工作的所有权。因此，如果他把他的劳动与某物混合，使此物脱离它的自然状态，人就可以确定拥有这些物的所有权。〔1〕但“劳动说”没有办法证明不劳而获依靠继承拥有财富的合理性，也没有办法解释工人不能拥有他们所生产的产品这一事实。

康德克服了洛克“劳动说”单纯依靠“身体和劳动”的缺陷。康德的结论是：“‘这个外在对象是我的’之所以是正确的，那是因为占有，从可以感觉到的外在事实的占有，变成根据内在权利的理性占有。”所谓“理性占有”是可以由理智来领悟的占有，即纯粹法律的占有。理性占有的核心是“意志”。他还说：“如果我有资格继续占有这一小块土地，那么，即使我离开它到了别的地方去，它仍然是我的，只有在这种情况下，我的

---

〔1〕［英］洛克：《政府论》（下），叶启芳、瞿菊农译，商务印书馆1995年版，第20～23页。

外在权利才与这块土地发生联系。”在身体和劳动之外，康德引入了“意志”。他认为，一个单方面的意志——声明某种外在的东西是我的——不能对所有的人起到强制性法则的作用，只有那种公共的、集体的和权威的意志才能约束每一个人。所以，只有在文明社会才可能有一种外在的“我的和你的”。加入了“意志”内涵的理性占有概念不是经验的概念，需要通过心灵的想象，撇开一切空间和时间条件，方能正常理解。〔1〕理性占有的先验性如同上帝一样不可捉摸，在康德把我们的思维引向“理性占有”的时候，一种旧的信仰复活了，一切都是自然的安排。

黑格尔把人的自由意志与财产的关系做了更富激情的阐述：“当生物成为我所有的时候，我给它不同于它原有的灵魂，就是说，我把我的灵魂给它。”“唯有人格才能赋予对物的权利，所以人格权本质就是物权。物权就是人格本身的权利。”“财产之所以合乎理性不在于满足需要，而在于扬弃人格的纯粹主观性。”〔2〕黑格尔把人格与财产紧密联系在一起，离开了人格的财产不过是自然物，而不是法律物。同样，离开了财产的人格不过是缺乏实质内容的主观臆想。由于财产权与人格权的这种一体关系，侵犯财产权就是侵犯人格权。如果侵犯人格权是不能容忍的，那么侵犯财产权也是不能容忍的。

康德和黑格尔将“人的理性”和“自由意志”送上神坛。理性和自由意志是天赋的，与生俱来，剥夺所有权就是剥夺人的自由意志，就是剥夺人的人格，就是剥夺人与生俱来的自然

〔1〕 以上康德阐释的有关内容引自［德］康德：《法的形而上学原理》，沈叔平译，商务印书馆1991年版，第54~73页。

〔2〕［德］黑格尔：《法哲学原理》，范扬、张企泰译，商务印书馆1982年版，第50~54页。

权利。对人的信仰代替了对神的信仰，但财产所有权不管是作为人的自由意志和人格的外化，还是作为上帝的恩赐，都是神圣不可侵犯的。“综观整个哲学史和法律史，可以推导出如下思想：必定存在着一些根本的、前国家的和永恒的、不受国家权力拥有者（‘立法’）控制的权利。人们用‘自然法（Naturrecht）’这一集合概念来标志这种基本法则。”〔1〕自然法是西方人的法律信仰，经由“神”、“自然”、“上帝”和“理性”等思想的传播和锤炼，烙刻在西方人的灵魂深处。所有权神圣化源于西方人灵魂深处的自然法信仰。

3. 近代资产阶级革命重塑所有权抗衡权力的法律丰碑

所有权神圣不可侵犯原则在17、18世纪近代西方国家全面崛起。17世纪，英国最早确立了所有权神圣不可侵犯的法律原则，它是英国平民与国王财产观念尖锐冲突的产物。一方面，英国平民的财富急剧增加。亨利七世把大片土地分给小地主，亨利八世也把从教士手中没收来的土地转让给小地主，到伊丽莎白时期，英国财富的天平已经决定性地从国王和贵族倒向了平民。〔2〕拥有财产的英国平民有了捍卫自己财产所有权的需要。另一方面，英国国王查理一世横征暴敛，任意征收、掠夺平民的财富，民众开始质疑王权的正当性。法国学者基佐这样描述当时的情形：整个英格兰都在诘问王权的性质，这种探询开始时是战战兢兢的，并非出于爱好而是出于需要才这样做的，他们的谈论长期都是秘密进行的，而且不敢谈论得太深透，但

〔1〕［德］伯恩·魏德士：《法理学》，丁小春、吴越译，法律出版社2003年版，第188页。

〔2〕转引自［美］理查德·派普斯：《财产论》，蒋琳琦译，经济科学出版社2003年版，第39页。

是这些谈论给了他们更大的自由和勇气，这是前所未有的。〔1〕但是在国王眼里，国王的权力来源于“神授”，国王拥有对私有财产的合法权利，他可以不经臣民的同意就进行征税和没收。查理一世痴迷神授王权，为聚敛财产，他不惜反复解散议会。英国民众如何捍卫自己的财产权？他们的对策是把财产所有权抬高到神圣地位，上升为与生俱来的天赋人权，财产权与王权同样神圣。如果王权可以肆意侵犯财产所有权，那么财产所有人也可以反抗王权。这种思想一直不断地反映在近代英国立法和司法实践中，法院会经常宣布国王的命令无效。亨利四世为限制外国人和外籍居民带进伦敦的羊毛布料和帆布，允许对卖主和买主每成交一匹布各征收一便士。这项国王特许收费许可被法院宣布无效，因为它不但没有造福民众，反而加重臣民负担。〔2〕1628 年的《权利请愿书》中有限制王权剥夺财产权的内容，“自今以后，非经国会法案共表同意，不宜强迫任何人征收或缴付任何贡金、贷款、强迫献金、租税或类此负担。”〔3〕1638 年汉普登审判中，虽然 12 位法官中有 7 人裁定汉普登必须按照国王的要求支付税款，但这一判决被普遍视为国王在道义上的失败，因为查理一世不仅只赢得了微弱的优势，而且最受人尊敬的法官们都站在被告一边。1640 年，下议院撤销对汉普登的判决，理由是国王先前征收造船费的行为与国家的法律和

〔1〕［法］基佐：《一六四零年英国革命史》，武光健译，商务印书馆 1986 年版，第 26 ~ 27 页。

〔2〕［美］罗斯科·庞德：《普通法的精神》，唐前宏等译，法律出版社 2001 年版，第 47 页。

〔3〕由嵘等编：《外国法制史参考资料汇编》，北京大学出版社 2004 年版，第 291 页。

法令、财产权利、民众的自由相违背。〔1〕王权与财产权的较量最终以查理一世被送上断头台而告一段落。神圣的所有权不仅鼓舞了民众士气，也震慑了权力的执掌者。即使在君主复辟后，查理二世和詹姆斯二世也不敢越所有权神圣之“雷池”半步，他们都保证绝不“侵犯”其臣民的财产。1689 年的《权利法案》明确规定国王保证绝不中止法律的实施以及不经议会批准不得征税。英国国王通过承认所有权的神圣换取了王权的保存。可见，在英国法上，所有权后面的“神圣”二字是不可或缺的，它是财产所有权战胜神授王权的象征。

如果说英国人对所有权的神圣化只是为了抗衡王权的话，那么法国人则希望神圣的所有权能彻底摧毁王权和一切封建特权。法国农民不仅依附于地主，还依附于教会和国王。除受地主剥削外，农民还必须向教会缴纳“什一税”，向国王政府缴纳三种税：所得税（即对于农民的一切收入所征收的税）、人头税和念一税（二十分之一的土地税）。1789 年的农民起义不单是针对地主，同时也针对投机商、包税人、作恶的法官以及一切榨取人民不劳而获的人。许多贵族代表和僧侣不得不表示让步，据说这一夜之间大家所放弃的特权共达 150 种之多，〔2〕足见法国农民耕种的土地上布满了封建制度的羁绊。所以，法国革命胜利后，法国人更加痴迷财产所有权的神圣化。1789 年法国《人权宣言》第 17 条规定：“财产权是不可侵犯的、神圣的权利，因此，除非由于合法证明的公共需要明显地要求的时候，并且在公正的、预付赔偿的条件下，任何人的财产权都不受剥

〔1〕［美］理查德·派普斯：《财产论》，蒋琳琦译，经济科学出版社 2003 年版，第 175～177 页。

〔2〕转引自刘祚昌、光仁洪、韩承文：《世界通史》（近代卷上），人民出版社 1997 年版，第 189～202 页。

夺。"〔1〕1804年的《法国民法典》进一步细化了财产权的神圣，其第544条规定："所有权是对于物有绝对无限制地使用、收益及处分的权利，但法令所禁止的使用不在此限。"第545条规定："任何人不得被强制放弃其所有权，但因公用，且受公正并事前的补偿时，不在此限。"法国众多学者甚至用"滥用"一词解释所有权的神圣。〔2〕这一切都在表明，法国人要用神圣的所有权替代神授的王权和封建特权，以防范封建制度的死灰复燃。法国法上，所有权不仅要神圣化，而且要绝对神圣化，不允许任何权力与神圣的所有权平起平坐。

所有权神圣在美国的崛起极富讽刺意味，是美利坚民族对英格兰"以其人之道还治其人之身"的一场经典胜利。1765年，北美殖民地各主要城市的代表集会于纽约，发表宣言反对英国议会的《印花税法》。该法规定，凡殖民地的商业契约、广告、历书、新闻纸以及一切证明文件，都必须贴上印花税。在反对该法的"殖民地人民的权利及其不满原因的宣言"中，他们指出："不得人民的同意，或者不经过人民的代表的同意，就不能向人民征税，这是天经地义的原则，在英国国会里并没有北美人民的代表，所以英国国会向他们征税，是不合理的。"〔3〕北美

〔1〕《人和公民的权利宣言》，潘汉典译，载由嵘等编：《外国法制史参考资料汇编》，北京大学出版社2004年版，第300页。

〔2〕劳伦说，民法典第544条的规定暗示着所有人有权毁损和滥用其财产，所有人可以挥霍财产，尽管从道德的立场上来说是邪恶的；但在法律上，那是所有人的权利。奥布莱认为，财产依其性质是一种绝对权，所有人可以自由地改变财产，甚至可以毁损，这就意味着所有人对其财产可以为所欲为。普拉诺伊强调所有人任意使用、甚至滥用其财产的权利，财产权对生活的意义是深刻的，它构成了所有的现实权利的完美形式，所有权具有永恒的价值。转引自肖厚国：《所有权的兴起与衰落》，山东人民出版社2003年版，第179～180页。

〔3〕转引自刘祚昌、光仁洪、韩承文：《世界通史》（近代卷上），人民出版社1997年版，第148页。

殖民地人民一直希望从英国政府那里得到英国国民待遇，得到所有权神圣不可侵犯的承诺，这个愿望最终只能诉诸革命。作为革命胜利的成果，《美国独立宣言》宣称："我们认为这些真理是不言而喻的：人人生而平等，他们都从他们的'造物主'那边被赋予了某些不可转让的权利，其中包括生命权、自由和追求幸福的权利。"〔1〕虽然没有提到财产，但"追求幸福的权利"涵盖了财产权。〔2〕英、法、美这三场近代资产阶级革命使所有权神圣成为现实，君主专制被民主政治所取代，"王权神授"被所有权神圣所颠覆。神圣化成为私人所有权对抗王权和国家权力的利器。所有权神圣不可侵犯，将封建的具有人身依附关系的财产制度荡涤得干干净净，为西方社会的繁荣、自由、民主、法治奠定了财产法基础，被近现代各国立法所吸纳，成为近现代国家不言而喻的真理。

所有权的精神是所有人依法自由支配所有物，国家权力不能肆意干预和侵犯。这也是现代国家征收私人土地，需要依法给予补偿的法理依据。一项财产权利是不是所有权，不能单看权利人享有什么具体的权能，而要深入到这种权利的实质，看它是否神圣不可侵犯，是否能抗衡权力。

（四）权力支配财产：中国历史上土地私人所有权无从发育

中国历史上不存在"家父主权"与"城邦主权"的二元社会结构，未产生自然法抗衡成文法的思想，没有发生过捍卫私人财产权利的典型的资产阶级革命，因而，财产抗衡权力的理论和实践一直没有萌芽。相反，权力支配财产成为中国历代土

---

〔1〕周一良、吴于廑：《世界通史资料选辑》（近代部分上册），商务印书馆1964年版，第93页。

〔2〕曾尔恕："试论《独立宣言》的思想渊源及理论创新"，载《比较法研究》2004年第6期。

地制度的核心，从某种意义上说，中国王朝的历史就是一部权力支配财产的历史。

1. 王朝权力对土地财产的支配：以“卖爵制”为例

历朝历代都会有一些土地减负政策，但是，土地薄赋并不意味着国家权力对土地占有人财产支配的疏忽或放松。依据《汉书·食货志》有关租税和国民财富的记载，恐怕有人会认为汉朝初期不存在权力支配财产的现象。汉朝“三十而税一”，与秦朝“泰半之赋”（2/3 的税率）相比，有天壤之别，国库充实，百姓富余、安居乐业，是盛世景象，看不出有权力凌辱财产的事实。

然而，完整地阅读《汉书·食货志》第四上篇，则可发现汉代税赋不比秦朝轻，文景盛世非薄赋之故，而是“卖爵制”产生的短期效应。《汉书·食货志》记载：

> “天下既定，民亡盖臧，自天子不能具醇驷，而将相或乘牛车。上于是约法省禁，轻田租，十五而税一，量吏禄，度官用，以赋于民。而山川、园池、市肆租税之人，自天子以至封君汤沐邑，皆各为私奉养，不领于天子之经费。漕转关东粟以给中都官，岁不过数十万石。”

战乱之后，最紧要的是恢复农业生产，让农民回到田地耕种，但君主并没有免除民众的田租，依然“十五而税一”。在农民休养生息阶段，这种税率很难称为轻赋。倒是《汉书·食货志》引用晁错的一段话，更能说明汉室赋税和农民生存的真相：

> “今农夫五口之家，其服役者不下二人，其能耕者不过百亩，百亩之收不过百石。春耕、夏耘，秋获、冬藏，伐薪樵，治官府，给徭役；春不得避风尘，夏不得避暑热，

秋不得避阴雨，冬不得避寒冻，四时之间亡日休息；又私自送往迎来，吊死问疾，养孤长幼在其中。勤苦如此，尚复被水旱之灾，急政暴赋，赋敛不时，朝令而暮当具。有者半贾而卖，亡者取倍称之息，于是有卖田宅、鬻子孙以偿责者矣。而商贾大者积贮倍息，小者坐列贩卖，操其奇赢，日游都市，乘上之急，所卖必倍。故其男不耕耘，女不蚕织，衣必文采，食必粱肉；亡农夫之苦，有仟佰之得。因其富厚，交通王侯，为过吏势，以利相倾；千里游遨，冠盖相望，乘坚策肥，履丝曳缟。此商人所以兼并农人，农人所以流亡者也。"

名义上的赋税是"三十税一"，但实际上朝廷收入的重点是在人头税。人头税在钱的方面计有"算赋、口赋和献赋"等；在役的方面则有徭役和兵役。农户在服徭役的同时，剩余粮食刚刚够一家人的基本口粮。即使在这种情形下，还会出现朝廷"急政暴（虐）〔赋〕，赋敛不时，朝令而暮改"的现象，汉代有史可考的税收类法规有《户律》、《田律》、《田租税律》、《租铢律》、《酎金律》、《田令》、《马复令》、《租挈令》、《算缗令》、《告缗令》等。除律令外，对于临时加增或减免的税收，则以诏书的形式发布。为应付这种"即兴式"的赋税，有粮农民往往半价出卖粮食筹款，无粮农民迫于无奈转借高利贷，最后不得不出卖田宅、卖儿卖女以偿还"驴打滚"债务。

汉代所谓的"薄赋"并没有给农民带来任何实际利益。农民无论有无土地及土地多少，一律按人头缴纳算赋、口赋及服徭役、兵役。无地少地的农民租佃豪强的土地，豪强向国家交三十分之一的租税，农民却要向豪强缴纳三分之二的地租。东汉荀悦在《汉纪》中说："今汉民或百一而税，可谓鲜矣，然豪强富人占田逾侈，输其赋太半，官收百之一税，民收太半之赋。”汉代“薄赋”使占有大量田土的地主豪强仅负担极少的税赋，这刺激了地主豪强疯狂兼并土地的欲望。

在此背景下，为什么还能出现“文景盛世”呢？这主要是因为晁错想出了“卖爵”绝招。《汉书·食货志》记载了晁错的建议：

> “方今之务，莫若使民务农而已矣。欲民务农，在于贵粟；贵粟之道，在于使民以粟为赏罚。今募天下入粟县官，得以拜爵，得以除罪。如此，富人有爵，农民有钱，粟有所渫。夫能入粟以受爵，皆有余者也；取于有余，以供上用，则贫民之赋可损，所谓损有余补不足，令出而民利者也。顺于民心，所补者三：一曰主用足，二曰民赋少，三曰劝农功。今令民有车骑马一匹者，复卒三人。车骑者，天下武备也，故为复卒。神农之教曰：‘有石城十仞，汤池百步，带甲百万，而亡粟，弗能守也。’以是观之，粟者，王者大用，政之本务。令民入粟受爵至五大夫以上，乃复一人耳，此其与骑马之功相去远矣。爵者，上之所擅，出于口而亡穷；粟者，民之所种，生于地而不乏。夫得高爵与免罪，人之所甚欲也。使天下人入粟于边，以受爵免罪，不过三岁，塞下之粟必多矣。”

晁错“卖爵论”的逻辑思路是这样的：提高农民种粮的积极性，需要提高粮食价格——提高粮食价格，必须铸造卖方市场，即卖粮的少、买粮的多，要形成粮食卖方市场，需要鼓励有钱的商人来购买——为鼓励商人购买粮食的积极性，就让商人向朝廷献粮换取爵位并可赦免刑罚处罚。

这种制度设计的可行性依据是，君主不需要支付实质性对价，只需赐予爵位，而所谓的爵位出自君主之口而无穷。人人都想得到爵位和免罪金牌，这种欲望驱使有钱人争相献粮。“卖爵制”的功能在于刺激粮食生产，确保粮食安全，并在“入粟于边”的献粮程序的保障下，搞好了国防建设。这样一种朝廷和商人共赢的制度设计堪称经典，汉文帝当然“从其言”。所以“文景盛世”的产生是晁错“卖爵免罪、刺激农耕”制度的产物，朝廷运用“爵位”这种“虚拟资本”，在不影响朝廷赋税收入的前提下，通过转移商人大贾的资产，既刺激农民种粮的积极性，又充实了边防。重税、锄强、增产、实边，无论在哪个方面，朝廷想要得到的利益可以说达到了“最大化”。

“卖爵制”将朝廷权力的功效发挥到极致，社会财富按照统治者的意愿在各个阶层、各个领域实现了有效的配置。正是由于“卖爵制”使朝廷获得了多重利益，才使得“三十而税一”的减税政策得以出台，《汉书·食货志》有记载：

> “错复奏言：‘陛下幸使天下入粟塞下以拜爵，甚大惠也。窃恐塞卒之食不足用大渫天下粟。边食足以支五岁，可令入粟郡、县矣；足支一岁以上，可时赦，勿收农民租。如此，德泽加于万民，民俞勤农。时有军役，若遭水旱，民不困乏，天下安宁，岁孰且美，则民大富乐矣。’上复从其言，乃下诏赐民十二年租税之半。明年，遂除民田之租税。后十三岁，孝景二年，令民半出田租，三十而税一也。”

晁错的“卖爵制”发生了一些细节方面的改进，即“入粟塞下”转变为“入粟郡、县”。因为边塞粮食足以支出5年，“卖爵”所得粮食可以转而进入郡、县粮库，当郡、县卖爵之粮足以支持一年以上的支出时，就可以通过减税政策“恩泽加于万民”。可见，农民之所以能享受到“三十税一”的优惠政策，完全是通过自己的辛勤劳动为边塞、郡、县生产出6年以上的粮食储备才得到的回报。"盛世"是农民超负荷生产的结果，而农民的积极生产最终应归因于"卖爵制"。由此可见，土地薄赋不是君主王朝权力主动退让或自我约束的结果，而是权力通过"卖爵制"的游戏规则肆意调节社会财富的产物。

2. 土地兼并下土豪与君王的博弈

当然，任何制度都有漏洞，"卖爵制"也不例外。其致命缺陷是助长土地兼并。试想，富商需要从农民手中购买大量粮食，农民生产的粮食交了赋税、留了备用后所剩无几，市场可售粮食价格必然昂贵，富商与其买粮，不如置地。富商招募失地农民耕种，既可确保粮食的储备，又能降低储备成本，还能套取市场差价，土地兼并成为必然。这一结果偏离了"卖爵制"初衷，"卖爵制"的最初目的是解决"商人兼并农人，农人流亡"的问题，结果，反而促进了土地兼并，农民流亡问题更加严重。

为矫正"卖爵制"带来的不良后果，董仲舒提出了"限民名田"的建议。据《汉书·食货志》记载，董仲舒历数秦商鞅之法的弊病，民众屯守边关一年、又服一年劳役，比前代人辛苦30倍；田地税和人头税，加上盐铁专营价格与农产品价格的"剪刀差"，又要多付出20倍收入；一些失地农民租种豪民之田，什税五。结果，贫苦农民穿牛马之衣，吃猪狗之食。讲完这些社会惨状后，董仲舒来了一句"汉兴，循而未改"。面对君王，董仲舒敢仗义执言，直言汉的社会现状与亡秦相似，汉武帝当然不乐意听。董仲舒提出的限制豪强土地占有数量、盐铁等垄断行业要服务于民、解放奴婢、轻徭薄赋等一系列主张，其出发点都是民众利益，忽视了朝廷利益或者说不能给朝廷带来看得见的眼前利益，因而习惯于权力支配财产的朝廷不到万不得已之时，断不会采纳这种立法建议。《汉书·食货志》记载了制度未能变革的后果："仲舒死后，功费愈甚，天下虚耗，人复相食。武帝末年，悔征伐之事，乃封丞相为富民侯。"

汉武帝承认了自己的失误，知道董仲舒的建议为富民之道，因而封他为富民侯。但汉武帝并不认为卖爵、兼并、重税有何不妥，而是转向发展农业生产技术，期望通过提升农业科学技术以解决社会问题。农业科学技术的提高自然能解决一些粮食产量问题，但农民的辛劳与日俱增，开始出现人"替牛挽犁"的现象。这从一个侧面反映了统治者不想让利于民，不能容忍权力受到丝毫损伤。掌权者要从权力中获取利益的最大化，权力支配财产的思路仍将继续。汉武帝或许能解决土地兼并问题，但因为骨子里并不想放弃权力对财产的支配，只是册封董仲舒为富民侯，却没有真正拿出富民举措。这一拖，最后将汉王朝拖垮了。

汉代一直没有解决土地兼并问题。即使后来到了汉哀帝时期，师丹、孔光、何武等人又重提"限民名田"，却无法实施。由于既得利益集团的干扰，旨在解决土地兼并问题的各种改革措施已无法推行。到王莽代汉自立，制度变革终于可以推行，但积重难返。《汉书·食货志》描述了王莽改制的情形：

> "下令曰：'汉氏减轻田租，三十而税一，常有更赋，罢癃咸出，而豪民侵陵，分田劫假，厥名三十，实十税五也。富者骄而为邪，贫者穷而为奸，俱陷于辜，刑用不错。今更名天下田曰王田，奴婢曰私属，皆不得卖买。其男口不满八，而田过一井者，分余田与九族乡党。'犯令，法至死。制度又不定，吏缘为奸，天下謷謷然，陷刑者众。"

王莽在土地兼并问题上搞"急刹车"，结果车毁人亡。不是因为"限田"制度不好，根源在于无法执行。谁来收，谁来分，谁来监督？既得利益集团不仅缺乏支持改革的积极性，反而会想方设法阻挠变法。朝廷一方面要倚仗他们征收赋税，另一方面又要让他们主动放弃既得利益，政策的“执行力”必然大打折扣。既得利益集团只要把改革的压力转移到农民身上，“王田制”就会既损害农民利益，又损害土豪利益，两头不讨好。

从汉武帝时期遗留下来的土地兼并问题毁了汉朝，连取而代之的新朝廷的制度变革都无法挽救。王莽新政实施三年后，土地兼并制度复辟。事后来看，当年董仲舒之所以奉劝汉武帝及时对土地兼并动大手术，可能已经考虑到积重难返的后果。王莽至死都不认为是自己的“王田制”惹出了麻烦，他找了“枯、旱、霜、蝗”等诸多客观原因，却没有看到醉心于土地兼并的权贵的抵抗才是失败的根源。

土地豪强从占有土地中获得了巨大收益，他们对土地的权利是不是所有权呢？表面上看，他们拿了大部分土地地租，得自由买卖土地，是标准的“地主”，当然享有土地私人所有权。但实际上，土地兼并的限制与开禁、土地收益的多征与少收，均取决于王朝君主的自由意志。

对付土地豪强，朝廷不一定要采取“限民名田、抑制兼并”的措施，因为朝廷从简单的土地整理中得不到明显的利益。君主朝廷有更好的办法，既能打击土豪又使朝廷获得巨大收益，如直接掠夺、籍没、迁豪等等，成本低、收益大，历朝历代，君王乐此不疲。如《史记·平准书》言：“卜式相齐，而杨可告缗遍天下，中家以上大抵皆遇告。……得民财物以亿计，奴婢以千万数，田大县数百顷，小县百余顷，宅亦如之。”《史记·平准书》又记道，“告缗令”实行后，“水衡、少府、大农、太仆各置农官，往往即郡县比没人田田之。”《汉书·食货志》第四下篇记载：“天子既下缗钱令而尊卜式，百姓终莫分财佐县官，于是告缗钱纵矣。”王莽就更直接了，下诏：“详考始建国二年胡虏猾夏以来，诸军吏及缘边吏大夫以上为奸利增产致富者，收其家所有财产五分之四，以助边急。”〔1〕

朝廷以武力相威胁，敲诈、勒索豪强财产，使权力支配财产表现得淋漓尽致。豪强兼并土地在朝廷看来无非是替朝廷代收赋税，时机一到，随意捏造一个借口就让豪强将“无权代理”而征收的赋税上缴。豪强的财产不过是朝廷权力的掌中之物。在权力掌控下的财产何以能发育出所有权?！在这种意义上，兼并占有了大量土地的土豪不是土地所有权人，他们实质上是皇帝、君王的土地“理财人”而已。

如果说朝廷这种率性而为的敲诈、勒索多少有点儿不太正当的话，那么“籍没”可是名正言顺的刑罚措施。有罪之人被抄家没收财产，朝廷既可得打击贪官污吏之美名，又能收巨资良田。甚至一些君王会故意捏造罪名，听凭他人诬告，籍没官员家产。

此外，迁豪、徙民，将被迁徙者的土地，收为公田，也是朝廷惯用的手法。秦始皇迁徙豪富20万户于咸阳；汉迁徙富民充实关中。如《汉书·元帝纪》诏称：“顷者有司缘臣子之义，奏迁郡国民以奉园陵，令百姓远弃先祖坟墓，破业告产。”另据记载，公元119年：

> “山东被水灾，民多饥乏，于是天子遣使虚郡过仓廪以振贫。犹不足，又募豪富人相假贷。尚不能相救，乃徙贫民于关以西，及充朔方以南新秦中，七十余万口，衣食皆仰给于县官。数岁，贷与产业，使者分部护，冠盖相望，

〔1〕《汉书》卷九十九《王莽传》。

费以亿计，县官大空。”〔1〕

看上去这是一次大规模的赈灾活动，朝廷耗费很大。但换一个角度看，70 余万户置换出来的良田该是多少？按一户平均 100 亩算，7000 万亩良田尽归朝廷。当然这次大规模移民属于机缘巧合，并非朝廷有意而为。耗空国库，一可以救济灾民以收民心，二可以充实边关、开发边疆，三可以储备 7000 万亩良田。一举三得，朝廷最乐意干的事情莫过于此。

徙民是打击土豪、抑制兼并、大规模整理土地的上上之策，为历朝历代惯用。比如明朝迁徙富民的史料：

> “明祖又尝徙江南富民十四万户于中都，又命户部籍浙江等九省及应天十八府富民万四千三百余户，以次召见，徙其家于京师，谓之富户。成祖因之，亦徙直隶、浙江民二万户于京师，充脚夫。又徙应天、浙江富民三千户充北京、宛大二县厢长，附籍京师，仍应本籍徭役。日久贫乏逃亡，辄选其本籍殷户补之。”〔2〕

至于盐、铁、茶专卖，钱币改铸，重征商税等朝廷惯用的掠夺民众财富伎俩，更使得民间所剩无几的财产又被“筛洗过滤”了无数遍。黄宗羲一语概括了中国王朝权力与财产的关系：“使天下之人不敢自私，不敢自利，以我之大私为天下之大公。”〔3〕

农民在横征暴敛下不可能再有私利，豪富在权力打压下不

---

〔1〕（清）王先谦：《汉书补注》卷二四下，商务印书馆 1959 年版，第 10 页。

〔2〕（清）赵翼：《二二史札记》卷三十二《明初徙民之令》，黄寿成校点，辽宁教育出版社 2000 年版，第 600 页。

〔3〕（明）黄宗羲：《明夷待访录·原君》。

敢自私自利，所有权没有滋生的土壤，民众不敢有对所有权的奢求，朝廷当然也不会主动赋予民众土地私人所有权。在朝廷权力的驱使下，“立公灭私”成为中华民族的集体无意识。看似有千差万别的诸子百家，在“立公灭私”这面旗帜下却有着惊人的一致。据刘泽华的研究，中国古代“立公灭私”成为主流意识，取消了“私”的正当性与合理性，形成了君主、国家与民间社会，公共领域与私人领域的尖锐对立，使中国社会政治生活出现了一个无法解决的“公”、“私”悖论。“立公灭私”是春秋战国时期公共理性的高度概括和总体特征，它与君主制度互为表里，为专制制度整合社会资源、控制分配权提供了理论依据。[1]中华民族传统意识中的“立公灭私”与“权力支配财产”相互配合，土地私人所有权的思想意识始终无法萌芽。

赵俪生认为，宋朝一面“广置营田”，一面“卖官田”，在把土地抓进来和抛出去中间，反复谋取利益。[2]这种认识是中肯的，但笔者不同意他“土地私有权逐渐深化”的结论。朝廷在土地收、卖之间实现土地利益只是权力行使的一种策略。在助长土地兼并与抑制土地兼并之间，君主不过是玩弄帝王权术而已。宋朝的“卖田”与汉代的“卖爵”本质上是一样的，都是搜刮民间财富的一种手段，只不过卖田更加赤裸裸。这就不难理解南宋高宗赵构的那句话：“朝廷拓地，譬如私家买田；倘无所获，徒费钱本，得之何益?!”[3]这种以商人的口吻，从投入产出、成本核算角度讨论朝廷土地价值的言语，揭开了王朝“以天下之大公为一己之大私”的面纱。难怪元人所修的《宋

---

〔1〕　参见刘泽华：“春秋战国的‘立公灭私’观念与社会的整合（上）”，载《南开学报（哲学社会科学版）》2003 年第 4 期。

〔2〕　赵俪生：《中国土地制度史》，齐鲁书社 1984 年版，第 130 页。

〔3〕　转引自赵俪生：《中国土地制度史》，齐鲁书社 1984 年版，第 122 页。

史》一针见血地指出："大国之制用，如巨商之理财。"[1]宋朝皇室大肆出卖官田，只不过是土地"理财"。朝廷"打理"土地财产，通过出卖土地经营权赚取利益，既不是出卖土地所有权，也不会发生土地私有权逐渐深化的结果。

中国历代王朝对待土地兼并的态度，是有意暧昧。君主苦思冥想的是江山世代相传问题，权贵豪强对朝廷威胁最大，所以朝廷一方面要打击"富可敌国"之豪强，另一方面也要打击收罗民心之权贵。放任权贵兼并土地，使其失民心，遭民怨，可减少朝廷政敌，防止政变；限制豪强兼并土地，可以使朝廷得民心，获巨资，削弱地方有组织反抗的力量，防止地方割据。所以，朝廷会在土地兼并不足时，出台政策刺激兼并，而在土地兼并过头时，又厉行抑制。帝王的权术就是掌握土地兼并的"度"，何时放，何时收，最考验帝王的个人能力和朝廷的控制实力。火候掌握得好，王朝富强，火候把握得不好，则王朝覆灭。所以，对待王朝放任土地兼并而形成的土豪现象，不能简单地以大地主土地所有权这样的概念来比附。一切都在帝王的掌控之中，豪强、权贵的财产，特别是土地财产尽在帝王的权力支配之下，只要帝王一句话，说没了就没了。同样，只要帝王愿意，其宠信可富甲天下。豪强、权贵再多的土地、再多的财富都是没有保障的，所谓的私人土地财富不过是帝王权力支配的对象。一些先贤良臣参透了其中奥妙，厉行节俭，世人美其名曰士大夫的生活伦理美德。[2]但将这种行为解读为避祸之

---

〔1〕《宋史》卷一百七十三《食货志上一》。

〔2〕《魏书》卷五八《杨椿传》记载了杨椿训诫子孙的话："我家入魏之始，即为上客，给田宅，赐奴婢、马、牛羊，遂成富室。"但他训诫子孙要散财、要俭约服饰、车马，不修豪宅，因为"正虑汝等后世不贤，不能保守之，方为势家作夺"。谷川道雄将其解读为士大夫谦退、止足的一种修养和伦理。参见［日］谷川道雄：《中国中世社会与共同体》，马彪译，中华书局2002年版，第185～196页。

道恐怕更加准确。

综上所述，中国历史上不存在私人土地所有权。在土地平均占有与不平均占有之间，君主专制国家不停地挥舞着权力大棒，根据君主朝廷的利益决定土地占有状态和土地收益分配。在豪强兼并土地与农民流离失所之间，不断穿插着“井田、名田、占田、均田”等平均占有土地的制度变革。主宰土地命运的人是那个把天下当作自己家的“天子”，只有他才是天下所有土地的主人。因此，中国古人不敢奢望土地私人所有权，他们的梦想只是平均占有土地，公平负担赋税。

如果一定要用权利来解释古代土地法律关系，那么，占有土地的人，无论是农民，还是土豪，他们享有的权利只是占有权，不是所有权。土地所有权在君主朝廷手中，君主朝廷从不区分土地上的统治权与所有权。由于土地财富始终被朝廷权力所控制和支配，土地私人所有权无从发育。中国古代文明与这种君主一人之私的土地制度恐怕没有什么必然联系。万里长城、辽阔疆域以及短暂的各种“盛世”，无非是专制霸权的产物。以中国历史上存在土地私人所有权为由提出土地私有化的学术主张，怕是找错了论据。

四、集体成员理论新解：坚持集体化的理论基石

中国《物权法》第 59 条为克服集体所有权主体虚位问题，力图“做实”集体所有权主体，即明确农民集体所有的不动产和动产，属于本集体成员集体所有。集体所有权的主体不是空洞的集体，而是成员集体。但仅仅在立法上确定集体所有权主体，还不足以让人们有足够的信心来坚持走农村土地立法的集体化道路。谁是集体成员？集体成员作为集体所有权主体会不会导致事实上的私有化？集体成员与集体之间是什么关系？这

些问题并不会因为立法规定了“成员集体所有”而消解，有人会对“成员集体”这个概念将信将疑，怀疑它是否是在坚持集体化，怀疑它是否能真正地走向集体化。因此，中国农村土地立法坚持集体化方向，最重要的是要从理论上阐明集体所有权主体问题，即对集体成员主体在法学理论上做出令人信服的解释。由于集体成员主体在西方法律传统中，特别是在以《法国民法典》、《德国民法典》为代表的大陆法系民法体系中难以找到相似的概念，解释它就成为一道难题。因而，集体成员主体法律解释问题不是一朝一夕就可完成的理论任务。笔者拟在已有研究成果的基础上，试图对“集体成员”做出新的理论解释，并为他人更新的理论解释提供批判的靶子。

（一）集体成员认定标准问题之所在

随着集体土地补偿费等财产收益按集体人口平均分配，集体重大事项决定权由集体成员行使，昔日“不利益”的集体成员身份受到追捧，一些离乡多年的人会回来要求分配集体财产。谁是集体成员，成为事关集体和农民重大利益的现实问题。同时，集体成员身份诉争案件频发，但由于法律上没有集体成员资格认定标准的规定，法院裁判案件往往以户口等标准为依据，在应对各种特殊情形时难免顾此失彼。准确判定谁是集体成员，是司法实践提出的紧迫需求。

关于界定集体成员资格的标准，历来学说中可举出两个具有代表性的看法：

第一个是户籍说。所谓户籍说，是指集体成员资格的认定，原则上以户籍为标准，特殊情形下应当考虑其他因素。〔1〕这里的其他因素主要包括“是否在本集体经济组织生产、生活”、

〔1〕 王利明、周友军：“论我国农村土地权利制度的完善”，载《中国法学》2012 年第 1 期。

“是否以本集体经济组织土地为基本生活保障”、“是否在本集体享有权利、承担义务”等等。主张户籍说的理由是：“户口的迁入和迁出是一种有章可循、有据可查的行政行为，超脱于集体成员的利益，用以确认集体成员身份具有最大可能的公正性和合理性，基本上可以覆盖目前农村集体的成员资格纠纷。”〔1〕但实践中，户籍的作用远没有想象中那么大。比如在成员资格取得方面，主要依靠“在本集体经济组织生产、生活”这个标准，而在成员资格消灭方面，基本不看户口，依据的是土地保障标准。〔2〕更为不利的是，户籍说无法应对农村土地置换形势下出现的新问题。近年来，一些村庄实行承包地、宅基地置换改革，农民的承包地已经流转、宅基地换成城镇住房，农业户口变成城市户口，农民在小城镇生产、生活，但农村集体经济组织并未消灭。此时，认定农村集体成员身份既不能依户籍，也无法按照土地保障或者在集体生产、生活等标准。户籍说无力解释这种无农村户口，无集体生产、生活，无土地保障，但仍有集体成员资格的现象。

第二个是法律行为说。该学说认为，现行集体成员资格认定过于注重自然增减、婚姻和迁徙等法律事实，过于依赖用于证明这些事实的户籍，应当降低户籍的决定性影响，注重当事人的意思表示。因为在一般意义的社团法中，成员资格得丧的效果，原则上因法律行为发生。〔3〕成员的权利和义务是通过合同或加入社团而取得，而不是通过户籍或其与村社的地缘关系

〔1〕 孟勤国：“物权法如何保护集体财产”，载《法学》2006 年第 1 期。

〔2〕 参见《天津市高级人民法院关于农村集体经济组织成员资格确认问题的通知》(津高法民一字［2007］3 号)。

〔3〕 张钦、汪振江：“农村集体土地成员权制度解构与变革”，载《西部法学评论》2008 年第 3 期。

而取得。在农村人口流动频繁的背景下，以户籍和地缘关系作为识别集体成员的标准不利于对社区内的所有人实行无差别的、平等的保障。〔1〕法律行为说依据的是一条私法原理，即私法上的法律关系由民事法律行为引起。但该原则并不绝对，私法上的法律关系，普遍都是由私人相互间的法律行为去形成的，但亦有不少的私法关系为国家的公法行为所形成。〔2〕因而，成员资格得丧变更由户籍引起，在法律上不是不可能的。在这个意义上，法律行为说不足以推翻户籍说。此外，法律行为说没有讲清楚如果法律主体是通过入社、退社行为取得或丧失集体成员资格的，在出生死亡、结婚离婚等情形下，这些主体是通过何种法律行为取得或丧失集体成员身份的。

上述两种学说缺乏充分的说服力，是因为它们都理所当然地把集体成员限定为个体的自然人。由于自然人的社会状态十分复杂，集体成员身份界定标准随之变得五花八门。天津市高级人民法院罗列出的自然人状态有 15 种类型。〔3〕不同状态的自然人有时按照不同的标准来认定其成员身份，有时按照相同标准来判断其成员身份。集体成员身份的取得和消灭基本变成“个案”处理。一旦发生新情况，集体成员身份的认定标准就要重新考虑。

集体成员资格标准之所以难以确定，根源在于固守农民个

〔1〕 杨一介：“农村地权制度中的农民集体成员权”，载《云南大学学报法学版》2008 年第 5 期。

〔2〕 参见［日］美浓部达吉：《公法与私法》，黄冯明译，中国政法大学出版社 2003 年版，第 166 页。

〔3〕 包括出生、结婚、国家建设或其他政策性原因、被收养、死亡、取得其他集体经济组织成员资格、取得非农业户口且纳入国家公务员序列或城市居民社会保障体系的等状态、农嫁（娶）农、农嫁（娶）非、离婚丧偶、在校学生、现役军人、服刑期的劳改或劳教人员、外出经商或务工人员、“空挂户”或“寄挂户”人员等。

人的主体地位，忽略了农户在农村集体成员法律制度中的作用。在这个意义上，农民个人与农户在集体成员法律制度中的地位问题，就成为“法解释学”的关键问题。

（二）农民个人作为农村集体成员依据不足

首先，农民个人作为农村集体成员，不符合集体成员权立法本意。《物权法》规定集体成员权，旨在克服实践中少数村干部擅自决定集体重大财产事务、损害村民利益的弊端，以实现集体财产集体所有、集体事务集体管理、集体利益集体分享的目标。〔1〕集体成员权是决定集体重大事务的决策权，如果集体成员是自然人，那么每个农民都应享有这种权利。但事实上，并非每个农民都享有这种权利，也不是每个农民都能行使这种权利。从《土地管理法》和《农村土地承包法》有关集体重大事务决定的程序规定来看，参加集体重大事项决策会议的人，是村民会议的成员或者村民代表。按照《村民委员会组织法》规定，村民会议由18周岁以上的村民组成。也就是说，18周岁以下的村民不是村民会议的成员，无法行使集体成员权。根据《村民委员会组织法》第21条规定：“村民代表由村民按每五户至十五户推选一人，或者由各村民小组推选若干人。”村民代表既不是村集体自然人的代表，也不是村民的代表，而是农户的代表。这说明，村民代表参加村民会议的主体身份是农户而不是个体农民。如果集体成员权利主体是自然人，按照各地政府规章和法院解释中规定的那样，自然人出生后即成为集体成员的话，这些新生儿如何行使集体重大事项决策权？理论上只能通过代理方式进行，这样就会出现多重代理现象。个体农民的权利由农户户主或代表人代理行使，农户户主或代表人的权利

〔1〕参见全国人大常委会法制工作委员会民法室编：《中华人民共和国物权法条文说明、立法理由及相关规定》，北京大学出版社2007年版，第92～93页。

由农户家庭代理行使，农户家庭的权利由村民代表行使。同时会出现村民代表投票权大小不同的情形，这显然与一个村民代表只有一票的实际情况不符。即使立法允许各村民代表投票权各不相同，这种多重代理也会把集体“成员制度”异化为“代表制度”。一个成员，如果由层层“代表人”去代表，其成员权利就会被削弱，甚至被架空。《物权法》的集体成员制度旨在把过去少数人代表多数人的“代表制度”转变为反映多数人意愿的“成员制度”。由此可见，将集体成员定位为自然人会出现多重代理现象，在实践中可能会因为操作问题而规避“集体成员权”的立法目标。

其次，农民个人作为农村集体成员，无视农村集体成员产生的历史事实。众所周知，我国集体土地来源于集体化运动。通常认为，农民在集体化运动早期，即加入合作社时，入股的土地是农民“个人”的土地，其实不然。虽然土地改革按照农业人口数平均分配土地，但农民分到的土地都以户为单位颁发土地产权证。1950年颁发的土地执照，按户登记。从“1950年东北沈阳市土地执照”和“1950年东北旅顺市土地执照”两份土地执照中，可以发现，土地执照中土地产权人包含“户主姓名、全家人口、住址、共有人姓名”等内容，共有人姓名一栏记载农户一家人的姓名。[1] 这表明，农民分到的土地是以户为单位登记的。“1953年湖北宜昌土地房产所有证”的内容有些变化，将土地产权与房屋产权写在一张证书上，取消了“共有人姓名”一栏，但农户全家人的姓名还是全部加以记载，并明

---

[1] 张德义、郝毅生主编：《中国历代土地契证》，河北大学出版社2009年版，第338页。

确是“本户全家（本人）”所有的土地。[1]这依然延续了以户为单位登记土地产权的做法，并明确该土地是农户全家的土地，而不是农民个人的土地。既然土改后的土地以户为单位登记颁发土地权证，到集体化运动时，怎么可能在那么短的时间内，农户内部就完成了土地所有权分割，然后农民个人以个人的土地入股合作社呢？合理的解释应该是，集体化运动中，入股合作社的土地是农户家庭的土地。当初加入集体经济组织的是农户，现在有什么理由将集体经济组织成员定位为农民个人呢？

最后，农民个人作为农村集体成员，在立法逻辑上讲不通。

第一，农户家庭的新生儿可以享受集体经济组织的利益，有资格分配承包地和宅基地，这是我国农村集体通行的做法。但是，以该新生儿是集体成员作为其享有集体利益的理由站不住脚，因为自然人一出生就成为一个集体经济组织的成员，不合逻辑。自然人一出生就成为一个国家的公民是基于国家的主权关系，一出生就成为一个家庭的成员是基于血缘关系，一出生就成为集体经济组织，没有合理依据。集体不可能也不会基于地域关系，认定每个在当地出生的人都是本集体的成员，也无法按照某种自然属性、社会属性规定新生儿的团体身份。因而，农村新生儿享受农村集体利益的事实，只能寻求其他的解释。

第二，一个农家女嫁给另一个村子的农民后，不管她有没有迁移户口，只要她在该集体生产、生活，一般即可享受该集体的利益。集体分配土地补偿费时，只要该女子在土地补偿方案确定之前嫁入的，一般能分到一份。她之所以能分配集体利

---

〔1〕 张德义、郝毅生主编：《中国历代土地契证》，河北大学出版社2009年版，第353页。

益是因为她属于集体成员，这个说法不能自圆其说。出嫁，只能成为某个家庭的新成员，即使她与这个家庭的成员一起生产、生活，也不能合乎逻辑地推出，她就是这个家庭所处的“集体”的成员，就像农家女嫁给城市企业的股东或职工，与他一起生产、生活，却不能当然成为该企业的股东或员工一样。如果出嫁女一旦选择成为男方的家庭成员，就理所当然地成为男方所在集体或组织的成员的话，则属于“捆绑式”的身份赋予。法律不会允许，集体或组织甚至出嫁女自己也未必会答应。可见，集体分配给嫁入女集体利益的理由，只能到“她是集体成员”这个说法之外去寻找了。

第三，农家子弟在大学求学期间，一般可分到集体福利，毕业后则分不到了。这种做法的依据是，在校学生仍然依靠集体土地作为生活保障，依然是集体成员，而毕业生或者攻读研究生的可能有其他生活保障。这个理由同样存在解释上的困难。一个农家子弟如果是集体经济组织成员，那么只要他不主动退出该集体、不被开除，不因法定事由消灭成员身份，原则上不可能因为到外地求学、工作、生活而发生成员身份变动。农村集体成员身份不仅仅是一份耕作身份、社保身份，更重要的是集体土地“主人”的身份。这种“主人”身份岂能因成员自身努力向上获取新的工作、新的保障而消灭呢？唯一的解释是，享有“主人”身份的集体成员主体身份，也许从一开始就不是由单个的农民个人来负载的。

（三）农户作为农村集体成员是立法惯例和社会习俗

农户作为农村集体土地权利的主体，在中国现行立法中相沿成习。《民法通则》、《农村土地承包法》和《土地管理法》中承包地和宅基地的分配均以农户为权利主体。《土地管理法》第 62 条规定的“农村村民一户只能拥有一处宅基地”，学界通常解释为“一户一宅”。宅基地使用权主体是农户，没什么争议。倒是《民法通则》和《农村土地承包法》中有关土地承包经营权的主体问题，学界有不同看法。一种观点认为土地承包经营权的法律主体是自然人。农户并非自然人以外的独立主体资格者，而是自然人的特殊法律属性的表现形式。〔1〕不承认农户的独立主体地位，意味着土地承包经营权主体名为农户，实为自然人，因为农户不过是自然人的特殊法律属性而已。另一种观点认为，农村承包经营户是独立的法律主体，土地承包经营权主体是农户。徐国栋说，农户在法律性质上属于家庭合伙，是以家庭成员为合伙人的以营利为目的的经济组织。在中国固有法中，“家”是重要的法律单位，家长对家庭成员享有广泛的权利甚至权力。国家对社会的控制，往往是通过“家”的中介达于个人的。从这个意义上说，《民法通则》把“户”作为法律主体的一种，受到了中国固有法的影响。〔2〕笔者赞同此见解。农户是中国固有法上独立的法律主体，不能因为德国、法国等国家的民法典没有规定农户这种主体，就认定农户只是自然人的一种属性。农户作为独立的法律主体，是我国立法的客观事实。

法理上，农户能不能作为独立的民事主体，取决于社会的物质生活条件。在我国，农户作为集体经济组织成员承包土地，既是我国农村以家庭方式从事农业生产的社会现实的写照，也是更好地保护缺乏劳动能力的未成年人和农村老年人的利益的需要。同时，农户家庭作为交易主体、责任主体和信用主体是我国农村社会的习惯。我国立法把农户作为独立法律主体没什

---

〔1〕 龙卫球：《民法总论》，中国法制出版社 2001 年版，第 342 页。

〔2〕 彭万林主编：《民法学》，中国政法大学出版社 2002 年版，第 106 ~ 107 页。

么不妥。但有学者认为，把承包经营户作为承包经营权主体，理论上有互相矛盾之处，也不符合现实情况，承包经营权的主体是集体经济组织内的成员个人。[1] 该主张不能成立。他所说的矛盾，主要是指《农村土地承包法》第6条和最高人民法院司法解释中有承包地分到个人的规定，但从这些规定中解释出"个人是承包经营权的主体"的结论是不妥当的。《农村土地承包法》第6条规定："妇女与男子享有平等的承包权利，任何组织和个人不得剥夺、侵害妇女应当享有的土地承包经营权。"这个法条不宜解释为"个人是土地承包经营权的主体"，因为事实上，除四荒地外，没有个人成为土地承包经营权主体的案例。该法条的立法宗旨是维护妇女的土地承包权益。妇女享有土地承包权益，不等于她是土地承包经营权主体。"按农户家庭成员人数分配承包地"与"农户家庭作为承包经营权主体"之间并不冲突。前者是分配正义的体现，旨在保护每一个农业生产者的利益；后者是一种经济、有效、符合中国农业生产习惯的农业生产组织方式，旨在确保农业生产的正常开展和稳定发展。二者相互配合，共同实现土地承包经营权制度的公平与效率。此外，以农户家庭为承包主体，可避免因农户家庭人数变动而导致的不必要的承包地调整。在承包期内，农户家庭人数有增有减，基本可以实现承包地"户均"占有数量的动态平衡。正因为农户家庭是承包地的主体，才可能在实践中做到"增人不增地、减人不减地"。倘若承包地主体是农村集体组织内部的自然人，那么增人就要增地、减人就应减地，承包地将因农民的出生和死亡而不断调整。最高人民法院关于承包期内婚姻关系

[1] 宋刚："论土地承包权——以我国《农村土地承包经营法》为中心展开"，载《法学》2002年第12期。

解除，夫妻都有承包经营主体资格的司法解释，[1]同样不宜解释为个人是承包经营权的主体。离婚时分割家庭财产，包含对家庭承包经营权的分割，但家庭承包经营权可以分割不等于家庭承包地“变性”为个人承包地，分割后的承包地依然是家庭承包地，哪怕该家庭只有一人。家庭承包主体是农户家庭，农户家庭人口可以是一人也可以是多人。农户家庭只有一人不会导致家庭承包经营权变成个人土地承包经营权。所以，承包地按照人口平均分配以及实践中存在一人享有土地承包经营权等事实，不足以说明“个人是承包经营权主体”。

同时，农户家庭被视为集体成员还是农村长期存在的一种社会习俗。这种习俗，从司法判例中村集体的辩词中可略见一斑。司法实践中，各方都围绕具体的自然人来判定谁是集体成员，但村集体总是下意识地用到“农户家庭成员”这个标准，并以此对抗户口标准。村集体将“农户家庭成员、农户家庭、村集体成员”三者挂钩。在村集体看来，农户家庭是集体成员，农户家庭成员自动享有集体成员利益。特别是在对待离婚妇女及其抚养的子女问题上，是否为“男方家庭的成员”成为村集体分配集体利益的重要依据。他们论证的逻辑大致是这样的：因结婚成为某集体的农户家庭成员的，可享受集体利益；因离婚不再属于该集体农户家庭成员的，不能享有集体成员利益。离婚后母亲一方带走的小孩，如果依然随父姓、认父认祖的，依然被当成男方家庭成员的，也能继续享受集体利益；如果随

[1]《最高人民法院关于审理农业承包合同纠纷案件若干问题的规定（试行）》第34条规定：“承包方是夫妻的，在承包合同履行期间解除婚姻关系时，就其承包经营的权利义务未达成协议，且双方均有承包经营主体资格的，人民法院在处理其离婚案件时，应当按照家庭人口、老人的赡养、未成年子女的抚养等具体情况，对其承包经营权进行分割。”

母亲一方生活，并改变姓氏、断绝往来的，不再属于男方家庭成员的，不能分享集体利益。村集体的推论反映了农村社会长期存在的一种社会意识。(2010) 张武民一初字第240号民事判决书中被告宝峰路居委会一组的说法有一定的代表性：

原告邓飞山不属于宝峰路居委会一组组织成员。1995年6月，原告邓飞山的母亲吴次浓与本组成员邓学刚解除婚姻关系，吴次浓就不属本组成员邓学刚家庭的成员。本组认为因婚姻关系成为本组任何家庭的成员，都是本组集体成员之一，本组无条件接受，除此以外未经本组在成员接受证上签字、盖章是不可能成为本组成员的。原告邓飞山随母生活，在校读书时改名为吴飞山，既不认父又不认祖父，连亲祖父邓昌进去世后都不去看一眼，断绝了祖辈关系及父子关系，不属于本组邓学刚的家庭成员。

该案中，村民小组认为女方离婚后不再属于男方家庭的成员，女方带走的小孩改姓后同时断绝了与父亲一方家庭最基本的家庭联系，也不再属于父亲一方家庭成员。这是民间一种朴素的、传统的认识。一个生活在农村的自然人能不能享有农村集体的福利，关键看他是否是某一农户家庭的成员，如果不是，将被排除在集体利益之外。

再来看 (2011) 洛民终字第2169号判决书中村集体不服一审判决上诉时的辩词：

上诉人偃师市城关镇塔庄村第六村民组认为：一审仅凭户籍就认定被上诉人系塔庄村第六村民组成员，具有村民成员资格是错误的。被上诉人周鲜红原籍是塔庄村第二村民组，后嫁到城关镇杏园村。几年后，周鲜红离婚，带着她女儿周姗姗（即本案另一被上诉人）又回到塔庄村第二村民组她娘家。2001 年，她又和我组李某结婚，被上诉人二人户口又转到我组，2007 年，周鲜红又和李某离婚，就又带着她女儿离开我组回到塔庄村第二村民组她娘家居住至今，也就是说周鲜红和其女儿周姗姗从 2007 年离开我组，一直就没有在我组生活、耕种。上诉人认为村民成员资格是一个特殊的法律概念，认定村民成员资格也有其特定的程序，应当结合各方面的情况来考察才能够认定，我村村委会对此资格认定在村规民约中已有规定。一审法院仅凭户籍这一项就认定被上诉人具有村民成员资格，显然是越权行为和错误行为。

该案村委会认为户籍不是认定集体资格的唯一依据，要尊重“村规民约”，而是否在村集体耕种和生活，是村规民约认定集体成员的主要依据。村集体的村规民约得不到法院支持，或许是因为村委会没把其中的道理讲清楚。按照村委会的想法，他们认定村民成员的逻辑应该是：①结婚后，成为男方的家庭成员，自然可享受集体成员福利；离婚后，不再是男方的家庭成员，不在本集体生产、生活，回到娘家生活，即恢复了娘家的家庭成员身份，不应再享受本集体成员利益，而应享受其娘家所在集体的利益。②离婚后，户口没有迁出的，不能仅以户口作为判定其成员资格的唯一依据，应当根据其归属于哪个农户家庭来判断。③如果离婚女子无所归，那么，应当认定其依然属于户口所在地的集体；如果该女子有所归，即有娘家能回，那么应当回归其娘家所在的集体。由于村委会在认定集体成员资格取得和消灭时，没有引入农户家庭、农户家庭成员这些重要因素，没有论证农户家庭成员、农户家庭与集体成员三者之间的关系，无法准确说明有关集体成员资格“村规民约”的正当性，只能用“不在集体生活、耕种”为由否定其集体成员资格，显然缺乏足够的说服力。虽然村集体在判断集体成员时，没有利用“农户家庭成员”这个关键概念，但从他们的相关叙述中，还是可以清晰地看到他们对于农户家庭成员、农户家庭与集体成员之间具有紧密联系的直白认识。法院虽然不支持村规民约规定的集体成员认定标准，但这并不代表村规民约缺乏正当性和合理性，它欠缺的只是一个合理的解释而已。

（四）人格体与受益体的区分：集体成员立法理论依据

不得不承认，中国集体成员立法存在特殊性。一方面，农民个人在各方面享受着农村集体的利益；另一方面，农户在法律地位上扮演着农村集体成员的重要角色。按照西方民法理论，似乎难以合理解释这种“权利主体与利益归属不一致”的立法现象。因而，学界一般认为，为维护法律体系的逻辑完整性，“土地承包经营户”、“农户”、甚至“农村集体”这些西方民法传统中并不存在的概念应当从中国法律中剔除出去。笔者认为，这不过是一种“削足适履”的主张，笔者不敢苟同。基于中国农村集体、农户家庭和农户家庭成员的相互关系，基于中国农村立法事实，阐明集体成员立法的理论依据，比简单地否定“农户”、“农村集体”等概念，似乎更有实际意义。

笔者认为，中国农村集体成员上存在“人格体”与“受益体”的区分。

1. “人格体”和“受益体”的含义

“人格体”一词借用了冯军对“Person”一词的译文。学界一般将其翻译为“人格”、“法律人格”或“人格人”。〔1〕德文“Person”源于拉丁文的“Persona”，该词原本是指用于演戏的

〔1〕［德］京特·雅克布斯：《规范·人格体·社会》，冯军译，法律出版社2001年版，第135～136页。

面具，后延伸为演员在戏剧中扮演的角色，此后被引入到法律中，作为不同等级的人身份区分的法律工具。古罗马法“人格”概念的基本价值在于区分自然人不同的社会地位，是古罗马组织社会身份制度的工具。[1]《德国民法典》将罗马法上的“人格”面具从罗马市民的脸上剥离下来，转而戴在了“适合成为交易主体”的团体的脸上，使得这种团体具有“法人”身份以区别于不具有法律主体资格的团体。可见，“人格”是“法律上的人”的身份标志，它不是指现实中的人或社会组织，它是对现实中的人或社会组织成为法律上的主体而打上的法律烙印。因而，“人格体”一词，更有利于承载这种含义。

“受益体”一词借用了法人本质学说中的“受益者主体说”，即把“受益者主体”简称为“受益体”。它的含义是指法律所保护的某种利益不归属于“人格体”而归属于某个或某些个人时，该个人就是法律权益的“受益体”。

2. 人格体和受益体何以能区分

在西方民法理论和立法中，“人格体”与“受益体”是合二为一的。权利主体与利益归属者是同一的，可以享有民事权利、承担民事义务的人就是民法上的权利主体。然而，在中国集体成员立法中，成员的“人格体”是农户，而“受益体”是农户家庭成员，即农民个人。农户是集体成员法律人格的载体，享有集体成员权的“法律上的人”是农户。集体成员权的行使只能以农户名义进行。集体承包地、宅基地的权利主体均以农户为法律人格体。集体成员的利益分配往往按照成员家庭人口来计算，农户家庭人口越多，该成员享有的承包地面积和宅基地面积就越大，其分配到的集体财产利益就越多，因此，集体

[1] 徐国栋：“‘人身关系’流变考（上）”，载《法学》2002 年第 6 期。

成员的受益体是农户家庭成员。笔者把中国集体成员制度的立法事实概括为“人格体与受益体的区分”。

人格体与受益体的区分，与传统民法理论不同。西方民法理论认为，得享有民法上的规范权利或承受法律关系的资格，为主体资格。主体资格问题，是民法的核心问题，关系到民法规定的利益落实到谁的问题。〔1〕德国学者拉伦茨说，确定某人具有权利主体资格，意味着将通过行使权利所获得的利益归属于权利主体。〔2〕这说明，西方传统民法理论认为权利主体与利益归属通常是指向同一权利主体的。而在人格体与受益体区分理论中，权利主体资格与利益归属可以分别属于不同的个人或社会组织。

人格体与受益体合一理论与区分理论并无高下之别，它们只是代表了个人主义与团体主义的不同立场而已。西方近代民法理论站在自然人为唯一权利主体的个人主义立场上，认定权利主体资格与利益归属于同一权利主体，换句话说，当自然人是唯一权利主体时，主体资格、利益归属与责任承担必然指向同一主体。但在团体作为民事权利主体的情形下，这种主张未必还有充分的解释力。确定团体独立的法律主体资格后，团体行使权利所获得的利益归属于团体还是团体成员，没有法律逻辑上的必然性。立法只是在个人主义与团体主义观念之间进行选择或衡平。由于团体在它的组织领域吸收了个人的主体性，现代民法通常以部分利益或全部利益归属于个人的做法作为“补偿”。法人制度一般选择部分利益归属其成员，中国农户主体制度选择全部财产利益归属于农户家庭成员。由于家庭成员与家庭之间的关系不是基于契约，而是基于血缘与姻缘，家庭

〔1〕 龙卫球：《民法总论》，中国法制出版社2001年版，第187～188页。
〔2〕 龙卫球：《民法总论》，中国法制出版社2001年版，第189页。

成员之间以及家庭成员与家庭之间的利益分配在亲情引导下很容易达成某种默契和相互同意，因而农户家庭行使权利所获利益归属于家庭成员的立法可被当事人接受。农户家庭享有权利主体资格，农户家庭成员享受利益的立法，不过是对源远流长的人类家庭生活习惯的认同。人格体与受益体的区分反映了团体主义的一种立法选择。

一个组织体享有名义上的主体资格，而组织体的成员享有实质上的利益，并非不可理喻的法律现象。《德国民法典》确立法人制度时，就有学者发现此现象。德国学者耶林、普兰涅尔等人认为，权利的主体是其利益的归属者，享有法人财产利益的多数个人，是实质上的权利主体。社团法人真正的权利人是社员，而财团法人真正的权利人是贫者病者及其他享受财团利益者。[1]法律之所以将这些实质上的主体当成一个整体来看待，是基于实用的考虑，方便多个个人以一个名义上的主体与其他民事主体发生法律关系。耶林认为法人的真正主体是"受益者"，而非法人本身，这个结论与他的权利本质学说有必然联系。在权利本质学说中，耶林是"利益说"的代表。他认为权利真正的实质存在于主体的利益上，存在于利益的实际效用和享受上。正因为权利的本质是法律保护的利益，所以享有这种利益的个人自然就是权利的真正主体。但耶林基于受益体与人格体一致观念，认为法人真正的主体是个人，法人的主体地位是名义上的，这就走向了否认法人主体地位的极端。

在法人学说中，耶林的"受益者主体说"被归入"法人否认说"，不受待见，这可能与法人制度的立法目的有关。法人立法目的在于发挥法人成员对法人债务承担有限责任的功能。如

---

〔1〕 郑玉波：《民法总则》，中国政法大学出版社2003年版，第171页。

果否认了法人的独立主体地位，法人成员就不能只对法人的债务承担有限责任了。在这个意义上，法人独立主体地位不容“虚化”或“名义化”。但是，当法人人格否认制度出现在现代民法中时，法人主体与法人成员发生“合体”现象，用“受益者主体说”来解释更顺畅，因为在“受益者主体说”看来，法人成员就是躲在法人面纱后面的真正主体。由此可见，在有关团体法律制度中，客观上存在着名义主体与受益主体分离的现象。只不过，发现这一现象的“受益者主体说”，未能提炼出“人格体”与“受益体”区分的理论，而是否定了名义主体的实质上的人格体地位，而以受益体作为实质上的人格体。

人格体与受益体区分理论是在“受益者主体说”的基础上“向左”或者“向右”一种“转弯”，不否认名义主体的实质主体地位，承认名义主体就是法律人格体，同时承认受益者是法律权利的“受益体”。人格体与受益体的关系如同人与人的面具，与外界发生交易关系的是人的面具，享受交易利益的是人。人的面具可能表现为家庭，也可能表现为法人或其他社会团体组织。

人格体与受益体的区分可有效解释中国农村集体与农户及其家庭成员的关系。由于农户家庭成员对农户家庭债务承担无限责任，无须刻意保持农户家庭与农户家庭成员之间法律地位的相互独立，因而集体利益归属于农户家庭成员的主张，就无须顾忌“法人成员有限责任”的制度功能了。农户家庭是集体成员的权利主体，即人格体。农户对外作为集体重大事务决定权、土地承包经营权和宅基地使用权的法律主体；农户家庭成员是集体成员的受益主体。集体重大事务如何决定在农户家庭内部由家庭成员协商，集体承包地分配面积、集体宅基地分配面积、集体土地征收补偿等财产收益依照家庭成员数量确定。

由于农户家庭在组织农业生产经营，抚养、赡养缺乏劳动能力家庭成员，完成粮食生产任务等方面的特殊作用，其并非有名无实，换句话说，它不是名义上的主体，而是实质意义上的主体。因而，笔者将农户家庭称为集体成员的人格体，农户家庭成员称为集体成员的受益体。其核心是，农户与农民分别是不同的“法律上的人”，只不过在集体成员法律制度中，农户作为集体成员的人格体，农民个人作为集体成员的受益体出现而已。

3. 人格体与受益体区分的传统经验

人格体与受益体区分，是中国农地法律制度的传统。该传统至少可上溯到我国古代的“计口授田制”。《魏书》卷三《太宗纪》记载北魏政府“徙二万余家于大宁，计口授田。……置新民于大宁川，给农器，计口授田”。北魏均田令规定，“露田”的授田对象是十五岁以上的成年男女，包括奴隶，甚至还有丁牛，但每户授田的丁牛数量限制在 4 头，每头牛授予 30 亩。分配土地按人口和牲口计算，说明土地的法律人格体是农户家庭，受益体是家庭成员。只不过北魏的家庭成员是广义的，还包括“丁牛”。

这个传统一直延续下来，如《土地改革法》第 11 条规定：“分配土地，以乡或等于乡的行政村为单位，在原耕基础上，按土地数量、质量及其位置远近，用抽补调整方法按人口统一分配之。”这是有关农村土地“受益体”的规定，法律人格体还是农户，因为土地改革后分到农民的土地所有权都以农户为单位登记并颁发土地执照。后来土地入社，到高级社阶段，取消生产资料参与收益分配的权利，社员分配集体收益，一按劳动工分，二按家庭人口。农村集体利益按家庭人口分配、不按入股资产比例分配，显然受到了中国土地法律传统的影响。现行法上的土地承包经营权、宅基地使用权，其法律主体登记为农户，而享受的面积都是按人头算的。人格体与受益体区分是中国农地制度的一贯传统，用这种传统来解释集体成员的主体问题，似乎更容易被中国民众理解和接受。

人格体与受益体的区分不是凭空产生的，它深受中国传统“公私观念”的影响。“公”在中国古代有两层含义，一是《韩非子》的“背私说”，即解开个体自我的围城，与他人一起组建共同体；二是《说文解字》的“平分说”，即共同体中的财货由众人平均分配、共同分享。私为“自环”、“奸邪”之意。中国的“公私”概念将人与财产结合在一起。人与人之间结合成共同体，共同占有、共同分享共同体财富的为“公”，个人独守自我的围城，谋一己之利、求一己之欲的为“私”。这与现代意义上的公私概念的内涵不同。

中国传统的“公”概念是包含了整个共同体成员利益的“大公”，是共同体的“大私”。个体私利、私欲必须在共同体的发展中得到实现。中国“崇公抑私”的公私观念，排斥脱离共同体的个人奋斗。游离于共同体之外的个人权利、个人自由、个人地位、个人意志等个人主义因素在中国难以发育、成长。中国特有的“寓私于公”、“公私一体”的观念与日本式的团体主义有别。在日本学者沟口雄三看来，中国的公私观念是一种足可与“commonwealth”相媲美的社会福利主义，而这种“公私合体”的社会福利思想与社会主义不谋而合。沟口雄三用中国独特的“公私观念”解释了中国现代化道路为什么不是资本主义而是社会主义。〔1〕

中国特有的“公私观念”在共同体与个人关系的法律规范中留下了深刻的烙印，主要表现为“守忠孝，均财货”的制度

〔1〕 参见［日］沟口雄三：《中国的公与私·公私》，郑静译，生活·读书·新知三联书店 2011 年版，第 5～43 页。

规范。一方面，用“守忠孝”捍卫共同体。三纲中有两纲是家庭内部秩序的法则，即“父为子纲”、“夫为妻纲”，有了家庭内部的“孝”，再辅以“君为臣纲”的“忠”，小共同体不乱，大共同体不倒。唐、明、清等朝，对别籍异财、供养有缺的，或徒或杖，反映出王权对家庭这种“小公”集体的极端重视。另一方面，用“均财货”维护共同体成员利益。《礼记·礼运》描述了维护共同体成员利益的“大同”理想：使所有老人都得以安享天年，壮年人都能贡献才力，儿童都能得到良好的教育，健康成长，鳏寡孤独以及残废疾病的人都能得到丰厚的供养。虽然中国历史上从未真正实现过这种“大同”理想，但在家庭、家族甚至宗族内，同居共财、相生相养，成员利益确有保障，在某些时候是客观存在的事实。时至今日，一些父母拿养老钱为儿女买房的现实也在诉说中国家庭“均财货”的悠久传统。以“守忠孝、均财货”维系的家庭共同体，生动诠释了中国的“公私观念”。中国特殊的“公私观念”深刻影响了农村法律制度的立法选择。“人格体为农户，受益体为农户家庭成员”无非是中国传统“公中有私、私中有公，以私养公、以公养私”的公私观念和法律制度的传承。人格体为农户，是杜绝个体自环、共同组建共同体思想的体现；受益体为农户家庭成员，是避免个体独占，强调共同财产平均分配、共同分享思想的反映。

人格体与受益体的区分，即农村集体成员的人格体是农户，受益体是农户家庭成员，是解释中国集体成员法律制度的一种理论尝试。中国宅基地立法要坚持集体化方向，需要更多的理论支撑，需要更多立足于中国农村土地立法事实，从中国社会现实中提炼出来的法学理论。唯有如此，才能不断增强立法者坚持集体化方向的理论自信。

第五章 宅基地立法路径：发现现实中的法律

一、完善宅基地立法的出发点

一方面，现行宅基地法律无法有效应对宅基地违法利用行为，需要重构宅基地法律制度。人人都要有居所，但每个人占有的宅基地受限于人多地少的现实，这是构建中国宅基地法律的两个基本事实。基于此，中国农村宅基地立法形成了以“一户一宅”、“禁止宅基地买卖”为代表的管制性法律规则。这些管制性规则奠定了农民安居乐业的法制基础，它们与集体土地所有权、土地承包经营权等法律制度共同维系着中国农村社会秩序的稳定。然而，在各种宅基地管制法律下，对抗管制的群体违法利用宅基地行为层出不穷，且得不到有效治理。20 世纪 80 年代起，“城中村”农民扩建、加建住房形成违法建筑群，在本来只允许修建 3 层、240 个平方米的宅基地上，农民却建造了 10 到 20 层、建筑面积动辄上千平方米的高层建筑。21 世纪初期，一些大城市郊区的农村集体开始有组织地利用农村集体土地修建面向城镇居民出售小产权房，据说在一些城市周边，已建成的小产权房面积与城市商品房大体相当。上述大规模宅基地利用行为与现行宅基地管制法律相抵触，但执法部门却迟迟找不到妥善处理城中村“违章建筑”和“小产权房”的有效办法。显然，问题的出现不是执法部门执法不力，而是有关宅基地的规章制度不能及时适应社会经济条件的变化。解决问题需要从根源上入手，修改和完善宅基地法律制度已刻不容缓。

另一方面，现行宅基地法律无法有效回应中国城镇化发展实际，需要主动创新宅基地法律制度。过去的城市化主要通过政府征收农村集体的土地的方式进行。政府大包大揽的城市化为城市建设提供了资金来源，完成了城市的基本构造，即城市在空间规模上扩大了几倍，高楼大厦耸立在城市的土地上，城市工业飞速发展，吸纳了大量农民到城市就业。但这种城市化发展思路忽略了人的城市化，演变为土地的城市化，形成失地农民、外来务工农民不能融入城市的尴尬局面。即使是已经在城市工作、生活了十几年甚至几十年的农民，大多数也无法顺利实现市民化。失去承包地的农民利用宅基地获取的经营收入迟迟得不到法律的认可，外地务工农民的打工收入不足以让他们定居城市，过上有尊严的市民生活，这些都不足以让他们勇敢地放弃农村的承包地和宅基地，彻底断绝回乡的念头。两三亿农民工的市民化问题成为社会发展的新问题。在严格保护耕地的基本国策面前，城市发展无法延续土地城镇化思路，需要走一条全新的人的城镇化的道路，而人的城镇化必然牵涉到这些将要市民化的农民的宅基地。城市市民是不能享有农村宅基地的，农民工要市民化，就要退回宅基地，而退回的宅基地将成为这些农民工市民化的资金来源。问题是，宅基地法律制度如何把农民工市民化与宅基地资本化结合在一起。

学界为完善宅基地法律提出了各种应对之策和建议。围绕宅基地流转问题，主要形成了“允许自由流转”和“限制自由流转”等两大主张。[1]比较有影响力的是韩世远的完善方案，即在立法上引入“法定租赁权”，让购买了农村住房的人享有宅基地的法定租赁权，而出卖了农房的农民可以在相当长的时期内与农村集体分享宅基地租赁收益。[2]这样一来，就可以让有条件实现市民化的农民从宅基地上获取一笔进城收入，增强他们立足城市的经济实力。但是农村住房，特别是位置偏远、没有观光旅游等资源可供利用的农房很难卖出一个好价钱，购买了农房的人也未必能充分发挥宅基地的经济效益。法定租赁权的制度构想很难实现宅基地资本化与农民市民化的有机结合，它无非是为资本进入农村打开了一条通道，对农民市民化的正面推进作用微乎其微。而全面开禁宅基地自由交易的主张，未察觉到宅基地与承包地之间的耦合关系，未察觉到保留农民的

〔1〕 一些学者支持宅基地自由流转。有人认为，经济发达地区的宅基地流转市场日趋发达，宅基地管理应采取疏导方式而非强堵手段，通过土地管理制度改革，依法准许宅基地入市。参见章波、唐健、黄贤金、姚丽：“经济发达地区农村宅基地流转问题研究——以北京市郊区为例”，载《中国土地科学》2006年第1期。韩世远认为，不允许农民向城镇居民出卖房屋，无法体现农房的实际价值，会损害出卖人的利益，他建议立法设计宅基地租赁权来满足农房买卖合法性的问题。参见韩世远：“宅基地的立法问题——兼析物权法草案第十三章‘宅基地使用权’”，载《政治与法律》2005年第5期。郭明瑞认为，如果一个人到了只有处置住房才能生存下去的地步而又不许可其处置，这恐怕是最不重视生存权的。参见郭明瑞：“关于宅基地使用权的立法建议”，载《法学论坛》2007年第1期。上述学者都是主张在完善现有法律的基础上，允许宅基地使用权随房屋一起自由流转。另有一些学者反对宅基地自由流转。孟勤国认为，农村宅基地能否交易基本上是一个宪法和土地管理法的问题，物权法必须重申禁止农村宅基地交易的现行法律政策。参见孟勤国：“物权法开禁宅基地交易之辩”，载《法学评论》2005年第4期。陈柏峰认为，禁止农村宅基地在城乡之间自由交易的规定是合理的，自由交易除了会使农民受损、强势群体受益外，还可能破坏村庄伦理，加剧村庄内部的不平等。参见陈柏峰：“农村宅基地限制交易的正当性”，载《中国土地科学》2007年第4期。

〔2〕 韩世远：“宅基地的立法问题——兼析物权法草案第十三章‘宅基地使用权’”，载《政治与法律》2005年第5期。

宅基地对于农民“渐进式”市民化的积极意义，未察觉到限制宅基地流转对于稳定农村社会秩序的积极意义。无论引入法定租赁权，还是全面开禁宅基地流转，都不利于实现宅基地资本化与农民市民化的有机结合，并且都未必是农民的真实意愿。

学界提出的各种有关宅基地立法的建议主要站在“立法之法”的角度，〔1〕讨论宅基地各种管制制度和权利制度的立法条件和立法规则，尚未从广义的法律角度深入考察各种所谓的“违法”利用宅基地现象，也就是说，他们的立法建议并非根植于宅基地利用人的行为习惯，并非从农民利用宅基地的行为中提炼出法律规则，不能充分反映农民内心的真实想法。如果习惯性地将法律等同于立法之法，可能会遮蔽我们寻求真正法律的视线，甚至会对隐藏在生活演变过程中的法律视而不见。立法之法是被称为“立法者”的人士的意志的产物，它只是“法律家之法”、“法官之法”之外的第三种造法方式所产生的法律之一，西方世界最著名的法律家都对立法之法保持警惕，并对立法者可以无中生有地创造出法律的说法提出批评。〔2〕跳出立法之法的局限，从更宽阔的视野来分析宅基地法律为什么治不了诸多宅基地违法利用行为，或许能有新的启示。

是站在政府的立场、城里人的立场，还是站在农民的立场来思考宅基地立法完善的问题，是研究宅基地立法路径首先需要明确的。具体而言，如果站在政府的立场，宅基地立法可能

---

〔1〕立法之法（legislation）是指通过立法活动所制定颁布的法律，与普通法，即在生活长期演变过程中产生的法律相区别。参见［意］布鲁诺·莱奥尼：《自由与法律》，秋风译，吉林人民出版社2011年版，第11页。值得注意的是，立法之法中可能也会包含自发秩序的规则，本文使用的立法之法一词，主要强调其由立法者依据自已的意志来制定这一层面的含义。

〔2〕参见［意］布鲁诺·莱奥尼：《自由与法律》，秋风译，吉林人民出版社2011年版，第195~198页。

会继续走政府行政管制宅基地利用行为并最终走上政府全面统一利用宅基地的路径；如果站在城里人的立场，宅基地立法可能会走开禁宅基地自由流转、允许资本自由进入农村土地的自由市场道路；如果站在农民的立场，宅基地立法可能或从农民违法利用宅基地的事实中发现一条农民自主利用宅基地、自主实现市民化的路径。

二、宅基地管制立法陷入困境

如果把法律限定在全国人大及其常委会颁布的范围内，可以说，中国宅基地法律基本处于缺失状态。《土地管理法》有一两个条文是关于宅基地的，《物权法》也只有 4 条，与建设用地使用权、建筑物区分所有权等法律制度的条文相比，宅基地法律的条文数量可谓寒碜。但实际上，够得上法律渊源级别的、能发挥法律约束力的宅基地法律制度，早已达到立法膨胀的地步。即使不算地方性法规和地方规章，仅仅到部门规章这个层次，从 1962 年《农村人民公社工作条例修正草案》算起，短短几十年，有关政策法令就有 35 部之多。

农村宅基地，即用来满足农民居住生活需要的载体，在农村土地集体化进程中进入公法视野。国家制定和颁布诸多法律来约束和调整因农民建造房屋而产生的国家与农民的关系，当然，表面上，是集体与农民的关系。不管与农民相对的一方是国家还是集体，对农民而言都是“公家”，于是，农民占地建造房屋的法律关系，在宅基地公有化那一刻，就不再是平等主体之间的法律关系了。既然宅基地利用关系归属于公法范畴，宅基地管理法律制度自然不会自下而上地自发形成，而是按照管理者的想法自上而下地主动创造。一个主要属于私法领域的宅基地法律关系，被公法规范和调整，使得宅基地立法存在其自身无法克服的难题。

（一）宅基地立法之法难以体现农民意愿

自上而下制定的宅基地法律是权威占据主导地位的最终产物。众所周知，在中国要走全新的社会主义道路的前提下，在土地公有制思想和计划经济举措占据权威地位的背景下，宅基地立法之法不可能始终遵循形成久已的宅基地利用习惯，它必然要服从这种全新的理路和前所未有的决策。这种新的决策在宅基地法律上首先表现为“宅基地归公、农房归私”。自古以来，房、地密不可分，宅基地权利与房屋权利是结合在一起的，有所谓“房随地走”、“地随房走”的传统法律规则。但在新决策的指引下，宅基地制定法，创造性地发明了“地归公、房归私”的规则。这一度在实际生活中造成了混乱，不仅农民在仓促之下，大量砍伐宅基地上的树木、出卖房屋，甚至农村基层干部在宣传解释新法时，也出现了各种不同的声音。〔1〕这说明，当时的宅基地立法新政与民众想法相去甚远，打破了农民利用宅基地的固有预期，也破坏了农民长期以来在建房和居住生活中形成的种种习俗。

（二）宅基地立法之法难以避免损害农民利益

由于宅基地制定法出自权威，它必然会体现立法者的特定利益和欲求。不管它是立法者的私利、私欲，还是所谓的长远

〔1〕在1963年《中共中央关于各地对社员宅基地问题作一些补充规定的通知》中，描述了宅基地法律颁布实施后的一些后果：有些地方发生乱伐宅基地内树木和出卖房屋的现象。……其原因，主要是在贯彻执行《六十条》中对社员宅基地所有权归生产队所有，宣传解释不一。有的宣传社员宅基地，包括已建和未建房屋的宅基地，都归生产队所有，一律不准买卖和出租。有的宣传归生产队所有的宅基地，是指没有建筑物的空白基地。凡是已盖房屋的宅基地，仍归社员私有，可以自由买卖。还有的认为，入社时宅基地没有连同其他耕地一并入社，因此，社员原有的宅基地，不能算是生产队范围的土地，应仍归社员个人私有，社员已建筑房屋的宅基地，与房屋一样，应该允许社员自由买卖出租。

利益和共同利益，结果都可能危及农民利益。例如，1982年国务院颁布的《村镇建房用地管理条例》，赋予城镇居民初始取得农村宅基地的权利。本来属于农村集体所有的宅基地，不再由农户独享，城镇居民“分食”了农民的宅基地利益。宅基地集体所有，在某种意义上已升级为全民所有了。农村宅基地使用权主体的放开，必然导致农户可占宅基地数量和面积的减少。如果一方面放开城镇居民享有宅基地的权利，另一方面又不禁止农房买卖的话，会导致大量土地被占用，也必然导致耕地被侵蚀。因此，该条例对于实践中已经出现的出卖、出租农房的现象（以前是合法的）加以严格禁止。其中第15条第2款规定，“出卖、出租房屋的，不得再申请宅基地”；第21条规定，“出卖或出租建房用地的，限期将土地退回集体，没收全部所得款项，并处以罚款”。宅基地制定法对农民宅基地的管制不断强化，既削减了农民未来增加宅基地面积的预期利益，又侵害了农民出卖、出租房屋的现实收益。面对步步趋紧的宅基地制定法，农民自然会有宅基地利益被不断蚕食的想法。

（三）宅基地立法之法带来强制及因强制而引发的抗争

集体内部的宅基地向城镇居民开放，引发了农民超占、多占宅基地的风潮。一时之间，乱占耕地、滥用土地的现象极为突出。为应对这种不良后果，1986年，中共中央和国务院发出《关于加强土地管理、制止乱占耕地的通知》，该通知为捍卫宅基地制定法的“强制”选择了进一步加大强制力度的决策。其中规定：“对清查出来的违法占地问题，都要按照国家有关法规严肃处理，该补办手续的补办手续，该罚款的罚款，该没收的没收，该判刑的判刑。对那些以权谋私，带头或支持违法占地的领导干部，必须从严处理。”或许，当时的决策者并未意识到违法抗争的行为是源于先前宅基地制定法不合理的强制，源于宅基地制定法损害了农民的利益，源于宅基地制定法违背了农民的意愿。因而，这种与抗争“斗争”到底的立法观念，带来的是强制与抗争的进一步升级。当一些领导干部带头或支持违法占地时，进一步加强管制的宅基地制定法是无法贯彻落实的。1989年7月15日，国家土地管理局颁布《关于确定土地权属问题的若干意见》(1995年5月1日停止执行)，落实1986年中央通知精神。但在该制定法颁布不到半年的时间里，1990年1月3日，新的制定法，即《国务院批转国家土地管理局关于加强农村宅基地管理工作请示的通知》出台了，该通知重申“严格控制占用耕地”的要求，并特别指出“不允许占用基本农田保护区的土地”。这说明，1986年中央的通知规定没有处理好旧的违法占地问题，违法占地行为人的胆子越来越大，甚至开始占用“农保田”了。

（四）宅基地立法之法难以克服法律的不确定性

《国务院批转国家土地管理局关于加强农村宅基地管理工作请示的通知》中，出现了一些纠错规定，比如，“非农业户口的，不批准宅基地用地”的规定，似乎找到了违法占地的源头。只有当非农业户口的人不能享用宅基地时，农民“将自家锅里的舀到碗里”的行为才可能有所消停。但宅基地制定法因立法者的不同、因领导人的改变可能会发生变化，这带来了法律的不确定性。1990年1月3日的这个通知，废除了“非农业户口享有宅基地”的规定（1986年制定、1988年修订的《土地管理法》的规定），但时隔一年后，1991年1月4日国务院颁布的《土地管理法实施条例》（1999年1月1日废止），在其第26条仍然规定了城镇居民（非农业户口）申请农村宅基地的内容。同一机构，不同的人面对同一件事做出了不同的规定。1990年“国务院批转”的国家土地管理局的政策与1991年“国务院颁布”的行政法规之间的冲突，凸显了宅基地制定法可能因立法者的不稳定或者立法者中多数的不稳定，而带来宅基地法律的不稳定。同时，1991 年的这个行政法规改变了长期形成的宅基地无偿使用的做法，确立了农村宅基地有偿使用试点制度。但 1993 年中共中央办公厅、国务院办公厅发布的《关于涉及农民负担项目审核处理意见的通知》明确取缔了农村宅基地有偿使用收费。今天还有效的法律规则，明天是否依然有效，变成一件不能确定的事，因为谁也无法预料，这部确定的法律何时会被一部同样“确定”的法律所取代。不确定的立法之法带来的是一种不稳定的法律预期，不稳定的法律预期必然开启人们不守法的大门。

（五）宅基地立法之法难以避免因执法者的变通而走样

在中国区分中央财政和地方财政后，中央制定的宅基地法律，有时未必能全面考虑到地方财政的需求，地方政府为了自身利益可能变通执行相关宅基地立法。在这种情形下，即使宅基地制定法的一些内容旨在保护农民利益，也会因基层政府的各种变通而大打折扣，甚至走向保护农民利益的反面。例如“村改居”工程，[1] 原本是要改善农村居民的居住条件，并逐步让农民与城镇居民享受同等待遇，但在执行过程中，地方政府出于土地收益的考虑，为维护“土地财政”收入，擅自将农民集体所有的土地转为国有土地，把“村改居”变成了土地征收。最终，把提升农民宅基地利用效率、提高农民居住生活质量的一种对农民有益的立法，转变成为一种对农民土地利益的

〔1〕“村改居”是指农村居民点逐步向中心村和小城镇集中，条件成熟的，可根据农民意愿将农民转为城镇居民，对进镇农户的宅基地，适时转换出来。参见 1999 年《国务院办公厅关于加强土地转让管理严禁炒卖土地的通知》以及 2000 年中共中央、国务院《关于小城镇建设有关政策》的规定。

剥夺方式。这种走样的执法，被2004年《国务院关于深化改革严格土地管理的决定》所禁止。虽然中央层面上的宅基地制定法具有类似的这种自我纠错能力，但已经被剥夺了土地利益的农民的损失却很难弥补。再如“城乡建设用地增减挂钩”工程，〔1〕就是让农民在新的地块上集中居住，农民原有的房屋拆除、宅基地复垦为耕地，增加的耕地面积与占用的建设用地面积相互挂钩，政府对节余的宅基地面积可调剂为建设用地指标。该工程的目的是改善农民居住条件，即做到农村住宅的安全、节能、卫生、有特色。〔2〕出发点是保护耕地、保障农民土地权益，〔3〕但在实践中，地方政府为加速实现获取建设用地指标的任务，往往大拆大建，甚至违背农民意愿，搞宅基地强行置换。当宅基地制定法上的立法者与执法者有着不同的价值取向时，即使是对农民有益的宅基地法律，也无法兑现或者说在执行时贯彻立法初衷。

（六）宅基地立法之法会面临严重的信息难题

即使立法者一门心思为农民着想，切实保护农民利益，尊重农民意愿，甚至立法不带给农民任何不合理的强制和约束，在技术上，宅基地制定法也会遭遇信息不对称的难题。立法者不可能全面、准确地收集到宅基地立法所需要的一切信息，不仅因为这些信息是零碎的、私人的，更因为农民当面反映的信

---

〔1〕“城乡建设用地增减挂钩”是指依据土地利用总体规划，将若干拟复垦为耕地的农村建设用地地块（既拆旧地块）和拟用于城镇建设的地块（即建新地块）共同组成建新拆旧项目区，通过建新拆旧和土地复垦，最终实现项目区内建设用地总量不增加，耕地面积不减少、质量不降低，用地布局更合理的土地整理工作。参见2005年10月11日国土资源部颁布《关于规范城镇建设用地增加与农村建设用地减少相挂钩试点工作的意见》。

〔2〕参见2005年12月31日中共中央、国务院《关于推进社会主义新农村建设的若干意见》。

〔3〕参见2008年国土资源部出台的《城乡建设用地增减挂钩试点管理办法》。

息可能存在有意地“伪装”，即农民当面说的话未必是自己心里想的和实际想要做的，因为他们“摸不准”立法者的态度。同时，立法者的知识也具有分散和零碎的性质，他不可能洞悉万物、永远掌握真理，也不可能一劳永逸地解决所有问题。诚如莱奥尼所说：“以立法活动为核心的法律体系，就相当于我们曾经提到的中央集权经济，在这样的社会中，所有重要的决策是由一小撮领导们作出的，而他们对于全局的了解必然是十分有限的，即使他们确实尊重人民的意愿，其结果也受到这一知识的有限性的约束。”〔1〕在浙江义乌、桐乡一带城郊，政府为农民统一规划了宅基地，农民统一修建了三层半住宅（楼上三层用于居住，楼下一层用作门面），政府还为“农民新村”投入大量资金做绿化。但这种着眼于农民生存和发展的惠民措施，未必是农民真正想要的。他们为了集装箱的进出，砍掉了政府种的大树；他们为了生计，会将商用门面出租给工厂做车间；会为了房租而放任租客数量。结果，农民新村的卫生、安全、安宁与政府预想的有太大差距，而千篇一律的新村住宅更谈不上什么特色。因此，自上而下的宅基地立法之法由于信息难题，很难与农民想到一块儿。

宅基地立法之法，相对于“以言代法”来说，有着“依法办事”的先进性，但它自身存在无法克服的难题。殚精竭虑想破解这些立法之法的难题，是徒劳的。正视立法之法这种先天不足，并尝试到社会生活去寻找、发现潜藏在自发秩序中的法律规则，或许有可能发现新的有效规则。

---

〔1〕［意］布鲁诺·莱奥尼：《自由与法律》，秋风译，吉林人民出版社 2011 年版，第 25 页。

三、宅基地自发规则正在生成

经由刻意的思考而创造人类的未来，只是一种幻想，这种幻想通过扼杀个人互动的自生自发秩序的方式最终会摧毁我们的文明。[1] 哈耶克的这一“最终结论”尽管有些耸人听闻，但他至少提醒我们，无视自生自发秩序的后果可能是严重的，或者说过于倚重强制性的外部规则可能会适得其反。当然，任何人类历史时期，都不会出现纯粹由外部规则统治或纯粹由内部规则支配的情形，总是两种规则交织在一起，无非在不同时期，一种规则可能占据优越地位，甚至具有压倒性的优势。[2] 然而，即使外部规则占据绝对优势地位，自生自发秩序也会顽强地“活着”。无论外部规则多么强悍及其形成的外部秩序多么坚固，也始终摧毁不了自生自发秩序。中国宅基地上的外部秩序和内部秩序就呈现出这样一种态势。自 1962 年农村宅基地归公后，在宅基地立法之法的管制之下，宅基地自发秩序被破坏，生成自发秩序的空间被压缩，生成自发秩序的机会被压制。饶是如此，农村宅基地自发秩序也没有被彻底消灭，它依然在立法之法的缝隙中顽强生长。最典型的就是宅基地的收益权能和自主利用权能的自发生长。

（一）基于“副业”生产的宅基地收益权能的生长

《物权法》第 152 条规定，“宅基地使用权人依法对集体所有的土地享有占有和使用的权利，有权依法利用该土地建造住

---

〔1〕 See Hayek, *Law, Legislation and Liberty: The Political Order of a Free People* (Ⅲ), Routledge & Kegan Paul PLC, 1979, p. 152.

〔2〕 内部规则是指自由的法律，外部规则是指立法的法律，这两个术语的具体含义参见［英］弗里德利希·冯·哈耶克：《法律、立法与自由》（第 1 卷），邓正来等译，中国大百科全书出版社 2000 年版，第 152 页以下。

宅及其附属设施”。此条被安置在用益物权篇，但作为用益物权核心的收益权能却没有被明确规定在宅基地使用权中。可见，长期以来，农民利用宅基地实现收益的权能在立法上是被禁止的。[1]然而，实践中，宅基地使用权的收益权能却始终存在。

在农家小院里，搞家庭副业是中国农业生产的惯例。在农耕时代，农民会在房前屋后种上各种经济作物，饲养桑蚕，养殖禽畜。到了近现代，家庭手工业、家庭手工作坊逐渐在农家小院里兴起。浙江桐乡濮院的羊毛衫产业、海宁的皮革产业最初就是在农民的家庭副业中起步的。农民利用宅基地，在自家农房里开创了“前店后厂”的副业生产模式。

农民利用居住的宅地从事“副业”生产，在法律上，应解释为宅基地使用权收益权能的行使。“收益权能是指收取原物产生出来的新增经济价值的权能。所谓新增的经济价值，包括由原物派生出来的果实（天然孳息），由原物产生的租金、利息等法定孳息，以及由运用原物进行生产经营活动而产生的利润等等。”[2]农民利用宅基地从事副业生产属于收取生产经营利润这种情形。

在土地公有制背景下，农村副业生产，这种满足农民“小私”利益的举措，有其自身存在的合理基础。基于人多地少、户均耕地不过10亩的国情，中国粮食生产经营不能完全放手让农户自主经营。国家要调动科技、教育、工业、城市等外部力量扶持农业，组织粮食生产，需要调动农村内部的力量促进粮

〔1〕 在物权法草案征求意见阶段，有学者指出，不明文规定宅基地使用权的收益权能是立法的失误，因为无论从用益物权的性质、农村宅基地利用的现实，还是从“物尽其用”原则的角度，都应该增加“收益”作为宅基地使用权的权能。参见朱岩：“‘宅基地使用权’评释——评《物权法草案》第十三章”，载《中外法学》2006年第1期。

〔2〕 彭万林：《民法学》，中国政法大学出版社2002年版，第235页。

食生产。在“工业反哺农业、城市反哺农村”条件不具备、不成熟的情形下，挖掘农村内部能量来促进粮食生产成为首要选择。农村副业政策就是在这种逻辑下产生的。

农村副业经营模式除集体经营外，一直存在家庭经营。集体经营工商业用地是集体建设用地，农户家庭副业用地主要是宅基地、自留地、自留山等非粮食产地。虽然有一段时间，政策严格限制农户家庭的副业经营，把这种副业定性为“资本主义的尾巴”，但都很快纠正了这种错误做法。因为一旦取消或限制农民副业，农民不仅物质生活质量下降，主业生产积极性也会受到打击。农民完成主业生产任务之后基本能“独占”副业收益，副业不仅有利于农民维持生计、提高生活水平，还有利于稳定粮食生产秩序。可以说，农民的家庭副业收益是农民承担粮食生产任务的一个法律“对价”。

由于肩负粮食生产任务，农户自主收益副业用地的政策日益宽松。当前各地的“农家乐”用地政策即为明证，政府允许农民利用自家的宅基地开展旅游观光服务，以获取经营宅基地的收益，事实上是进一步放宽了农民利用宅基地从事副业生产经营的范围。甚至对于未占用耕地、未损害农民利益的小产权房，国家也没有采取强硬的拆除措施，全部一拆了之。这说明，国家对待宅基地的核心态度是，只要不侵占耕地、不危害粮食生产，农民可以自主利用宅基地获取生产经营、房屋租赁等经营性收益。但以出卖宅基地上房屋方式转移宅基地使用权的做法，有悖于农村主业与副业相互配合、相互补充的初衷。一旦宅基地使用权彻底脱离土地承包经营权、脱离集体经济组织成员身份，不断流向城镇居民，作为粮食生产保障的副业用地就会流失。一旦农村内部的副业消失，粮食生产的主业必然会发生危险。到时，利益受损的人就不仅仅是耕者了。这也就是宅基地收益权能可以存在，而宅基地自由流转受到限制的原因所在。

虽然宅基地制定法没有明确规定宅基地使用权的收益权能，但为了尊重农业生产自身规律，农民通过副业生产，事实上已经享有了宅基地使用权的收益权能。可以说，宅基地使用权收益权能是自发生长的宅基地法律，是农民与国家在宅基地收益方面达成的某种默契。

（二）基于“违章建筑”的宅基地自主使用权能的生成

宅基地，顾名思义，是用来修建住宅的。“使用”是宅基地使用权当然具备的权能。但是，宅基地使用权人行使使用权能，即修建住宅时，依然会受到宅基地管制立法的约束，也就是说，使用宅基地不是自由的，而是受法律限制的。各地都有明确的关于农民修建住宅的建筑面积、建筑层数的法律规定。超面积、超层数的住宅由于突破立法关于宅基地使用权能的约束，会被定性为“违法建筑”或“违章建筑”。然而，从自生自发秩序角度看，或许这些“违章建筑”中正在生长着宅基地自主使用权能。所谓宅基地“自主使用权能”是指权利人根据自身条件和生活需要，在不损害公共利益和他人利益的前提下，自主决定修建住宅的层数和面积或者享受与城市住宅同等的建筑容积率待遇。

在哈耶克看来，道德、宗教、法律、语言、书写、货币、市场以及社会的整个秩序，都是自生自发的社会秩序。〔1〕人与人在无数次互动关系中通过不断调适、试错而逐渐形成的某种一致同意和共识，就是自发秩序的规则。不管这种规则与当时的立法之法是否吻合，即使一种违反立法之法的自发秩序规则，

〔1〕 Hayek, *Law, Legislation and Liberty: Rules and Order* (Ⅰ), The University of Chicago Press, 1973, p. 10.

也有可能最终演化为新的立法。

在这个意义上，中国深圳农民在宅基地上修建的“违章建筑”群，可以理解为一种自发生成的宅基地秩序。这是因为，正规的宅基地管制法律一直不能与“城中村”民众的实际需要保持同步，地方政府对“违章建筑”的管制、处理似乎总是犹豫不决或者说有意模糊。但与此同时，农民自发修建的“违章建筑”不仅很好地解决了自身的生存和发展问题，还在很大程度上承担了本该由政府负责的“廉租房”建设任务。

深圳农村土地征收始于20世纪80年代初期，其法律依据为1982年5月14日施行的《国家建设征用土地条例》。其中两条征收补偿规定，就当时社会经济条件来讲对农民是有利的。一是农业户口转为非农业户口或城镇户口，二是剩余劳动力安置到集体所有制单位或由用地单位招收。但这两个待遇有前提条件。转户口的条件是“生产队的土地已被征完，又不具备迁队、并队条件的”；就业的条件是按照“发展农业生产、发展社队工副业生产、迁队或并队”的途径确实安置不完的。当时，用地单位没有条件安置全部的剩余劳动力，政府也没有能力安排全部的“农转非”。因此，政府的策略是，不把生产队土地全部征收，留出一定的集体用地，发展“社队工副业生产”，这样就可以既不迁农民户口又不安排农民就业。在政府、用地单位与农民的博弈中，最后达成的征收协议的主要内容包括：①“保留农民的宅基地”或者“集中划定宅基地”（每户150平方米）以确保农民生活条件；②保留一部分农村集体的工商用地（每人15平方米）以确保发展社队工副业生产基础；③按照规定发放土地补偿费和安置补助费；④除此之外，户口不迁、工作不管。就当时的实际情况看，政府根据财政状况和用地单位实际，选择降低征地难度和成本的方式征地，对政府而言是有利的。

而农民既没有得到城市户口，也没有得到稳定的工作岗位，失去了维持生计的耕地，只保留了宅基地。事后，政府用了大约10年时间，将特区内所有村民的身份转为非农业户口，但以前的村落因农户宅基地未被征收而保存至今。土地被征收的地方早已是繁华都市，而被城市包围的一个个村落成了“城中村”。

谁也没有料到，昔日的土地征收方案，最终成为村民共同富裕的源头。迅速发展的城市带来了大量工商企业，吸纳了大量就业人口，也造就了需求惊人的房屋租赁市场，这成全了“城中村”村民。当年保有一块宅基地的村民，不断加高房屋，以满足外来人口的居住需求。农民通过“种房子”的方式收获不菲租金，也缓解了政府无力建造大量“廉租房”的尴尬。虽然农民在不断加高房屋的过程中，出现了许多让政府难堪的扩建、抢建，甚至违法修建的情形，但总体来看，深圳“城中村”村民按照市场需求不断加建房屋这种自主利用宅基地的行为，不仅产生了外来人口居住需求得到满足的社会效益，也为农民自己带来了满足生存发展需要的财富效益。

农民利用宅基地修建房屋出租，未违反法律的禁止性规定，关键是农民在宅基地上修建的房屋违反了有关建筑面积、建筑层数以及建房审批程序等立法规定。那么，“城中村”农民为什么会违反法律规定修建超面积、超层数的住宅呢？主要是出于生计的考虑。既不迁移户口又不安排工作的土地征收方案，实际上就是让农民“自谋出路”。“保留”的宅基地成为农民唯一可供生存的财产，农民不得不依靠宅基地自谋生计，他还能顾及住宅面积和层数的法律约束吗？在这种局面下，是放开农民自主利用宅基地还是继续管制农民的宅基地使用权能，其实已不难判断。按道理，即使要坚持宅基地利用的管制，也应当选择相对宽松的管制措施。

然而，“城中村”宅基地立法之法并没有走上农民自主利用度提高而管制放松的道路。相反，出现了越管越乱、越严厉越失控的局面，最终反而生成了村民自主修建“违章建筑”的自发秩序。[1]

“城中村违章建筑”增加了农户的经济利益，让他们在农用地被征收后没有沦为赤贫阶层，反而成为相对富裕人群，让成千上万到深圳打工的人有了相对廉价的租住房，满足了他们的居住需要。“城中村”村民生存发展利益和外来农民工居住生活利益的满足，实际上就是公共利益的满足。当然，地方政府的土地财政收益和房地产开发商的商品房开发利益受到了村民自主开发出租房的影响。但地方政府与开发商受到的些许影响，不足以让宅基地立法之法取缔这些“违章建筑”，因为它们在更高层面上——村民的生存发展利益、农民工的安居利益——满足了公共利益的需要。出于这种公共利益的考虑，宅基地立法之法在相当程度上容忍了农民自主行使宅基地的使用权能。这也是这些违章建筑被当成“历史遗留问题”而得以保存至今的

---

〔1〕 1982年9月17日深圳市政府针对“有些社员未经政府有关部门审批，任意占用土地，乱建房屋”的情况，制定《深圳市经济特区农村社员建房用地的暂行规定》。同时将特区内村民“私占土地，乱建私房，破坏特区发展规划”的问题层层上报，1982年12月18日国务院办公厅对此作出批复，为乱建房现象定性，明确规定：“对于过去未经批准，私人擅自占地建造的私房，要逐户进行检查，根据其不同情况进行处理。今后私人擅自占地建造私房的，以违法论处。”1983年深府1号文《关于严禁在特区内乱建和私建房屋的补充规定》传达了中央的精神。也就是说，从1983年起，深圳特区私人擅自占地建造的私房，属于违法建筑。1986年，《关于进一步加强深圳特区农村规划工作的通知》，对每栋私房的层数和面积做了规定，即三层，150～240平方米。2001年12月，深圳市人大常委会出台了《深圳经济特区处理历史遗留违法私房若干规定》，进一步放宽违法私房的建筑标准，4层以下、480平方米以内的违法私房，免予处罚。每次有关面积和层数的规定一出台，就出现村民抢建、扩建潮。特区内城中村私房的建筑普遍达到七八层，高的甚至达到近20层。

根源所在。

若干年后，中国各地“城中村”的“违章建筑”，或许和美国的“斧头权”一样取得合法地位。[1]“所有西方国家在过去某一阶段，都实现了从分散的、不正规的协议体制，向系统性的合法所有权制度的过渡。”[2]抢劫、盗窃等恶性违法行为永远不可能转变为合法行为，因为它违反了人类真正的法律，而失去耕地的农民利用宅基地自主修建住宅以满足生存和发展需要的行为，哪怕在建筑强度、建筑密度、建造审批程序等方面违反了今天的立法之法，也可能会因为它作为一种自发秩序规则而演变为明日的法律。

四、宅基地立法新路径

宅基地立法之法具有自身无法克服的难题，现实生活中宅基地自发秩序规则正在生长或已经生成。继续硬着头皮去无中生有的创造宅基地法律，去管制所谓的宅基地“违法利用行为”，还不如到生活中去发现民众自愿遵守和践行的宅基地

---

〔1〕在17世纪60年代，美国马里兰的不合法居民就形成了一种传统：在他们中意的土地生长的树木上刻上记号，即用斧头刻上自己的姓名缩写，来表明对某块土地所有权的做法。1783年，乔治·华盛顿对此抱怨说：“那些匪徒藐视国家的权威，他们牺牲了许多人的利益，他们掠夺并挥霍了这个国家的财富。”1785年，国会通过了一项决议，明确要求禁止公共领地的不合法定居现象，还授权国防部长把不合法定居者从西北地区的联邦土地上驱逐出去。1807年，国会通过一项法令，允许通过暴力驱逐不合法定居者，并对那些收到通知，仍不履行法律规定的人处以罚款或监禁。但到1828年后，公共土地委员会开始转为支持不合法定居者，1830年后，不合法定居者的各种协议开始纳入正规的法律体系。1862年，国会通过了著名的“宅地法案”，正式确认了定居者自行努力所获得的权利。转引自［秘鲁］赫尔南多·德·索托：《资本的秘密》，于海生译，华夏出版社2007年版，第81～117页。

〔2〕［秘鲁］赫尔南多·德·索托：《资本的秘密》，于海生译，华夏出版社2007年版，第82页。

法律。

（一）发现宅基地法律的必要性和可行性

当下，我们越来越习惯由人大代表或政府官员制定法律或规章来规范社会关系，并且总以为通过“多数人决议”的法律或规章能恰如其分地代表多数人的意志与利益。然而，事实上，人大代表和政府官员制定的立法之法，能在多大程度上代表多数人的意志与利益是一个缺乏检验标准和检验程序的疑难问题。权力机关制定的立法之法或许更多地体现的是立法者之间的利益博弈，而立法者的利益往往反映的是不同派别的既得利益群体的利益。当规范和约束社会大众的法律或规章只是反映了社会强者的意愿和利益时，法律的颁布对社会弱势群体而言仅仅意味着管制的增加或利益的消解。因此，针对社会弱势群体的立法如果不能充分反映这个群体的意志和利益，在实践中往往就达不到立法预期目标，或者说，在实践中经常会发生弱者的违法行为。为避免立法者按照自己的意志来任意安排社会弱势群体的利益，最好的办法是让他们到现实生活中去发现弱者自发生成的行为规则。

农村宅基地法律重在规范农民占有、利用宅基地的行为。掌握宅基地立法权的人，在法律身份上肯定已经不是农民了，他们能在多大程度上理解农民的意愿，代表农民的意志，反映农民的利益诉求，是一个不得不引起重视的问题。基层政府官员即使了解社情民意，但他们在宅基地上的利益诉求与农民是有根本区别的。假如农村宅基地能顺利地由地方政府占有并交给开发商使用，将给地方政府和地方官员带来显而易见的经济利益。因此，地方官员在思考、提出宅基地立法建议时多半会从“集中”、“统一”、“规划”等角度强调宅基地的政府统一经营。中央官员即使了解农民的意愿，想在宅基地立法中保障农民的利益，也未必能顺利地将这种立法意志传达到立法文件中。他们必然要充分考虑地方官员的想法，尽量通过变通的手法满足地方官员的各种利益诉求。结果，指导思想和基本原则均旨在保护农民利益的宅基地立法，可能会在某些具体制度层面变成压制农民利益、甚至剥夺农民利益的法律规则。立法之法这种尴尬的局面一再出现是其自身无法克服的难题。解决难题的唯一办法是找一条新的路径，即从单一的制定法律的路径转换到制定法律和发现法律的双重轨道上来。

所谓发现法律，不是通过正规的立法程序来制定法律，而是通过深入观察行为人的行为习惯，判断该行为习惯带给行为人的行为后果，评估这种行为后果可能带来的社会效果，发现立法之法中没有的具有正能量的行为规则，进而将这种规则纳入正规法律体系的一种非典型性立法方式。发现法律的立法方法可以是直接用立法承认所发现的法律规则，也可以是直接在立法中允许在法律没有规定的情形下适用“习惯”。这两种发现法律的方法在中国立法中均有采用。《民法通则》规定的土地承包经营权就是立法直接承认农村现实生活中的行为规则。《物权法》第 85 条规定处理相邻关系时，没有法律、法规规定的，可以依照当地习惯。把法律的制定权交给行为人自己，让人们在民事交往过程中自发生长出法律规则，是发现法律方法的核心内容。

在私法领域，不需要凡事都依靠立法之法，可以更多地将私法领域的法律制定权交给市场主体。宅基地的占有和分配事关国家和社会公共利益，自然需要立法机关制定公法予以规制，但宅基地的利用和收益属于宅基地利用人的私人利益范畴，其法律规则在没有成熟的制度可以借鉴和移植的情形下，未尝不可以将法律规则的制定权交给农民自己，让农民根据社会经济条件的变化自主决定利用宅基地的规则。农民自主利用宅基地，自主创造宅基地利用规则，不会给整个社会带来难以估量的损失。他利用那一亩、半亩甚至更少的宅基地，就算修建一座城堡又能给社会带来什么负面影响呢？反而是各种严禁、各种不许带来的反抗和管制法律威信的丧失造成了更加不利的社会影响。立法机关把手从宅基地“私域”空间收回来，采用发现法律的方法来完善宅基地法律，或许能收到意想不到的良好的社会效果。

发现法律是法律实践史上的重要经验。面对当代社会立法膨胀问题，布鲁诺·莱奥尼呼吁大家重新审视自由价值在整体法律制度中的位置。他从罗马和英国的历史中找到了他们的立法智慧，那就是：法律是有待于发现的东西，而不是可以制定颁布的东西，社会中的任何人都不可能强大到可以将自己的意志等同于国家之法律。[1] 西方国家“发现法律”的传统，对中国人而言，不是什么难以接受的新奇事物。土地承包经营权就是农民从生活中发现的权利，是中国农民自发形成的法律规则。家庭土地承包经营权的原型是“包干到户”，最初是一种违背土地公有公用的“违法行为”，但通过农民不断的实践、探索和抗争，最终从自发秩序的规则演变为立法之法。因为它激发了农民的创造潜力，促进了农业经济的增长，自主解决了中国人的温饱问题。所以，到生活中去发现法律，并不仅仅只是西方人固有的法律传统。但凡理性社会、理性人群都会遵从长期演变的生活规则。生活规则，特别是有关私人生活的规则，不是个别人灵光一闪的产物，而是人民群众生活智慧的结晶。

发现法律并不比创造法律更困难。发现法律的社会成本未

---

〔1〕［意］布鲁诺·莱奥尼：《自由与法律》，秋风译，吉林人民出版社 2011 年版，第 15 页。

必高于制定法律，而效用却高于制定法。看上去，发现法律的时间会拖得比较长，发现法律的过程可能会一波三折，迟迟不出台制定法可能不利于社会经济秩序的稳定，但事实上，仓促制定的法律所浪费的社会成本以及对社会经济秩序的破坏有时比等待的结果更糟。土地承包经营权的发现过程十分漫长而痛苦，但这种源于生活自发秩序的法律一经发现，就能稳定地发挥作用。当然，对于习惯于制定法律的立法者而言，他们要切实走到群众中去，走到“违法群体”中去，走到不卫生、不安全，甚至看上去不适合人类居住的地方去，是有相当难度的。但他们唯有如此，才能发现社会弱者真正需要的法律，因为生活中的自发秩序规则就隐藏在立法者并不想去的地方。到“不合法的社会领域”去发现法律，是赫尔南多·德·索托的主张。他说：当我在稻田里漫步时，我并不知道每个人的地产边界在哪里，但是，那些狗却知道答案。每当我从一个农场进入另一个农场时，都会有不同的狗冲我吠叫。……从分散于本国的不合法表述体系的脉络中，找到一条主线，使之与处于统治地位的社会契约建立起联系，就能发现“人民的法律”。[1]社会生活中的宅基地法律，不在法律家的脑海中，也不在法官、政府官员的文件袋里，它存在于“不合法的社会领域”。发现法律的理念，冲击了法律制定的惯性，它要打破人们头脑中固有的“合法律与不合法律”的范畴，它要从不合法社会领域中找到真正的能反映公意的社会契约，这需要足够的勇气和智慧。当然，发现法律的工作，主要不是由政府官员和立法者去做，而由法学、政治学、经济学、社会学等学科的专业人士和有识之士来承担。让中立的专家学者深入“不合法社会领域”，从诸多违法

〔1〕［秘鲁］赫尔南多·德·索托：《资本的秘密》，于海生译，华夏出版社2007年版，第125～126页。

行为中辨析出真正的自发秩序规则，进而将其纳入正规法律体系。这样的法律才会为民众自觉遵守，才能稳定而有效地发挥规范社会关系的作用。

发现宅基地法律是妥善解决宅基地现实矛盾的可行选择。“城中村违章建筑”问题存在了许多年，小产权房也有多年迟迟拿不出妥当的解决办法。不妨换一种思路，尝试到生活中去发现宅基地法律。如果继续采取强制措施，力图压制各种所谓的违法行为，恐怕只会延误宅基地利用矛盾的解决，并激发社会冲突。近来，中国“城中村”问题迎来了“城中村改造”的新决策，即政府通过拆除“违章建筑”、重新规划住宅建设、给“城中村”居民适当补偿的方式来提升城中村的居住环境和居住质量。这依然是立法之法的思路，一种以权力压制自主利用和收益的思路。决策者认为“城中村”给社会带来了不幸，需要通过某种强制手段加以干预，并且拿西方国家的旧房改造为例来说明“城中村”改造的合理性。殊不知，我们的“城中村”改造将农民固有的宅基地利益拿走了，将这种土地利益转移给了政府和房地产开发商。拿走宅基地使用权人的宅基地利益的所谓改造只不过是单方面的强制而已。此外，一些“城中村”改造方案不顾原则地增加宅基地使用权人的补偿费，又存在利益输送的嫌疑。“城中村”改造不是宅基地权利人自主、自愿、自由的行为，而是政府组织的行动，不仅受强制者因利益分配不均而不满，旁观者也会因补偿过高而不服。自上而下的“城中村”改造注定两头不讨好。无论城中村“违章建筑”通过什么方式加以改造，都需要正规法律体系对“违章建筑”有一个明确的表态。是继续将其当作违法建筑加以改造，还是将其纳入正规法律体系加以保护，始终都绕不开。因此，正视“不合法社会领域”的存在，并从中发现可以纳入正规法律体系的规则，或许是和平解决群体违法事件的出路。

长期以来，我们把宅基地法律看成实现特定目的的一种组织工具，并没有把它当成人们利用宅基地习俗的经验总结，或者说忽视了宅基地利用习俗以及宅基地作为基本生存财产的功能，而过分强调宅基地立法之法的作用。结果，一些宅基地强制立法在实践中产生了适得其反的效果。纠错办法不是以一种强制替代另一种强制，而是发现民众已经认可、遵循的规则，并将其纳入正规法律体系之中。

农村宅基地利用中存在着自生自发秩序，这种自生自发秩序也是法律的一部分。关注并发现宅基地自发秩序中生长的规则，不仅可以促进宅基地私法制度更好地实现私人的利益，亦将增进整个社会的公共利益，因为民生即公益。

（二）发现宅基地法律的基本要求

发现宅基地法律，是一条全新的法律创制路径。开展宅基地法律的发现工作需要着重注意三个问题。一是宅基地法律发现的主体。立法机关、法律学者或者宅基地自发规则的实践者，谁更适合作为自发规则的发现者？二是宅基地自发规则的发现者与实践者以及立法机构的关系。让三者在自发规则的发现过程中形成协商沟通的关系，就有可能构筑发现宅基地法律的基础。三是宅基地自发规则的评估。自发规则一经发现，并不意味着它可以直接被纳入正规法律体系，公开的、中立的评估类似于立法的审议，是法律发现不可逾越的程序。

1. 明确法律发现主体制度

宅基地利用人在利用宅基地过程中，探索、试用宅基地利用规则，他们是宅基地法律自发生成的实践者、创造者，但他们不宜成为自发生成规则的发现主体。这是因为，作为自发规则的实践者，他们不是基于深思熟虑地观察、思考、提炼而有意识地创造自发规则的，在大多数情形下，实践者根本没有意识到他们是在创造规则或者已经创造了新的规则。他们或许出于生存的本能，或许迫于生活压力，或许纯粹是为了反社会而根据自己的意愿和利益行事。实践者自己发现自发规则，容易演变为违法者为自己的违法行为寻找借口，不利于呈现事实真相，也不利于发现实践者的真实意愿和利益诉求。为避免"当局者迷"，自发规则的实践者不是宅基地法律发现主体的合适人选。

一些西方学者认为法律从社会实践中产生，是由法官和法律学者通过裁判规范发展起来，而后由立法者将它们用书面的形式固定下来，编撰成法律规范。[1] 在法律发现的进程中，法官和法律学者扮演了重要的角色，他们是法律发现的主体。

然而在中国，迄今为止，法官在法律制定方面极少发挥重要作用。中国法官与西方国家的法官在立法上的贡献不可同日而语。中国法官的独立性问题一直存有争议，由法官承担发现法律的重任似乎缺乏公信力。而法律学者在中国立法进程中脱颖而出，诸多重要法律草案的起草工作都委托给了他们，比如合同法草案、物权法草案等均出自于民法学者之手。同时，法律学者的身份相对超脱、中立，能比较客观、公允地看待现实生活中自发生成的规则，更有利于完成发现法律的任务。因此，就当前实际情况而言，宜由法律学者担当发现法律的主体。

法律学者不限于法学家，一切以法律为研究对象的专家学者都在法律学者之列，他们可能是社会学家、经济学家，甚至

〔1〕 参见［奥地利］尤根·埃利希：《法律社会学基本原理》，叶名怡、袁震译，中国社会科学出版社 2009 年版；［意］布鲁诺·莱奥尼：《自由与法律》，秋风译，吉林人民出版社 2011 年版；［英］弗里德利希·冯·哈耶克：《法律、立法与自由》（第 1、2 卷），邓正来等译，中国大百科全书出版社 2000 年版。

是科学家。为完成宅基地法律发现任务，土地法学、物权法学、土地管理学、农业经济学、农村经济管理学等学科的专家自然更有资格成为专业的宅基地法律发现主体，但这并不妨碍其他学科、其他专业的人士开展宅基地法律发现工作。凡是有能力发现宅基地法律的人都属于宅基地法律发现主体。比如，一位法官，当他从审判实践中发现了某些宅基地自发生成的规则，他也是宅基地法律发现的主体，只不过，此时他的身份不再是法官，而是法律学者了。在法律发现主体制度中，法律学者不代表一种职业，只代表他们所从事的事业，也就是说，只要从事法律发现工作，发现了社会生活中自发生成的规则，并最终得到承认，他就是一名法律学者。并非只有法律研究机构、法学院的专家才是法律学者，法官、乡官、村官等都有可能成为发现法律的法律学者。只要是独立于自发规则实践者、与自发规则实践者没有利害关系的人，都有机会成为发现法律的主体。

法律学者作为发现法律的主体，可以采取个体、团体等方式去发现自发规则，也可在不属于立法机关的机构的组织下开展法律发现的工作。法律学者发现法律的草案和相关的论证材料除涉及国家机密的以外应当向社会公开。法律学者发表的有关法律发现的观点、主张属于学术范畴，不设禁区。这是法律学者作为法律发现主体的基本保障。

2. 制定法律发现沟通机制

法律学者发现宅基地法律规则，要与自发规则的实践者和立法者建立起双重沟通关系。一方面，要建立法律学者与宅基地利用人之间的沟通机制。法律学者只有深入到宅基地利用人的生活中去，才有可能发现他们自发生成的宅基地利用规则，也才能真正明白宅基地利用人的真实意愿和利益诉求。与宅基地利用人之间的沟通宜采用比较正规的方式。所谓正规是指通过类似于法官、律师做调查笔录的形式形成沟通的书面材料。这种有宅基地利用人签名画押的调查笔录与问卷调查、座谈会等学术调查最大的区别在于，前者可以更好地表现出宅基地利用人参加沟通的积极性、主动性和严肃性。如果宅基地利用人不参加这种沟通，法律学者从社会生活实践中发现法律规则的目的就会落空。也只有宅基地利用人真正参加了这种沟通，法律学者发现的宅基地法律规则才可能有事实依据。法律学者与宅基地利用人之间的沟通，在性质上类似于立法的民意调查，只不过这种“民调”是民间的，而非官方的。

另一方面，要建立法律学者与立法机构之间的沟通机制。法律学者发现的宅基地自发规则最终能否被纳入正规法律体系，决定权在立法机构，因此，法律学者在发现法律的过程中，需要与立法机构保持一种常态的沟通机制。立法机构需要有专门的专业人员接待法律学者的沟通请求，负责阐明立法机构在宅基地立法方面的立场、价值判断、立法目的等。法律学者向立法机构阐明宅基地自发规则生成的机理、宅基地利用人的意愿和利益诉求，以及宅基地自发规则可以纳入正规法律体系的理由等。法律学者与立法机构之间的沟通，主要采取书面形式，当面口头沟通的应制作书面材料。沟通次数一般以两次为准。法律学者与立法机构的这种常规的沟通制度，的确会极大地增加立法机构的工作量。为减轻立法机构的压力，立法机构可以将沟通任务委托给社会机构，但最终由立法机构承担沟通的责任。这种沟通机制对于立法机构的立法帮助可能比立法机构向社会公开征求立法草案建议更大，因为两次沟通均有书面的反馈，甚至会发生书面的论争，有利于立法机关更客观、更科学地对待“民调”，也可以让社会大众更多地了解到立法机关在沟通过程中付出的努力。法律学者与立法机构的沟通机制将间接成为人民群众与立法者沟通的桥梁。

3. 制定法律发现评估机制

宅基地法律发现是严肃的民意调查，即使在与立法机构的沟通环节中得到了立法机构的初步认可，也不能直接启动立法程序将其纳入正规法律体系，还需要事先进入自发规则的评估环节。当然，得不到立法机构认可的法律发现也可以进入评估环节。

评估由具有独立地位的法律政策社会评估机构主持。评估按照法律学者当庭提出评估申请、答辩、评估机构合议庭评议、评估机构出具评估报告的程序进行。立法机构可以派员列席评估会。评估内容主要是事实和理由两方面。事实方面主要判定真实性、典型性、代表性等；理由方面主要评估正当性、必要性、可行性等。

宅基地法律发现的评估可以最大限度地保障宅基地自发规则纳入正规法律体系的科学性，也可以让民众在评估环节更加全面地认识自发生成规则的价值。评估结果或许是这种自发规则可以进入法律、法规，或许是只能作为地方性法规、地方规章，或许现阶段还不能进入正规法律体系。无论哪种结果，都能让民众清醒地看到各种自发规则的未来，进而更有利于自发规则的实践者做出理性的选择。经过评估后的自发规则，如果不允许进入正规法律体系，需要立即加以取缔的，评估机构可以建议相关部门采取取缔措施。经由公开的评估，自发规则要么进入正规法律体系，要么被正规法律体系依法取缔，无论哪一种结果，都意味着立法和执法因公开了民意而走向法治。

主要参考文献

一、著作类

1. 孟勤国：《物权二元结构论——中国物权制度的理论重构》，人民法院出版社 2004 年版。

2. 王卫国：《中国土地权利研究》，中国政法大学出版社 1997 年版。

3. 赵俪生：《中国土地制度史》，齐鲁书社 1984 年版。

4. ［日］长野郎：《中国土地制度的研究》，强我译，袁兆春点校，中国政法大学出版社 2004 年版。

5. 赵冈、陈钟毅：《中国土地制度史》，新星出版社 2006 年版。

6. 许倬云：《汉代农业——中国农业经济的起源及特性》，广西师范大学出版社 2005 年版。

7. 朱岩、高圣平、陈鑫：《中国物权法评注》，北京大学出版社 2007 年版。

8. 孙宪忠：《争议与思考——物权立法笔记》，中国人民大学出版社 2006 年版。

9. 陈志英：《宋代物权关系研究》，中国社会科学出版社 2006 年版。

10. 邓建鹏：《财产权利的贫困——中国传统民事法研究》，法律出版社 2006 年版。

11. 丁关良:《土地承包经营权基本问题研究》，浙江大学出版社 2007 年版。

12. 胡穗:《中国共产党农村土地政策的演进》，中国社会科学出版社 2007 年版。

13. 陈荷夫:《土地与农民——中国土地革命的法律与政治》，辽宁人民出版社 1988 年版。

14. ［德］弗里德里希·卡尔·冯·萨维尼、雅各布·格林:《萨维尼法学方法论讲义与格林笔记》，杨代雄译，法律出版社 2008 年版。

15. ［日］谷川道雄:《中国中世社会与共同体》，马彪译，中华书局 2002 年版。

16. 左平良:《土地承包经营权流转法律问题研究》，中南大学出版社 2007 年版。

17. 胡吕银:《土地承包经营权的物权法分析》，复旦大学出版社 2004 年版。

18. ［美］劳伦斯·M. 弗里德曼:《美国法律史》，苏彦新等译，中国社会科学出版社 2007 年版。

19. ［德］克劳斯·丹宁格:《促进增长与缓减贫困的土地政策》，贺达水、张惠东译，中国人民大学出版社 2007 年版。

20. 郭洁:《土地资源保护与民事立法研究》，法律出版社 2002 年版。

21. 方芳:《农地规模经营实现途径研究》，上海财经大学出版社 2008 年版。

22. ［意］朱塞佩·格罗索:《罗马法史》，黄风译，中国政法大学出版社 1994 年版。

23. ［意］彼德罗·彭梵得:《罗马法教科书》，黄风译，中国政法大学出版社 1992 年版。

24. 殷鼎:《理解的命运》，生活·读书·新知三联书店 1988 年版。

25. ［德］卡尔·恩吉施:《法律思维导论》，郑永流译，法律出版社 2004 年版。

26. 谢晖:《法律的意义追问——诠释学视野中的法哲学》，商务印书馆 2003 年版。

27. ［美］理查德·派普斯：《财产论》，蒋琳琦译，经济科学出版社 2003 年版。

28. 肖厚国：《所有权的兴起与衰落》，山东人民出版社 2003 年版。

29. ［古罗马］优士丁尼：《法学阶梯》，徐国栋译，中国政法大学出版社 1999 年版。

30. ［美］E. 博登海默：《法理学：法律哲学与法律方法》，邓正来译，中国政法大学出版社 1999 年版。

31. 高富平：《土地使用权和用益物权——我国不动产物权体系研究》，法律出版社 2001 年版。

32. 王利明：《物权法研究》，中国人民大学出版社 2002 年版。

33. 金其铭：《农村聚落地理》，科学出版社 1988 年版。

34. 卓泽渊：《法的价值论》，法律出版社 1999 年版。

35. 高富平：《物权法原论》（上、中、下），中国法制出版社 2001 年版。

36. 张德友、翟印礼：《法与农村社会变迁》，人民出版社 2007 年版。

37. 韩俊主编：《中国农村政策报告调查》（2），上海远东出版社 2008 年版。

38. ［美］查尔斯·K. 罗利编：《财产权与民主的限度》，商务印书馆 2007 年版。

39. 江平主编：《中国土地立法研究》，中国政法大学出版社 1999 年版。

40. 黄祖辉等：《农业与农村发展的制度透视》，中国农业出版社 2002 年版。

41. 刘俊：《中国土地法理论问题研究》，法律出版社 2006 年版。

42. 张红宇：《中国农村的土地制度变迁》，中国农业出版社 2002 年版。

43. 刘凤芹：《农地制度与农业经济组织》，中国社会科学出版社 2005 年版。

44. 靳相木：《中国乡村地权变迁法的经济学研究》，中国社会科学出版社 2005 年版。

45. 李明秋、王宝山：《中国农村土地制度创新及农地使用权流转机制研究》，中国大地出版社 2004 年。

46. 屈茂辉：《用益物权制度研究》，中国方正出版社 2005 年版。

47. 房绍坤：《用益物权基本问题研究》，北京大学出版社 2006 年版。

48. 徐汉明：《中国农民土地持有产权制度研究》，社会科学文献出版社 2004 年版。

49. 中国物权法研究课题组：《中国物权法草案建议稿》，社会科学文献出版社 2000 年版。

50. 王利明：《中国物权法草案建议稿及说明》，中国法制出版社 2001 年版。

51. 蒲坚：《中国历史土地资源法制研究》，北京大学出版社 2006 年版。

52. 高王凌：《租佃关系新论——地主、农民和地租》，上海书店出版社 2005 年版。

53. 赵冈：《中国传统农村的地权分配》，新星出版社 2006 年版。

54. 李昌麒：《中国农村法治发展研究》，人民法院出版社 2006 年版。

55. 陈志英：《宋代物权关系研究》，中国社会科学出版社 2006 年版。

56. 崔建远：《土地上的权利群研究》，法律出版社 2004 年版。

57. 傅晨：《中国农村合作经济：组织形式与制度变迁》，中国经济出版社 2006 年版。

58. 甘藏春：《农村集体土地股份合作社：理论与实践》，中国大地出版社 2000 年版。

59. 南京地政研究所：《中国土地问题研究》，中国科学技术大学出版社 1998 年版。

60. 张五常：《佃农理论——应用于亚洲的农业和台湾的土地改革》，商务印书馆 2000 年版。

61. 关涛：《我国不动产法律问题专论》，人民法院出版社 1999 年版。

62. 渠涛：《民法理论与制度比较研究》，中国政法大学出版社 2004 年版。

63. ［德］弗里德里希·卡尔·冯·萨维尼:《论立法与法学的当代使命》，许章润译，中国法制出版社 2002 年版。

64.（台）苏永钦:《走入新世纪的私法自治》，中国政法大学出版社 2002 年版。

65. 马克伟主编:《土地大辞典》，长春出版社 1991 年版。

66. 陈洪博主编:《土地科学辞典》，江苏科学技术出版社 1992 年版。

67. 王利明:《中国民法典学者建议稿及立法理由》（物权编），法律出版社 2005 年版。

68. 中国物权法研究课题组:《中国物权法草案建议稿附理由》，社会科学文献出版社 2007 年版。

69. 王旭光、范明志主编:《物权法适用疑难问题研究》，山东人民出版社 2007 年版。

70. 全国人大常委会法制工作委员会民法室编:《中华人民共和国物权法条文说明、立法理由及相关规定》，北京大学出版社 2007 年版。

71. 孙毅、申建平:《建设用地使用权·宅基地使用权》，中国法制出版社 2007 年版。

72. ［美］罗斯科·庞德:《普通法的精神》，唐前宏、廖湘文、高雪原译，法律出版社 2001 年版。

73. 何·皮特:《谁是中国土地拥有者？——制度变迁、产权和社会冲突》，林韵然译，社会科学文献出版社 2008 年版。

74. ［秘鲁］赫尔南多·德·索托:《资本的秘密》，于海生译，华夏出版社 2007 年版。

75. 中共中央马克思恩格斯列宁斯大林著作编译局:《列宁全集》（第 10 卷），人民出版社 1987 年版。

76. 中共中央书记处编:《六大以前（党的历史材料）》，人民出版社 1980 年版。

77.《毛泽东选集》（第 1 卷），人民出版社 1951 年版。

78.《孙中山选集》，人民出版社 1981 年版。

79. ［意］布鲁诺·莱奥尼:《自由与法律》，秋风译，吉林人民出版社 2011 年版。

80. 徐孟洲：《耦合经济法论》，中国人民大学出版社 2010 年版。

81. 王家福、黄明川：《土地法的理论与实践》，人民日报出版社 1991 年版。

82. ［英］弗里德利希·冯·哈耶克：《法律、立法与自由》（第 1、2 卷），邓正来等译，中国大百科全书出版社 2000 年版。

83. ［英］弗里德利希·冯·哈耶克：《自由秩序原理》（上），邓正来译，生活·读书·新知三联书店 1997 年版。

84. ［英］弗里德利希·冯·哈耶克：《通往奴役之路》，王明毅等译，中国社会科学出版社 1997 年版。

85. ［英］弗里德利希·冯·哈耶克：《个人主义与经济秩序》，邓正来译，三联书店 2003 年版。

86. 中共中央马克思恩格斯列宁斯大林著作编译局：《马克思恩格斯选集》（第 1 卷），人民出版社 1995 年版。

87. 中共中央马克思恩格斯列宁斯大林著作编译局：《斯大林选集》（下卷），人民出版社 1972 年版。

88. 中共中央马克思恩格斯列宁斯大林著作编译局：《马克思恩格斯全集》（第 3 卷），人民出版社 1960 年版。

89. 《邓小平文选》（第 2 卷），人民出版社 1994 年版。

90. 陈章龙：《论主导价值观》，江苏人民出版社 2006 年版。

91. 胡如雷：《中国封建社会形态研究》，三联书店 1979 年版。

92. 高王凌：《租佃关系新论——地主、农民和地租》，上海书店出版社 2005 年版。

93. ［英］沃克：《牛津法律大辞典》，北京社会与科技发展研究所译，光明日报出版社 1988 年版。

94. 李文治：《明清时代封建土地关系的松解》，中国社会科学出版社 2007 年版。

95. 张德义、郝毅生主编：《中国历代土地契证》，河北大学出版社 2009 年版。

96. ［美］Y. 巴泽尔：《产权的经济学分析》，费方域、段毅才译，上海人民出版社 1997 年版。

97. 龙卫球:《民法总论》，中国法制出版社 2001 年版。

98. [法] 皮埃尔·勒鲁:《论平等》，王允道译，商务印书馆 1991 年版。

99. [英] 洛克:《政府论》(下)，叶启芳、瞿菊农译，商务印书馆 1995 年版。

100. [德] 康德:《法的形而上学原理》，沈叔平译，商务印书馆 1991 年版。

101. [德] 黑格尔:《法哲学原理》，范扬、张企泰译，商务印书馆 1982 年版。

102. [德] 伯恩·魏德士:《法理学》，丁小春、吴越译，法律出版社 2003 年版。

103. [法] 基佐:《一六四零年英国革命史》，武光健译，商务印书馆 1986 年版。

104. 由嵘等编:《外国法制史参考资料汇编》，北京大学出版社 2004 年版。

105. 刘祚昌主编:《世界通史》(近代卷上)，人民出版社 1997 年版。

106. 周一良、吴于廑:《世界通史资料选辑》(近代部分上册)，商务印书馆 1964 年版。

107. [日] 美浓部达吉:《公法与私法》，黄冯明译，中国政法大学出版社 2003 年版。

108. [日] 沟口雄三:《中国的公与私·公私》，郑静译，生活·读书·新知三联书店 2011 年版。

二、论文类

1. 刘俊:“农村宅基地使用权制度研究”，载《西南民族大学学报》2007 年第 3 期。

2. 高圣平、刘守英:“宅基地使用权初始取得制度研究”，载《中国土地科学》2007 年第 2 期。

3. 孟勤国:“物权法开禁农村宅基地交易之辩”，载《法学评论》2005 年第 4 期。

4. 韩世远:“宅基地的立法问题——兼析物权法草案第十三章‘宅基

地使用权’”，载《政治与法律》2005年第5期。

5. 郭明瑞：“关于宅基地使用权的立法建议”，载《法学论坛》2007年第1期。

6. 王远燃：“宅基地概念更新——湖北省的调查”，载《中国土地》1998年第12期。

7. 解玉娟：“农村宅基地使用权性质探析”，载《河南省政法管理干部学院学报》2008年第3期。

8. 朱红英、杨秋岭：“论宅基地使用权取得的公法控制”，载《浙江工业大学学报（社会科学版）》2008年第1期。

9. 姜爱林、陈海秋：“新中国农村宅基地立法的历史沿革研究”，载《时代法学》2007年第2期。

10. 丁关良：“1949年以来中国农村宅基地制度的演变”，载《湖南农业大学学报（社会科学版）》2008年第4期。

11. 高其才：“现代立法理念论”，载《南京社会科学》2006年第1期。

12. 孟勤国：“物权法如何保护集体财产”，载《法学》2006年第1期。

13. 孟勤国：“论所有权能的单一性”，载《广西大学学报（哲学社会科学版）》1988年第2期。

14. 孟勤国：“关于政策法的若干问题研究”，载《天津社会科学》1990年第1期。

15. 孟勤国：“论当今中国的双轨法制”，载《当代法学研究》1988年第2期。

16. 童列春：“私法上财产关系的身份调整”，载《法商研究》2011年第5期。

17. 吕世伦、郑国生：“‘从身份到契约’公式引发的法律思考”，载《中外法学》1996年第4期。

18. 高圣平、刘守英：“集体建设用地进入市场：现实与法律困境”，载《管理世界》2007年第3期。

19. 方今华：“关于农村宅基地使用权流转的法律思考”，载《西华大学学报（哲学社会科学版）》2008 年第 3 期。

20. 王强：“朝向集体主义事实本身——集体主义的学理依据和现实进路”，载《西北大学学报（哲学社会科学版）》2010 年第 2 期。

21. 刘荣荣：“集体与集体主义辨析”，载《中共中央党校学报》2008 年第 2 期。

22. 孙宝云：“个人主义、集体主义：迥异的集体利益实现模式”，载《江苏社会科学》2009 年第 5 期。

23. 章波等：“经济发达地区农村宅基地流转问题研究——以北京市郊区为例”，载《中国土地科学》2006 年第 1 期。

24. 陈柏峰：“农村宅基地限制交易的正当性”，载《中国土地科学》2007 年第 4 期。

25. 朱岩：“‘宅基地使用权’评释——评《物权法草案》第十三章”，载《中外法学》2006 年第 1 期。

26. 汪渊智、李永格：“论农村宅基地使用权制度”，载《广西政法管理干部学院学报》2007 年第 1 期。

27. 武建国：“试论均田制中永业田的性质”，载《历史研究》1981 年第 3 期。

28. 袁昌隆：“永业田的买卖并非土地所有权的让渡——北魏隋唐时期均田制中永业田性质探讨”，载《贵州社会科学》1992 年第 6 期。

29. 侯外庐：“中国封建社会土地所有制形式问题”，载《历史研究》1954 年第 1 期。

30. 何东：“《天圣令·田令》所附唐田令荒废条‘私田’的再探讨”，载《中国社会经济史研究》2006 年第 2 期。

31. 袁昌隆：“永业田的买卖并非土地所有权的让渡——北魏隋唐时期均田制中永业田性质探讨”，载《贵州社会科学》1992 年第 6 期。

32. 孙天福：“唐代均田制下的永业田”，载《西南师范大学学报（哲学社会科学版）》1989 年第 3 期。

33. 钱君晔：“论唐代封建土地所有制的形式问题”，载《历史教学》1979 年第 6 期。

34. 梁亚荣：“农村宅基地使用权流转的理论与实践探析”，载《河南省政法管理干部学院学报》2008 年第 3 期。

35. 徐祖林、左平良："自由市场及对自由市场限制的法哲学分析——从农村房屋及宅基地使用权流转问题说起"，载《湖南社会科学》2006 年第 5 期。

36. 王崇敏、孙静："农村宅基地使用权流转析论"，载《海南大学学报人文社会科学版》2006 年第 2 期。

37. 张群："家宅法的起源与发展——兼论宅基地制度的出路"，载《北方法学》2008 年第 1 期。

38. 宋才发："论农民的宅基地使用权"，载《学习论坛》2012 年第 12 期。

39. 韩玉斌："农村宅基地使用权立法的价值选择"，载《西南民族大学学报（人文社科版）》2005 年第 5 期。

40. 周洪亮、陈晓筠："从'一户一宅'的视角探讨农村宅基地使用权取得"，载《中国农业大学学报（社会科学版）》2007 年第 1 期。

41. 李莲："试论农村宅基地使用权制度的完善——保障农民权益的新途径"，载《内蒙古农业大学学报（社会科学版）》2008 年第 1 期。

42. 宋宗宇、王热："宅基地使用权的制度缺失与现实选择"，载《科学·经济·社会》2008 年第 1 期。

43. 董万程："农村宅基地使用权制度的建设和完善"，载《河南省政法管理干部学院学报》2008 年第 3 期。

44. 陈龙江："制度功能视角下农村宅基地使用权制度改革探析"，载《河南省政法管理干部学院学报》2008 年第 3 期。

45. 陈荣文："生存保障 VS 资源优化——我国农村宅基地使用权制度的解构与重建"，载《福建政法管理干部学院学报》2007 年第 2 期。

46. 付坚强、陈利根："我国农村宅基地使用权制度论略——现行立法的缺陷及其克服"，载《江淮论坛》2008 年第 1 期。

47. 袁锦秀、李志："农村宅基地使用权立法评析"，载《学术探索》2013 年第 6 期。

48. 任继周、万长贵："系统耦合与荒漠—绿洲草地农业系统——以祁连山—临泽剖面为例"，载《草原学报》1994 年第 3 期。

49. 黄金荣："对哈耶克法律理论的几点质疑"，载《法商研究》2003年第3期。

50. 秦策："秩序的生成机理——哈耶克《法律、立法与自由》（第1卷）读后一得"，载公丕祥编：《法制现代化研究》（第7卷），南京师范大学出版社2001年版。

51. 武树臣："从'阶级本位·政策法'时代到'国民本位·混合法'时代——中国法律文化六十年"，载《法学杂志》2009年第9期。

52. 曾尔恕："试论《独立宣言》的思想渊源及理论创新"，载《比较法研究》2004年第6期。

53. 刘泽华："春秋战国的'立公灭私'观念与社会的整合（上）"，载《南开学报（哲学社会科学版）》2003年第4期。

54. 王利明、周友军："论我国农村土地权利制度的完善"，载《中国法学》2012年第1期。

55. 张钦、汪振江："农村集体土地成员权制度解构与变革"，载《西部法学评论》2008年第3期。

56. 杨一介："农村地权制度中的农民集体成员权"，载《云南大学学报法学版》2008年第5期。

57. 宋刚："论土地承包权——以我国《农村土地承包经营法》为中心展开"，载《法学》2002年第12期。

58. 汪军民："宅基地使用权的立法问题探讨"，载《湖北大学学报（哲学社会科学版）》2006年第5期。

59. 邓大才："新一轮农地制度变迁的路向选择——弱化所有权"，载《财经研究》2001年第9期。

60. 周其仁："中国农村改革：国家和所有权关系的变化（上）——一个经济制度变迁史的回顾"，载《管理世界》1995年第3期。

61. 周其仁："中国农村改革：国家和所有权关系的变化（下）——一个经济制度变迁史的回顾"，载《管理世界》1995年第4期。

62. 陈小君等："后农业税时代农地权利体系与运行机理研究论纲——以对我国十省农地问题立法调查为基础"，载《法律科学》2010年第1期。

63. 刘凯湘："法定租赁权对农村宅基地制度改革的意义与构想"，载《法学论坛》2010 年第 1 期。

64. 米健："用益权的实质及其现实思考"，载《政法论坛》1999 年第 4 期。

65. 孙宪忠："我国土地管理法与物权法的相互作用"，载《中国土地科学》1999 年第 1 期。

66. 汪东升："我国宅基地法律制度的改革与完善"，载《理论导刊》2012 年第 12 期。

三、古籍类

1.《史记 · 平准书》。

2.《史记 · 货殖列传》。

3.《汉书 · 食货志》。

4.《晋书 · 食货志》。

5.《魏书 · 食货志》。

6.《隋书 · 食货志》。

7.《旧唐书 · 食货志》。

8.《新唐书 · 食货志》。

9.《宋史 · 食货志 · 食货上一》、《宋史 · 食货志 · 食货上二》。

10.《明史 · 食货志 · 食货一》、《日月史 · 食货志 · 食货二》。

11.《清史 · 食货一》、《清史 · 食货二》。

后记

法学学者的梦想是寻找完美的法律，其既能反映现实需要和未来发展趋势，又能满足法律体系固有逻辑和正义理念。但法律不能超越政治、经济、社会、文化的发展阶段，立法者必然要在现实与理想之间，在经验与逻辑之间选择更合适的法律体系。同样，法学研究也不能只讲法治的理想和逻辑，而忽略了法治的现实与经验。如果某种法律制度或某项法学研究一定要在现实与理想、经验与逻辑之间做出选择，我愿意选择现实和经验，如果我的选择因此被打上所谓的“现实主义法学”铭牌，我会感到十分荣幸。

我的业师孟勤国曾经说过，不要因为会几门外语、能向国人介绍一些法律的“西洋镜”而沾沾自喜，也不要因为在研究“土得掉渣”的中国农村土地法律时，找不到与西方国家相同的法律概念和法律制度而垂头丧气。法学研究最重要的是找到真正的问题。如果能从真问题中发现有中国特色的法律制度和法学理论，就能找到法学的大门。

在我写到宅基地是一种身份物，集体土地所有权上蕴含着特殊的法律智慧，宅基地使用权是法定占有权、与土地承包经营权具有耦合关系时，当我挖掘宅基地立法理念是通向真集体主义，宅基地立法方向不是私有化而只能坚持集体化，宅基地立法路径不是坚持自上而下的立法之法而要引入自下而上的生活之法时，我的心中充满了探索新知的勇气和扎根现实的骄傲。

在短短的二十几万字内要讲透这些新的观点和主张，显然是不可能的。但我愿意开个头，把宅基地立法基本问题的一些关键内容讲出来，以便树立一个批判的靶子，并希望用一生的时间来一一回应。这里请容许我插播一句广告：这本书没有展开的部分内容，将出现在我下一本基本完成的书稿《中国宅基地权利发展研究》中，敬请关注。

后记的写作伦理是“感谢”，有些出于礼貌，有些发自肺腑，有些旨在炫耀，有些意在回忆青春。我想来点新意。出版我专著的出版社的责任编辑，就不再谢了，因为他们是有署名的；教过我的师长、同门师兄弟也不一一致谢，因为他们都比我有名。我只想谢一个人，我的业师孟勤国，因为他的名字反复出现在我的书中，我始终都走不出他的影子，我的文字如果算是一种成果的话，那一定带着他的成果的灵魂。

或许是这本书写作的时间太长、断断续续的，在“杀青”的时候没有那种痛的感觉，反而有一种继续孕育、永不分娩的邪恶念头。但终究逃不过名利，不管它是否畸形，我都要将其公之于世。

向　勇

2014 年 12 月 8 日